U0129106

詩經之經義與文學述論

江 乾 益 著

文 史 哲 學 集 成
文史哲出版社印行

國家圖書館出版品預行編目資料

詩經之經義與文學述論 / 江乾益著. -- 初版. --
臺北市：文史哲, 民93
　　面：　公分. -- (文史哲學集成；482)
　　參考書目：面
　　ISBN 957-549-543-8 (平裝)

　　1. 詩經 – 研究與考訂

831.18　　　　　　　　　　　　93001755

文史哲學集成　　482

詩經之經義與文學述論

著　　者：江　　　乾　　　益
出版者：文　史　哲　出　版　社
　　　　http://www.lapen.com.tw
登記證字號：行政院新聞局版臺業字五三三七號
發行人：彭　　　正　　　雄
發行所：文　史　哲　出　版　社
印刷者：文　史　哲　出　版　社
臺北市羅斯福路一段七十二巷四號
郵政劃撥帳號：一六一八〇一七五
電話 886-2-23511028・傳真 886-2-23965656

實價新臺幣三六〇元

中華民國九十三年 (2004) 二月初版

自 序

　　余向來慕愛經義之學，居常自忖：經學乃吾國傳統學術之首擘，其早形成於孔子之刪述，中則宏揚於漢、宋儒者之紹繼，終乃蔚為斯土斯民學術思想之大觀者，豈不其偉哉！故思從諸君子之後，為文化之傳承略盡心力焉。又嘗有感於莊生之言，曰：「指窮於為薪，火傳也，不知其盡也。」誠以萬古同一瞬，個體之藐小，其盡也，如在交睫之間爾。苟能竭其棉薄，融身於文化慧命之洪流中，是則雖云日月逾邁，體氣漸衰，而樂乎其中者，殆不知其老之將至也。

　　溯自晚清以來，西方思潮東漸，國人爭驚新奇，遂多藐視舊學，由考證焉，而疑古焉，乃至唱言廢棄之，宛若莫能挽其狂瀾者。然而，吾人倘能尋求門徑，開啟機緘，當知經學之堂廡至大，宮室盡美，先民無窮之智慧實在於是；若云盡棄之，是無端之論也。夫提振舊學，而轉出新知，今人所謂「創造性之繼承」者，有心之士，其盍興偕來乎！民國八十年間，余以多年沈浸之所得，撰為《前漢五經齊魯學之形成與影響》一冊，對於周、秦以迄前漢之際，儒學承遞轉折之關鍵，稍作探究；其後承乏庠序之堂，陸續於經學之相關問題有所著墨。其中如先秦時期群經齊魯學之融合匯注、陰陽家思想對漢代經學之影響、漢儒之議論明堂制度，以及儒家思想對此地現代化之貢獻等，均嘗試為論列。其意蓋欲稟承舊學而傳以新義，期能不落入陳說窠臼而已。又因講授論語、孟子、中國思想史等課程，亦頗涉獵性理之學，於程、朱、陸、王之說，有所體會；平居閑處，恆往來於心，潛思而默運之，乃知經學、理學脈絡一貫，前賢、後賢智慧相承；即如日本江戶時代儒者伊藤仁齋氏亦精於二程、

朱子、陽明之學，是則中外賢哲之心同而理同，固未嘗不能彼此會通也。

　　然而，余之擔任經學課程，實以「詩經」、「禮記」二門爲主，或爲講學之需求，或爲論文研討會之發表，所作論篇亦以此兩方面爲多。禮經之學，涉獵歷代方家與今人著作，苟有心得，輒爲論述。《詩經》則除毛氏一家之外，三家遺說既經淸儒之蒐羅，宜講究明白；其中尤以齊詩翼氏之學，素稱費解，余則嘗致力焉，期能發掘二千年來之奧祕；而朱子之變改舊義，提倡風、雅、頌新說，余或有感其不切者，意欲勘其究竟焉。茲將已發表之《詩經》論文，修改增補，益以近日新撰諸篇章，裒集成冊，而弁其首，曰《詩經之經義與文學述論》。蓋言茲編所論者，皆《詩經》在其發展歷程中之經學與文學義涵所形成之學術體系也。

　　本書首章爲緒論，乃概論《詩》三百篇所以爲「經學」之意義，與文學之性質，以爲本編論述之引導。第二章爲《詩經》雅俗之辨，旨在辨析《詩》三百篇在編著之時代與既編之後，並未經歷俗化之過程，故民歌之說殆有商榷之餘地；而說《詩經》者，必兼經義與文學爲言也。第三章闡論《詩經》之「六義」內容之流變，蓋「六義」爲《詩》三百篇之總攝，其意如今人學術科目皆有定義；《詩》三百篇之經學與文學觀念之轉關，則由「六義」之定名而爲之也。第四章表彰前漢齊詩翼氏一家之說，藉以概見在通經致用之時代風氣下，《詩經》學術受陰陽異化之情況。第五章析論鄭玄《毛詩譜》之內容，蓋鄭氏既集漢代《詩經》學之大成，其得失或有可言者矣。第六章以〈小雅〉爲例，以考見朱子雖有創發，雖嘗就《詩經》三體重新定義；然其中猶有未盡周延究竟之地也。第七章是以形式主義之觀點，討論《詩經》在敍事詩文學藝術方面之成就。第八章乃據〈周南‧漢廣〉詳論《詩經》之經義發展與其在文學觀念方面之

諸多內涵，以觀《詩經》由經義至文學之轉折歷程。第九章為結論，乃總結本編各章之要義，並提出《詩經》學術研究之歸趨焉。

　　孔子曰：「君子有三畏：畏天命，畏大人，畏聖人之言。」善哉！斯言也。竊以為三者之中，聖人之言尤為重要。蓋天命奧渺，既非庸愚如我者所能窺透；而大人日遠，亦非福薄如我者所得親承也。唯聖人之言，則貫乎天理，發諸秉彝，切於人倫之常，而存乎群經之間，此實最為寶藏。故雖百姓日用而不知，於我輩則當揭提其義，嘗試而講明之，乃不愧負於所學也。然以學海淵博，管窺所見，難免疏漏，海內外博雅君子，幸有以教示之。

中華民國九十三年元月**江乾益**謹識於國立中興大學中國文學系

詩經之經義與文學述論

目　錄

第一章 緒 論

在中國文學作品中,其纂集成書最久,傳誦與影響最爲廣遠者,莫過於《詩》三百篇。或有擬《詩》三百篇於中國文學之影響,如莎士比亞戲劇之於英國文學一般。然而此種比擬終嫌其不類。蓋若以歷史之觀點概之,以十六、七世紀之英國偉大戲劇作家,與西元前六世紀之無名作家進行比較,其本身即已無比較之基礎可言;況就文學作品之內容言之,中國文學傳統之菁華在詩歌與散文,而西方文學之精萃在小說與戲劇。[1]更就詩體一端而論,希臘哲人亞里斯多德所著之《詩學》一書,其所討論對象雖然是詩;而其內容實爲戲劇與敘事詩,乃用以敘戰爭、演長篇史事者,與中國傳統詩之著重於抒情、寫物者爲不同類。由是可見,中西文學之作品內容之不一,其間存在文學觀念之差異,實難類比而爲言也;若僅可言者,必言其影響之廣遠爲相似而已。且《詩》三百篇在中國歷史發展之影響,則不僅止於文學之範疇,乃廣擴及於知識、道德、教育、政治、外交各層面,故孔子論《詩》,曰:「小子!何莫學夫《詩》?《詩》可以興,可以觀,可以群,可以怨。邇之事父,遠之事君;多識於草木鳥獸之名。」[2]乃謂讀《詩》之功用,就個人之及身而言,由陶冶性情(興、怨),與夫待人接物(觀、群);進而可推及於倫常之日用,齊家也、治國也,以至於博學多聞,認識天地萬物、

---

1 以上之比較,見唐君毅先生《中國文化之精神價值》第十一章〈中國文學精神〉。唐先生云:「吾首欲論者,即在西方文學中小說與戲劇之重要性,過於詩歌與散文。在中國文學中,則詩歌與散文之地位,重於小說與戲劇。」頁317,正中書局。
2 《論語‧陽貨》篇,頁267,啓明書局。

融冶心靈於其間,皆不可少也。故孔子謂其子伯魚曰:「女爲〈周南〉、〈召南〉矣乎?人而不爲〈周南〉、〈召南〉,其猶正牆面而立也與?」[3]蓋言人而不學〈周南〉、〈召南〉,猶向牆而立,即其至近之地,而一物無所見,一步不可行也。[4]故吾人所以稱《詩》三百篇爲「經學」者,即顯示其必有別於一般觀念之「文學」;蓋此作品涵有「經義」在其間也。故在儒學傳統觀念中,《詩》三百篇地位最重要者,非所以表顯朝廷大事,如朝會、宴饗之大、小〈雅〉;亦非慎終追遠,祭祖頌功之〈頌〉詩,乃是抒露社會民生之〈國風〉,其中尤以二〈南〉之爲最。先儒皆以爲,〈周南〉、〈召南〉詩篇所言,皆爲修身、齊家、治平之道;修、齊、治之道不明,則處處躓礙矣。

乃今吾人讀〈周南〉、〈召南〉之詩篇,就字面而言,實難引發修、齊、治、平之道;但孔子對〈周〉、〈召〉之重視,則又似乎不僅止於字面而已。因此,所可以解釋者,則是孔子之時,《詩》三百篇已附麗諸多之「義」在其中;此種「義」乃涵括修身、齊家之人倫之道。由是,《詩》三百篇即不得視之爲尋常詩辭,而堪爲人格修養之寶典,故是爲經矣。此《詩》三百篇所添附增飾之倫理哲學,實已超過其原來之詩歌文學價值。此正如《易》六十四卦原本僅爲巫、覡卜筮之用,迨經儒家賢哲賦予人文哲學之意義,乃超越其原本之用途,增強其內在義涵,而爲經籍也。在此,所謂之「經義」,乃是指經世致用之哲學義理;此義理之既成完整統系,儒者乃謂之經學。故《詩》三百篇既受尊爲經,則是此《詩》之應用,而非純粹之歌詩矣。皮錫瑞《經學通論》嘗[5]云:

---

3 《論語・陽貨》篇,頁268,啓明書局。
4 見朱《注》。
5 《經學通論》卷二,〈論《詩》比他經尤難明,其難明有八〉,臺灣商務印書館。

就詩而論，有作詩之義，有賦詩之義。鄭君云：「賦者，或造篇，或述古。」故詩有正義、有旁義、有斷章取義；以旁義為正義則誤，以斷章取義為本義尤誤。是其義雖並出於古，亦宜審擇，難盡遵從。

皮氏謂《詩》義之難明，以有正義、有旁義、有斷章取義則是矣；乃欲就此三義為高下之評騭，並去取之者，則是難為也。蓋求詩之本義，其價值並非皆高於旁義、斷章取義，甚至其附會引申之義者也。夫求詩之本義，乃考證者之事，其意欲則在求其「真」，而去其偽說。然而就價值之判斷言之，其事之真者未必為美，美者未必為善；而善者亦未必為真也。此可舉例說明之：如希臘悲劇「奧迪帕斯」作品，就悲劇之結構與意識而言，乃絕美之藝術瑰寶，其內容表現人力難以迴天之悲愴，使人閱讀此作品、觀賞其戲劇演出之際，無法抑止悲愴之情感，以致而淨滌自身遭遇之鬱快也。[6]然而，吾人若討論「奧迪帕斯」劇作之內容，將發現彼乃是一齣「弒父娶母」，慘極人寰之事件，從人倫之善之觀點，則此事件為極惡大罪矣。故此劇就文藝美學而言，則美矣；在倫理道德言則極惡，可為天人共譴者也。雖則此罪惡並非主角人物主動意識所造成，乃是由於天意之擺弄，主角人物是陷在無知狀態所造成之結果；然而，若據此主角人物之行為，意使其能完成對觀眾「善」之教育，則顯然為極不適當之題材也。[7]更且說，「奧迪帕斯」一劇為古希臘大悲劇

---

6 亞里斯多德《詩學》第六章，為悲劇下定義，云：「悲劇為對一個動作之模擬，其動作為嚴肅，且具一定之長度與自身之完整；在語言上，繫以快適之詞，並分別插入各種之裝飾；為表演而非敘述之形式；時而引發起哀憐與恐懼之情緒，而使這種情緒得到發散（Catharsis）。」《詩學箋註》，頁67，姚一葦譯註，臺灣中華書局。朱光潛云：「以前學者大半把 Catharsis 這個字釋作『淨化』，以為悲劇可以淨化哀憐和恐懼兩種情緒中不潔的成分，所以有道德上的作用。」《文藝心理學》，頁270，臺灣開明書店。朱氏之說並詳見其《悲劇心理學》第十章〈淨化與情緒的緩和〉，安徽教育出版社。

7 《左傳》襄公二十七年，載云：「鄭伯享趙孟于垂隴。子展、伯有、子西、 子產、子大叔、二子石從。趙孟曰：『七子從君，以寵武也。請皆賦以卒君貺，武亦以觀七

家蘇福克理斯根據古希臘傳說所改編。所謂之「傳說」（legends），即是人爲之想像，[8]而非實錄也。亞里斯多德云：「詩人所描述者，不是已發生之事，而是一種可能發生之事。」又云：「歷史家所描述者爲已發生之事，而詩人所描述者爲可能發生之事，故詩比歷史更哲學與莊重；蓋詩所陳述者毋寧爲具普遍性質者，而歷史所陳述者則爲特殊的。」[9]易言之，詩具有必然之普遍涵蓋性；而歷史則是特殊、單一之事件之陳述，不具有普遍性也。故藉詩以求事義之真，乃是藉具有想像之作品求證歷史事件，無寧爲失敗之舉也。

　　以上論述，旨在說明：一則，詩以其有虛構之性質，並非可爲歷史之實錄，若欲就詩以求歷史之真象，乃無異於水中撈月也。故吾人若將〈毛詩序〉之「美」、「刺」視爲倫理教善之典型（即「經義」）則可；若據以求歷史之真，則爲難矣。二則，「真」、「善」、「美」爲不同之價值範疇。文學藝術所求者是「美」之價值，倫理道德所求者乃「善」之價值；而歷史考據所從事者，是「真」實之徵驗。此中之價值既畫分爲三領域，則當視將從事者爲何，而爲此

　　子之志。』子展賦〈草蟲〉，趙孟曰：『善哉！民之主也。抑武也，不足以當之。』伯有賦〈鶉之賁賁〉，趙孟曰：『床第之言不踰閾，況在野乎！非使人之所得聞也。』……享，文子告叔向曰：『伯有將爲戮矣。詩以言志，志誣其上，而公怨之，以爲賓榮，其能久乎？幸而後亡。』向曰：『然。已侈。所謂不及五稔者，夫子之謂矣。』……」〈鶉之賁賁〉，杜《注》云：「衛人刺其君淫亂，鶉鵲之不若，義之無良，我以爲兄，我以爲君也。」竹添光鴻《會箋》云：「應十三年廢其使，怨其君以疾其大夫。……伯有慁己忿怨，欲使文子匡正其君、大夫之不良也，非慁君淫亂。文子以爲床第之言者，爲不解而避其大妄也。」此鄭君臣享武，伯有乃賦〈鶉之賁賁〉謂其君亂，以慁己身之忿怨，爲趙孟所不解，惡聞其賦，故言「非使人之所得聞也」，若此之詩，使人且惡聞，則不能行其善教矣。故〈詩序〉云：「〈鶉之奔奔〉刺衛宣姜也。衛人以爲宣姜，鶉鵲之不若也。」《毛傳》必以爲「刺」者，以此非爲善教故也。

8　朱光潛云：「藝術作品中些微部分都與全體息息相通，都受全體的限制。全體有一個生命一氣貫注，內容儘管複雜，都被這一氣貫注的生命化成單整。這就是藝術上的『寓雜多於整一』（Variety in unity）一條基本原理，也就是批評學家和心理學家所常爭論的『想像』（Imagination）和『幻想』（Fancy）的分別。『幻想』是雜亂的，飄忽無定的，有雜多而無整一的聯想，……『想像』是受全體生命支配的有一定方向和必然性的聯想。……聯想在爲幻想時有礙美感，在爲想像時有助美感。」《文藝心理學》第六章〈美感與聯想〉頁99，臺灣開明書店。

9　見《詩學》第九章，頁86，臺灣中華書局。

價值之判斷也。故如若以文學藝術之觀點看待《詩》三百篇，則吾人當欣賞作品文辭之美，其篇章結構之佳，而深味其中情韻之令人流連忘返也；若以倫理哲學之觀點讀此三百篇，則吾人亦當領略詩人處心之溫柔敦厚，其搏結人情之完善，令人生愛而敬之心也；若持考據之態度詮解此作品，則務在辨章字句使其明晰可讀，據其文辭以論事，則求其辨論過程完密，而結合其事件與義理，至適切而無訛也。故以今日說《詩》，吾人務必分析前人之成果，考論其成就，並與當代思潮結合，期於實用而可行；固不必拘於前人之唾餘，堅持舊說權威而不敢疑也。如此，則讀《詩》可獲致用之功，亦爲治《詩》之明確旨趣也。

第二章　詩經雅俗之辨

前　言

　　《詩》三百篇爲中國第一部文學總集，同時亦爲儒家六經之一。此書具有如此雙重之屬性，在今日早成常識。然吾人若進一步對三百篇之編成與其既編之後被應用之情況加以考察，則將發現此三百篇在孔子以之爲教材時，已賦予諸多之「義」在其中；此諸多之「義」，即是後來儒學所謂之「經義」。是故，孔門對於《詩》三百篇之態度，自始即是以之講說義理，而非視之爲一部純粹之文學作品。是後歷代學者雖有受其薰陶，從中獲得文學創作之啓發，而思還復三百篇之文學屬性者；然此一工作看似容易，其實艱辛無比。直至近代學者論《詩》，猶有未能脫離儒家經說之影響者。由於此一現象，本章即擬先論三百篇雅俗之見，並略抒個人治《詩》三百篇之管見。

第一節　《詩》三百篇經典化之發展及歷代還原其爲文學樣貌之努力

　　《禮記・王制》云：「命大師陳詩，以觀民風。」[1]在五經之中，《詩經》在漢文帝時最早立於學官，其餘四經則立於漢武帝時。[2]若

1　《漢書・郊祀志》：「明年（按：漢文帝十六年），使博士諸生刺《六經》中作〈王制〉。」〈王制〉，作於西漢初年，是最先主張「採詩以觀民風」之說者。
2　漢文帝時所立學官分爲二種，一爲「諸子傳說」博士，一種爲儒經博士。趙岐〈孟子章句題辭〉云：「孝文皇帝欲廣文學之路，《論語》、《孝經》、《孟子》、《爾雅》

如〈王制〉所云，則「以詩觀民風」之說，略可代表漢代經學家早
期對於《詩經》之意見；此意見所顯示者，即是視三百篇為民間風
謠之作品。其後《漢書‧藝文志》繼承此一觀點，引申而述之，云：
「古有采詩之官，王者所以觀風俗，知得失，自考正也。」同書〈食
貨志〉更詳述周代「采詩」之制度，云：「孟春之月，群居者將散，
行人振木鐸，徇于路以采詩，獻之大師，比其音律，以聞於天子。」
東漢何休《春秋公羊解詁》，在宣公十五年《傳》，注云：「男女
有所怨恨，相從而歌，飢者歌其食，勞者歌其事；男年六十，女年
五十，無子者，官衣食之，使之民間求詩，鄉移於邑，邑移於國，
國以聞於天子。」此則更進一步點出採詩者之身份、年齡，其制度
至此而明確也。今按：此種「採詩」之說，相較於司馬遷於《史記‧
自序》中所云「《詩》三百篇，大抵賢聖發憤之所為作也」之經學
觀點，兩者恰巧成為鮮明之對壘。而此二說，更是歷代治《詩》三
百篇之學者反覆辯詰不已之論題。然自兩漢以下，經學思想盛行，
遞至魏、晉、南北朝、隋、唐各代，對於《詩》三百篇，大抵皆遵
從《毛詩》以政教論詩之觀點。[3]

皆置博士。」劉歆〈移讓太常博士書〉云：「至孝文皇帝……天下眾書，往往頗出，
皆諸子傳說，猶廣立於學官，為置博士。」與趙說相符。按：《漢書‧儒林傳‧贊》
云：「自武帝立五經博士，……初，《書》唯有歐陽，《禮》后，《易》楊，《春秋》
公羊而已。」據此，知武帝時所立五經博士，《尚書》為歐陽氏一家，《禮》為后蒼，
《易》為楊何，《春秋》則公羊春秋；然僅四經而已，其中所缺者為《詩經》。據《後
漢書‧翟酺傳》，酺上〈疏〉言：「孝文帝時始置一經博士，武帝大合天下之書。」
章懷太子李賢〈注〉云：「武帝建元五年始置《五經》博士，文帝之時未遑庠序之事，
酺之此言，不知何據？」今按：《漢書‧儒林傳》：「韓嬰，燕人也。孝文時為博士，
景帝時為常山太傅。」韓嬰應為《詩經》博士，不為諸子博士也。不則，同《傳》云：
「轅固，齊人也。以治《詩》，孝景時為博士。」此言亦為無據矣。其討論詳見徐復
觀《中國經學史的基礎》頁73，學生書局。
3 「政教觀」，或稱「政教決定論」。〈毛詩‧大序〉云：「是以一國之事，繫一人之
本，謂之風。言天下之事，形四方之風，謂之雅。雅者，正也；言王政之所由廢興也。
政有小大，故有小雅焉，有大雅焉。頌者，美盛德之形容，以其成功告於神明者也。
是謂『四始』，《詩》之至也。」謂十五國〈風〉，為諸侯風俗教化之結果；大、小
〈雅〉則是諸侯、王者政治廢興之道；〈頌〉乃王道之成功者。故鄭玄解「四始」云：
「始者，王者政治廢興之道。」謂「風」、「小雅」、「大雅」、「頌」皆政治教化

迄於北宋之初，學者以自我之心思解讀《詩》三百篇，往往有感於舊說之自相牴牾，以致產生懷疑，遂逐漸有摒去權威之趨向。例如歐陽修所著《詩本義》一書，對於毛、鄭之說即多有指斥，常言其「皆失其義」。在此須特加說明者，歐陽修所謂之「義」，並非向來說《毛詩》者所謂之「聖賢教化」之意，乃是專指「作詩者之義」而言；或者，更確切言之，即文學創作時應有之「文義」。例如對於〈野有死麕〉一詩，歐陽氏曾評論之云：

> 《詩》三百篇，大率作者之體，不過三四爾：有作詩者自述其言以為美刺，如〈關雎〉、〈相鼠〉之類是也；有作者錄當時人之言以見其事，如〈谷風〉錄其夫婦之言、〈北風其涼〉錄去衛之人之語之類是也；有作者先自述其事，次錄其人之言以終之者，如〈溱洧〉之類是也；有作者述事與錄當時人語，雜以成篇，如〈出車〉之類是也。然皆文意相屬以成章，未有如毛、鄭解〈野有死麕〉，文意散離，不相終始者。其首章方言玉女欲令人以白茅包麕肉為禮而來，以作詩者代玉女、吉人之言；其意未終，其下句則云「有女懷春，吉士誘之」，乃是詩人言昔時吉士以媒道成思春之女，而疾當時不然。上下文義各自為說，不相結以成章。其次章三句，言女告人，欲令以茅包鹿肉而來；其下句則云「有女如玉」，乃是作詩者歎其女德如玉之辭，尤不成文理，是以失其義也。[4]

歐陽修所以對毛《傳》、鄭《箋》不滿，純粹是以文學寫作之立場看待舊說，因此見其解經時多繆轕繚戾，不成文理。詩篇乃有機之藝術作品，具有「統一」(unity)與「完整」(whole)之特性；就「統一」言，作品敘述觀點之統一，乃是最基本之要求；不能如是，則

之根本，非別有始也。
4 見《詩本義》卷二，通志堂經解本，頁9217。

作品所呈現之內容零亂，即無「完整性」可言也。歐陽修所謂「上下文義各自爲說，不相結以成章」者，即指此而言也。[5]由於歐陽修在《詩本義》中之意見，引發宋代學者之廣泛討論，《毛詩》之權威因此受到挑戰，自北宋以下，疑〈序〉、廢〈序〉之說遂迭代而出。[6]其中鄭樵之《詩辨妄》，專指毛、鄭之失，意欲盡刪〈小序〉；朱熹《詩經集傳》雖主調停，其實深受其影響，卒廢〈小序〉而不用矣。[7]

朱子對於《詩》三百篇之意見，可由《詩集傳·序》中見之。其論《詩》分成兩部份：一是「詩之所以作」，乃關於三百篇發生理論者；另一則是「詩之所以爲教」，則是相應於作用論者也。彼於《詩集傳·序》論《詩》三百篇產生之原因時，有言：

> 或有問於予曰：「詩何爲而作也？」予應之曰：「『人生而靜，天之性也；感於物而動，性之欲也。』夫既有欲矣，則不能無思；既有思矣，則不能無言；既有言矣，則言之所不能盡，而

---

5 吾人若考慮及歐陽修爲文學家，其文、其詩、其詞，皆爲一代作者中之巨擘，則其以自身創作經驗論《詩》三百篇，乃自然不過也。歐陽修之論〈野有死麕〉，其言「大率作者之體」云云，無疑即是討論今人所謂之「敘述觀點」問題。敘述觀點（Point of view of narration）爲使用於敘述文體，或敘述故事情節之一種寫作設計，藉以顯示事件或情節受觀察及被敘述時之角度或敘述者之立足點。例如歐陽修云：「有作詩者自述其言」者，即指此種詩作者爲採取「第一人稱」之敘述觀點，係作者以參與情節進行者之身分所進行之敘述；謂「作者錄當時人之言」者，是指作者以「第三人稱」之敘述觀點所完成之作品，第三人稱之敘述觀點又稱全能敘述觀點，作者乃是以無所不知之權威者敘述一切；又歐陽修所提及：「有作者先自述其事，次錄其人之言」者與「有作者述事與錄當時人語」者，則是亞里斯德在《詩學》中所曾提及，混合第一人稱與第三人稱之「混合敘述觀點」。無論作者寫作之觀點如何，在作品中作者之敘述觀點必須統一，其中必有脈絡可尋，否則即是歐陽修所謂之「上下文義各自爲說，不相結以成章」之紊亂現象。詳見 W.L.G,E.G.L,L.M.,J.R.W.等所著 A Handbook of Critical（《文學欣賞與批評》）一書，徐進夫譯，幼獅文化事業公司出版。又見 Merriam Webster's "Reader's Handbook"；Raman Selden "Practicing Theory and Reading Literature"等書。

6 宋人疑〈序〉發端於歐陽修，緊接著有蘇轍《詩集傳》推廣其意；而王質作《詩總聞》、鄭樵《詩辨妄》，遂主張刪去〈詩序〉，形成以己意說詩之風氣。

7 朱子云：「〈詩小序〉全不可信。如何定知是美刺那人？詩人亦有意偶然而作者。又，其序與詩全不相合。詩詞理甚順，平易易看，不如〈序〉所云。」「小序極有難曉處，多是附會。」見《朱子語類》卷八十，頁824，漢京文化事業公司。

發於咨嗟詠歎之餘者，必有自然之音響節族而不能已焉，此詩之所以作也。」

朱子論《詩》三百篇之發生原理，原是繼承《禮記·樂記》之說，其間並無新義發明；[8]然其可貴者，在彼由此而引發對「風」、「雅」、「頌」三種詩體之重新定義。例如〈國風〉，朱子《詩集傳·序》曰：「凡詩之所謂風者，多出於里巷歌謠之作，所謂男女相與詠歌，各言其情者也。」又曰：「風者，民俗歌謠之詩也。」[9]對於「雅」、「頌」二種體裁，朱子則從音樂使用場合之不同，而給予全新之定義，完全拋卻〈詩大序〉以政教論《詩》之觀點。朱子云：「雅者，正也，正樂之歌也。以今考之，正小雅，燕饗之樂也；正大雅，會朝之樂，受釐陳戒之辭也。」、「頌者，宗廟之樂歌也。」云云。此處暫且不論朱子對於《詩經》三體裁之定義是否能完全照應到三百篇之內容，[10]然彼之注意及三百篇原是詩歌文學，企圖從理論上還原其文學之本質，並不完全以政治教化觀點討論之，此乃甚爲進步之觀念也。惜乎朱子畢竟仍是理學家，縱想擺脫漢儒以政教說詩之習氣，卻又免不了以理學說詩之痼癖矣。例如，朱子於《詩集傳·序》論「詩之所以教」一端，云：

> 詩者，人心之感物，而形於言之餘也。心之所感有邪正，故言之所形有是非。惟聖人在上，則其所感者無不正，而其言皆足以為教。其或感之之雜，而所發不能無可擇者，則上之人必思所以自反，而因有以勸懲之，是亦所以為教也。

8 〈毛詩大序〉亦有詩發生原理之論述。〈序〉云：「詩者，志之所之也。在心爲志，發言爲詩。情動於中，而形於言；言之不足，故嗟歎之；嗟歎之不足，故永歌之；永歌之不足，不知手之舞之，足之蹈之也。」然而〈大序〉說明詩產生之原因，隨即轉入：「治世之音，安以樂，其政和；亂世之音，怨以怒，其政乖；亡國之音，哀以思，其民困。……先王以是經夫婦，成孝敬，厚人倫，美教化，移風俗。」之政教論立場；若以此與〈禮記·樂記〉相關部份比較，〈樂記〉之理論實較〈毛詩大序〉完密也。
9 此定義前者見於《詩集傳·序》，後者見於同書卷一，「國風」二字大題下。
10 詳見本篇第六章〈小雅燕饗詩析論〉一文。

是故，朱子已能認識「風者，民俗歌謠之詩也」之實，然彼對於孔子在《論語・陽貨》所言：「人而不爲〈周南〉、〈召南〉，其猶正牆面而立也與！」則是不敢忽視，故而轉爲：「惟〈周南〉、〈召南〉，親被文王之化以成德，而人皆有以得其性情之正……是以二篇獨爲風詩之正經。」（《詩集傳・序》）如是之言者，實則完全承繼漢儒「風雅正變」之理論也。至於「雅」、「頌」諸詩，朱子尤其不敢純然以文學之觀點視之，而以爲二者「非聖賢之徒則不能作」。故云：

> 若夫〈雅〉、〈頌〉之篇，則皆成、周之世，朝廷郊廟樂歌之辭。其語和而莊，其義寬而密，其作者往往聖人之徒，固所以爲萬世法程，而不可易者也。（《詩集傳・序》）

朱子之《詩經集傳》影響南宋以後六、七百年，可謂集宋代詩經學之大成。所可惜者，彼於論《詩》三百篇所採取之調停態度，無法完全實現其所認識〈詩〉三百篇乃文學作品之卓越見解，不免遺憾。無怪乎清代之崔述批評之云：

> 自余所見，惟鄉野孤陋之士，但知爲時藝者，不與《傳》異同耳。稍有學識，則據〈序〉以議朱《傳》者十人而九。余獨以爲，朱《傳》誠有可議；然其可議，不在駁〈序〉說者之多，而在從〈序〉說者之尚不少。……朱子既以〈序〉爲揣度附會矣，自當盡本經文以正其失，何以尚多依違於其舊說？此余之所爲朱子惜者也。[11]

而與崔氏意見相同之姚際恆亦言：

> 自東漢衛宏始出〈詩序〉，首惟一語本之師傳，大抵以簡略示古，以渾淪見該，雖不無一二宛合，而固滯、膠結、寬泛、填

---

11 崔述《讀風偶識・自序》，學海出版社。

湊，諸弊叢集。其下宏所自撰，尤極躇駁，皆不待識者而知其非古矣。自宋晁說之、程泰之、鄭漁仲，皆起而排之，而朱仲晦亦承焉，作為〈辨說〉力詆〈序〉之妄，由是自為《集傳》，得以肆然行其說；而時復陽違〈序〉而陰從之，而且違其所是，從其所非焉，武斷自用，尤足惑世。因歎前之遵〈序〉者，《集傳》出而盡反之，以遵《集傳》；後之駁《集傳》者，又盡反之而仍遵〈序〉；更端相循，靡有止極。窮經之士將安適從哉？[12]

按：姚氏所論，實乃自北宋以迄清初七百年論《詩》三百篇之學者所反覆討論之問題，其中意見大抵環繞在遵毛〈序〉與否之範圍。故崔、姚二家亟思廓清〈毛詩序〉之影響，以還復《詩經》文學之原貌。如崔述云：

余於〈國風〉，惟知體會經文，即詞以求其意，如讀唐、宋人詩者，了然絕無新舊、漢宋之念存於胸中，惟合於詩意者則從之，不合者則違之。[13]

而姚際恆除與崔述意見一致之外，尤能大膽地將《詩》三百篇由「經學」之統系中抽拔出，逕置於「文學」之源流統系中。姚氏云：

惟《詩》也旁流而為騷、為賦；直接之者漢、魏、六朝，為四言、五言、七言，唐為律，以致復旁流為么麼之詞、曲，雖同支異派，無非本諸大海，其中於人心，流為風俗，與天地而無窮，未有若斯之甚者也。夫子之獨重于《詩》，豈無故哉！

以今日觀之，姚氏將《詩》三百篇置為「文學」系統之源頭，似為尋常之見，無足怪異；殊不知在崇獎「經學」之清代，姚氏此舉

---

12 《詩經通論·自序》頁 14-15，《姚際恆著作集》第一冊，林慶彰主編，中央研究院中國文哲研究所。
13 同見註 10。

可謂冒大不韙也。尤其是姚氏肯定認爲：將三百篇視爲文學，較視爲經學能起更大之作用，此等見識，誠然卓越而難能可貴。迄道光年間，深受崔、姚二家啓發之方玉潤，於其所著《詩經原始》一書中，對於還原《詩》三百篇爲文學，即存莫大之願望，希冀能至乎「務求得古人作詩本意而止」之地步。彼自述其方法云：「不顧〈序〉、不顧《傳》，亦不顧《論》；唯其是者從，而非者正。名之曰『原始』，蓋欲推原詩人始意也。」[14]然而，《詩》三百篇之流傳，迄方氏生年二千餘載，歷世緜邈，而作者茫昧，思以推原「詩人始作詩之意」，談何容易！故崔、姚二人，既皆不得不在〈序〉、《傳》之中求箇折衷；而方玉潤則僅使用文章評點之手法，「先覽全篇局勢，觀筆陣開闔變化，……細求字句研練之法」[15]，其解《詩》亦總在〈序〉、《傳》、《論》諸說之間作調停，而無法脫離其中之窠臼，難免貽人以秀才說詩之譏。可見《詩》三百篇經學化之深遠影響，若企圖擺脫經義獨立說詩，的確戛乎其難爲也。

第二節　從文學觀點論《詩》三百篇之雅與俗問題

　　論《詩》之難，誠爲古今學者所浩歎。[16]近人承繼清代學者研究之成果，在觀念方面加以廓清，視《詩》三百篇爲文學作品，此一觀點已成常識，故能脫離經學思想之限制，論《詩》不再如漢、宋儒者常拘於「政治教化」之觀念。但誠如前節所述者，清代說詩各家，在解詩之時仍然繳繞，尚未能擺脫〈序〉、《傳》之影響。例

---

14 在此，方玉潤所謂〈序〉，是指〈毛詩序〉；《傳》，是指朱熹《詩經集傳》；而《論》，則是指姚際恆之《詩經通論》。可見姚際恆對方氏之影響。引文見《詩經原始·自序》，藝文印書館。
15 見《詩經原始·凡例》。
16 見皮錫瑞《經學通論》第二冊，〈論《詩》比他經尤難明，其難明有八〉一節。

如解《詩》務求合於「詩人之始意」之方玉潤，在其《詩經原始》中說〈關雎〉一詩，先為其立下標題，云：「〈關雎〉，樂得淑女，以配君子也」。此與〈毛詩序〉所云：「是以〈關雎〉，樂得淑女，以配君子，憂在進賢，不淫其色。」又何以異乎？且方氏解此詩之通章大意，云：

> 〈小序〉以為后妃之德，《集傳》又謂宮人之詠大姒、文王，皆無確證。……竊謂風者皆採自民間者也。若君妃則以頌體為宜。此詩蓋周邑之詠初昏者，故以為房中樂，用之鄉人，用之邦國，而無不宜焉。然非文王、大姒之德之盛，有以化民成俗，使之咸歸於正，則民間歌謠亦何從得此中正和平之音也。

方氏既已批評舊說為非是；而自家所說者，又依違於其所指斥之舊說之間，從而亦落為「皆無確證」之論理矛盾之中。尤其方氏之時代又晚於其所批評之各家，則各家所不能知者，方氏亦無新證以明其說之為是，則其說亦屬揣測之辭，未能使人信服也。又如今人屈萬里先生解此詩大旨，云：「此賀新婚之詩。」但作註時又引王國維〈釋樂次〉一文，謂：「凡金奏之樂用鐘，天子諸侯全用之；大夫、士，鼓而已。」[17]故斷此詩為：「蓋賀南國諸侯或其子之婚也。」如此，則此詩無疑乃貴族之詩，而方玉潤所謂「風者皆採自民間者也」之云，豈非成虛誕之說乎？然而，屈先生之說是否即已「得詩人始作之意」乎？今若以周代婚禮之儀節考察，當時婚禮並不舉樂，故《儀禮·士昏禮》無陳樂器之文，亦無用樂之儀節。且其他禮書又多可舉證，如《禮記·曾子問》云：「孔子曰：『嫁女之家，三夜不息燭，思相離也。取婦之家，三日不舉樂，思嗣親也。』」此段經文，鄭《注》云：「親骨肉也；重世變也。」孔穎達《疏》云：

---

17 屈萬里《詩經詮釋》，頁3，聯經文化事業公司。王國維〈釋樂次〉一文，見《觀堂集林》卷二。

「所以不舉樂者,思念己之取妻,嗣續其親,則是親之代謝,所以悲哀感傷,重世之改變也。」[18]故就先秦所見婚制諸說,屈先生解〈關雎〉為「賀婚」之說並非確解,實尚有商榷之餘地也。

又朱子謂〈國風〉為「民俗歌謠之詩」,若證以《詩》三百篇之文辭,實有諸多不能吻合者。如〈卷耳〉詩,「我姑酌彼金罍」句,毛《傳》云:「人君黃金罍。」則知此飲器實非庶民所能備用,作詩者必非平民;〈匏有苦葉〉詩,「士如歸妻,迨冰未泮」句,則已指明詩中人之身份為「士」,甚難有其他解釋;而〈簡兮〉詩中之主角,乃在「公庭」萬舞,公庭為公族之庭,萬舞是手持盾牌之「武士之舞」,顯見此詩非常民之詩也;〈靜女〉詩中之「彤管」,縱非如毛《傳》所云「古者后夫人必有女史彤管之法」,但若如顧頡剛說是「朱漆的管子」[19]、劉大白說是「紅色的菅茅管子」,亦即後章「自牧歸荑」之「荑」[20],豈真確當?如是眾說紛紜,問題仍然存在,非三言兩語所能解決。因此,若就〈國風〉詩篇中之人物身份、所出現或使用之器物、其活動排場等各方面觀察,言〈國風〉乃「民俗歌謠之詩」,所遭遇之問題誠如蝟集、如牛毛,非可以輕易一筆帶過。朱東潤〈國風出於民間論質疑〉一文,即就上述問題,斷定《國風》不可為民間之詩,云:

> 《詩》三百五篇以前及其同時之著作,凡見於鐘鼎簡策者,皆
> 王侯士大夫之作品,何以民間之作止見於此而不見於彼?此其
> 一也。即以〈關雎〉、〈葛覃〉論之,謂〈關雎〉為言男女之
> 事者是矣,然君子、淑女,何嘗為民間之通稱?琴瑟、鐘鼓,
> 何嘗為民間之樂器?在今日文化日進,器用日備之時代,此種

---

18 孔穎達《禮記正義》卷十八。
19 顧頡剛之說,見〈瞎子斷扁的一例－靜女〉,現代評論第三卷第六十三期。
20 劉大白〈邶風靜女篇荑的討論〉,現代評論第四卷第八十五期。

情態且不可期之於胼手胝足之民間,何況在三千年以前生事方
紐之時代。謂〈葛覃〉為歸寧之作者,此則出自本文,尤無可
疑;然〈葛覃〉云:「言告師氏,言告言歸。」民間何從得此
師氏,隨在夫家,出嫁之女,猶必事事秉命而行?此其可疑者
二也。文化之紐繹,苟以某一時代之偶然現象論之,縱不免有
後不如前之歎;然果自大體立論,則以人類智識之牖啟日甚一
日,後代之文化較高於前代,殆無疑議,何以三千年前之民間,
能此百六十篇之〈國風〉,使後世之人驚為文學上偉大之創作;
而三千年後之民間,猶輾轉於〈五更調〉、〈四季相思〉之窠
臼,肯首吟歎而不能有以自拔?此其可疑者三也。即以此三端
論之,非確能認定三千年前之民間,其文化、其生活,皆遠勝
於今日,而其作品,自詩篇以外,不為其他任何之表現者,則
此詩出於民間之說,殆未能確立。[21]

　　朱氏之質疑,的確為論者所不能反駁。由此可見,抱持〈國風〉
為民俗風謠之說,在理論上之困難。最可能為民間詩篇之〈國風〉
已然如此,遑論文辭「明白正大,莊嚴肅穆」之〈雅〉、〈頌〉,
焉有可能出自民間之理乎?

　　再者,周代在春秋以前,士為統治者之通稱,與庶民乃截然分別
之階層。孟子回答北宮錡問「周室班爵祿」之情形,云:

> 軻也嘗聞其略也:天子一位、公一位、侯一位、伯一位、子男
> 同一位,凡五等也。君一位、卿一位、大夫一位、上士一位、
> 中士一位、下士一位,凡六等。[22]

　　在此,孟子其實是分開王室與諸侯國之間所頒爵祿之不同而言
者。易言之,五等,為王室所分封土地大小之爵位;六等,則是各

---

21 朱東潤《讀詩四論》,〈國風出於民間質疑〉,東昇出版事業公司。
22 《孟子‧萬章篇下》第十二章。

諸侯國內食祿多少之爵位。故曰:「大國地方百里,君十卿祿,卿
祿四大夫,大夫倍上士,上士倍中士,中士倍下士,下士與庶人在
官者同祿。」吾人宜留意者,在諸侯國大國之下士,乃是「與庶人
在官者同祿」;大國以外,其他方七十里之「次國」、方五十里之
「小國」,下士亦爲官階中之一級,其情形與大國相同,而庶民之
在官者食祿亦僅同下士。又「尊賢使能」一章,孟子以「天下之士」
與「天下之商」、「天下之旅」、「天下之農」、「天下之民」,
五者分別並列;〈梁惠王‧下〉篇云:「無恆產而有恆心者,惟士
爲能;若民,則無恆產,因無恆心」一段,更特地分別士與民而言
之。顧炎武嘗曰:「士、農、工、商謂之四民,其說始於《管子》」
[23],士爲一特殊階級,不與民同類,乃是先秦時代不諍之事實。[24]由
此,吾人對於《詩》三百篇中處處所提及之「士」[25],已無法作其他
解釋,而必要指定其乃貴族階層,方能符合歷史之真象也。〈國風〉
不爲民俗歌謠,至此已昭然若揭矣。倘若再進一步探討《詩》三百
篇之作者爲誰?則《國語‧周語》中之一段文字,即可能提供極佳
之線索:

> 故天子聽政於朝,使公卿至於列士獻詩,瞽獻曲,史獻書,師
> 箴、瞍賦、矇誦、百工諫,庶人傳語,近臣盡規,親戚補察,
> 瞽史教誨,耆艾修之,而後王斟酌焉。是以政行而不悖。[26]

---

23 《日知錄》卷十,「士何事」條。顧氏云:「烏呼,游士興而先王之法壞矣!彭更之
　言,王子墊之問,其猶近古之意與!」臺灣明倫書局,頁217。
24 關於先秦時代之士階層,詳見余英時《中國知識階層史論》一書,〈古代知識階層的
　興起與發展〉一章,聯經文化事業公司。
25 三百篇中所提及之「士」,如:〈摽有梅〉「求我庶士」、〈野有死麕〉「吉士誘之」、
　〈匏有苦葉〉「士如歸妻」、〈氓〉「士也罔極」、〈女曰雞鳴〉「士曰昧旦」等,
　在〈國風〉中已是例多不勝枚舉;更遑論其階級高於「士」,而大量出現之「君子」、
　「公子」、「公孫」、「公侯」、「王姬」、「先君」等稱謂也。
26 見《國語》卷一〈周語〉上,「邵公諫厲王」。韋昭《注》云:「獻詩以諷也。列士,
　上士也。」「無眸子曰瞍。賦公卿列士所獻詩也。」「庶人卑賤,見時得失不得達,
　傳以語王也。」頁9,宏業書局。

　　以上文字，明白指出獻詩者乃「公卿至於列士」，與《詩》三百篇中所出現之人物稱謂完全吻合；而關於「庶人」之部份，則僅謂其「傳語」而已。然則庶人並無作詩能力，乃可推想而知者也。又《國語・晉語》錄趙文子冠畢見鄉大夫、鄉先生，范文子告誡之云：

> 吾聞古之言：王者政德既成，又聽於民。於是乎使工誦諫於朝，在列者獻詩使勿兜，風聽臚言於市，辨袄祥於謠，考百事於朝，聞謗譽於路；有邪而正之，盡戒之術也。[27]

　　據此段所載，獻詩者仍是「在列者」。若與〈周語〉兩者比對，實即「公卿至於列士」也。至於所謂「辨袄祥於謠」、「聞謗譽於路」之「謠」與「謗譽」其內容，僅是或押韻或不押韻之短句而非詩，《左傳》中所錄者不少，頗有參考價值。如《左傳》襄公三十年記載，子產從政一年，而輿人誦之曰：「取我衣冠而褚之，取我田疇而伍之，孰殺子產，吾其與之！」及三年，又誦之曰：「我有子弟，子產誨之；我有田疇，子產殖之。子產而死，誰其嗣之？」[28] 其文辭句式長短不一，皆矢口而成韻，與《詩》三百篇以四言為體，詩句整齊者，實迥異其趣也。又宣公二年，宋國華元兵敗被俘，宋人以百輛兵車、四百匹文馬，自鄭國將之贖回。其後華元巡視築城工事，當時築城者謳曰：「睅其目，皤其腹，棄甲而復。于思！于思！棄甲復來。」言其瞪大眼、挺大肚，以譏刺華元抛盔棄甲敗戰，受贖而歸也。其謳之顯然者，「目」、「腹」、「復」皆押入聲韻；「思」、「來」為同部之押韻，乃短歌之形式。華元派驂乘回應築城役工云：「牛則有皮，犀兕尚多，棄甲則那？」企圖要賴。於此

---

27 見《國語》卷十二，〈晉語〉六。韋昭《注》云：「列，位也。謂公卿至於列士獻詩以諷也。」頁410，宏業書局。兜：王引之《經義述聞》卷二十一，「使勿兜」條云：「引之謹案：兜當為𠗕。《說文》：『𠗕・𩁹蔽也。從人，象左右皆蔽形。讀若瞽。』勿𠗕謂勿𩁹蔽也。」頁827，臺灣商務印書館，國學基本叢書。
28 《左傳正義》卷四十。

回應之「皮」、「多」、「那」顯見亦是押韻短歌。役人又回答：「從其有皮，丹漆若何？」「皮」、「何」亦爲押韻。終於華元不敵眾口，唯曰：「去之！夫其口眾我寡。」[29]今睹其彼此應答之短小歌謠，雖亦初具詩之雛形，然與〈國風〉中所普遍使用之「複沓結構」[30]，或二章、或三章、或四章之疊詠形式，畢竟不同。蓋後者具備完整之藝術結構；而矢口而誦之歌謠，則不具有如此之條件也。故以〈國風〉之詩與當時口傳之歌謠對照，其間差異實甚大，爲不同之類也。吾人充其量僅能承認，如屈萬里先生〈論國風非民間歌謠的本來面目〉一文所云：「〈國風〉有一部份是貴族和官吏們用雅言作的詩篇，而大部份是用雅言譯成的民間歌謠。」[31]但既是經過潤飾之作品，則其作品成果應不能歸於原作者。尤其是潤飾者必須具備作詩之能力，經過潤飾之作品方有可能達致藝術創作之境界。由此言之，倘若吾人欲認定《詩》三百篇之原型（特指十五〈國風〉部份）爲「民俗歌謠之詩」，然其由民俗歌謠登進文學之殿堂，「士」階層之貢獻顯然最爲重要者。

第三節　就孔門言《詩》論三百篇之經典意涵

　　《詩》三百篇所以爲「經學」，乃孔子以《詩》爲教之結果。然而，以《詩》爲教，當不自孔子始；在孔子之前，《詩》三百篇事實上已是周代貴族教育子弟之教材矣。《左傳》襄公二十九年，記載：「吳公子札來觀聘，……請觀於周樂」，當時樂工所歌之內容，

---

29 《左傳正義》卷二十一。
30 複沓結構，即疊章詠唱之形式。《詩經》中，〈國風〉與〈小雅〉部份短篇，各章結構與句式相同，各章之間僅換一二字，採用反覆詠唱形式，稱「複沓結構」。
31 屈先生據〈國風〉之「篇章形式」、「文辭用雅言」、「用韻的情形」、「語助詞的用法」、「代詞的用法」等五層面探討，認爲〈國風〉乃經過潤飾之作品；並且推定潤飾者可能爲周王朝人士，其文議論鞭闢入裏。原文載於中央研究院歷史語言研究所集刊第三十四本，又收於《書傭論學集》，開明書店。

有〈周南〉、〈召南〉、〈邶〉、〈鄘〉、〈衛〉、〈王〉、〈鄭〉、〈齊〉、〈豳〉、〈秦〉、〈魏〉、〈唐〉、〈陳〉、〈鄶〉、〈小雅〉、〈大雅〉、〈頌〉等。若以之與今本《毛詩》比較，則〈國風〉有十四。然而《左傳》又言：「自鄶以下無譏焉」，可見〈鄶〉以下尚有其他國風之存在，與今本《詩經》對照之後，疑其即〈曹風〉也。其時〈頌〉並不分周、魯、商三部份。若《左傳》所載屬實，則在孔子之前《詩》三百篇已經存在矣。蓋魯襄公二十九年，孔子時年方八歲，自無如司馬遷所言孔子刪《詩》之事也。且據《論語》所載，孔子言《詩》，一則說「詩三百」，一則說「誦詩三百」，可見孔子所見之《詩》不出於三百篇之外。孔子以特別重視《詩》教之作用，故《論語》中論《詩》之言論獨詳。如〈述而〉篇云：

> 子所雅言：《詩》、《書》、執禮，皆雅言也。

此謂孔子使用「雅言」之場合有三：一是誦《詩》三百篇時、二是讀《尚書》時，三則是行禮之時。孔子誦讀《詩》、《書》所以用雅言，乃因《詩》三百篇是以雅言成文，《書》則是三代政典所在，孔子行周禮，故亦使用雅言。蓋「雅言」者，即是周代酆、鄗京畿地區之語言也。劉寶楠《論語正義》云：

> 周室西都，當以西都音為正。平王東遷，下同列國，不能以其音正乎天下，故降而稱「風」；而西都之雅音固未盡也。夫子凡讀《易》及《詩》、《書》、執禮，皆用雅言，然後辭義明達，故鄭以為義全也。後世人作詩用官韻，又居官臨民，必說官話，即雅言矣。[32]

---

32 見劉寶楠《論語正義》卷八，世界書局。歷來說「雅」者數家，約括之有四類。一者如〈毛詩序〉云：「雅者，正也。政有小、大。故有小雅焉，有大雅焉。」解「雅」為「政」，乃「政治教化」之意。二如朱熹《詩集傳》云：「雅者，正也。正樂之歌也。以今考之，正小雅，燕饗之樂也；正大雅，會朝之樂，受釐陳戒之辭也。」亦解「雅」為正，謂謂其為「正樂」，非政教也。三如嚴粲《詩緝》云：「明白正大、直言其事者，雅之體。純乎雅之體者，為雅之大；雜乎風之體者，為雅之小。」亦解「雅」

孔子因特別重視《詩》三百篇，於讀誦時，即以日常生活不慣使用之「雅言」爲之，可見其鄭重之心理。孔子亦曾對三百篇之內容下總義，〈爲政〉篇云：

> 子曰：「《詩》三百，一言以蔽之，曰『思無邪』。」

此一定義，已成爲歷代學者言詩之標準。[33]關於《詩》三百篇與「六藝」之教之進境與成德之次，孔子亦曾有所說明。〈泰伯〉篇云：

> 子曰：「興於《詩》，立於禮，成於樂。」

禮乃立身之規範，樂爲人格之養成；而禮、樂二者之立、成則起於《詩》。故《詩》乃成德之教之始。關於「興」之意義，〈陽貨〉篇云：

> 子曰：「小子！何莫學夫《詩》！《詩》可以興，可以觀，可以群，可以怨；邇之事父，遠之事君，多識於鳥獸草木之名。」

孔安國注「興」字云：「興，引譬連類。」朱《注》云：「感發志氣。」志氣即感情。由此可知，孔子是以《詩》三百篇作爲情感教育之題材，若就以下「觀」（觀察社會人生，考見得失）、「群」（群居相處，和而不怨）、「怨」（抒發憤悶），與「事父」、「事君」之事合觀之，無一不在求情感表現之合宜；人之情感處處表現合宜，即是情感教育之完成。是故荀子曰：「《詩》言是，其志也」、「故〈風〉之所以爲不逐者，取是以節之也；〈小雅〉之所以爲小雅者，取是而文之也；〈大雅〉之所以爲大雅者，取是而光之也；

爲「正」，唯其乃就「文體之明白正大」說之者。劉寶楠《論語正義》之「雅言」說，解雅言是西周之「正音」，「雅」亦解爲「正」。劉氏之說相較於以上諸說，爲明白切實。今人孫作雲作〈說雅〉一文，頗受劉氏影響，認爲「雅」爲「夏」之假借字。周人因居夏代舊地，故自稱爲「夏」。「雅詩」即「夏詩」。孫作雲〈說雅〉一文，見其所著《詩經與周代社會研究》，北京中華書局；又此文亦收錄於江磯所編《詩經學論叢》，崧高書社印行。

33 《禮記·經解》云：「溫柔敦厚，《詩》之教也。……《詩》之失愚，……其爲人也，溫柔敦厚而不愚，則深於《詩》者也。」「溫柔敦厚」，即「無邪」也。

〈頌〉之所以爲至者，取是而通之也。」[34]而《莊子‧天下篇》總歸六經之學，曰：「《詩》以道志」；以至於〈毛詩序〉所言：「詩者，志之所之也」。凡此，皆可見先秦以《詩》爲情感教材，有其普遍性。尤其，孔子曾告誡其子伯魚，曰：「女爲〈周南〉、〈召南〉矣乎？人而不爲〈周南〉、〈召南〉，其猶正牆面而立也與！」之言，亦可得切實之理解。蓋人若不能視其所處之地、所面對之事而適當表現其情感，豈非如朱子註此章所云「即其至近之地，而一物無所見，一步不可行」[35]者邪？

因此，孔門論《詩》三百篇，並非依文學欣賞之態度，乃是以陶冶情性爲目的。孔子與其弟子言《詩》，一貫使用「賦詩斷章」[36]之方式，主要是爲講明義理。孔門言詩之使用「賦詩斷章」之方以講義理，說明此時讀《詩》，並非僅爲吟詠陶養性情，乃是以教化爲目的。如孔子總攝《詩》三百篇，曰：「《詩》三百，一言以蔽之，曰：思無邪。」「思無邪」一句，出自〈魯頌‧駉〉篇，與「思無疆」、「思無期」、「思無斁」皆是〈駉〉篇四章之末次句。陳奐云：「思，詞也。無疆、無期，頌禱之詞；無斁、無邪，又有勸戒

34　《荀子‧儒效篇》。
35　朱熹《四書集註》，頁268，啓明書局。
36　《左傳》襄公二十八年載：（齊大夫）慶封以其女妻盧蒲癸。慶封家臣謂盧蒲癸：「男女辨姓。子不辟宗，何也？」以質疑盧蒲癸娶同姓之女。盧蒲癸云：「宗不余辟，余獨焉辟？賦《詩》斷章，余取所求焉。焉辟宗？」以爲本宗之慶封既已不避同姓，則是各取所求，如賦《詩》斷章之道理一般。此處盧蒲癸所謂之「賦詩斷章」，爲春秋時諸侯、士大夫在盟會或燕饗時賦詩道志之習慣，乃是就自身之需求，摘取朗誦《詩》三百篇中之章句，以爲表達願望，或回應對方要求之方式。賦詩時，並不須顧及全詩之內容爲何，僅是取其篇中可作爲表達之辭句即可。根據《左傳》，引《詩》言事，早出現在〈隱公〉元年評贊穎考叔時，使用〈大雅‧皇矣〉：「孝子不匱，永錫爾類」，則引《詩》論事，應早於此時也。聘問時賦詩道志，則出現於僖公二十三年，至襄公、昭公時風氣最盛。孔子出生在魯襄公二十一年，其成長、入仕，以至週遊列國，與賢士大夫之間之來往對應，當然受此風氣影響，因此特別強調嫻熟《詩》三百篇之重要。子曰：「不學《詩》，無以言。」又曰：「誦《詩》三百，授之以政，不達；使於四方，不能專對。雖多，又奚以爲？」諸言論，實具有其時代之意義也。關於「賦詩」、「引詩」，詳見曾勤良《左傳引詩賦詩之詩教研究》，文津出版社。

之義焉。思，皆爲語詞。」由此觀之，孔子引《詩》，不僅是「斷章取義」，抑且是「斷句取義」矣。如此引《詩》，並不在意於整篇詩之內容如何，亦不在所取之詩句在其詩中之字義如何，而是專注在其「義理如何」之一面。是故，子貢以「貧而無諂，富而無驕」之人生態度求取孔子認同時，孔子則勉其以更進一層之「貧而樂，富而好禮」之境界；子貢由是引〈衛風‧淇澳〉篇：「如切如磋，如琢如磨」之詩句求證其可否。孔子乃答曰：「賜也！始可與言《詩》已矣。告諸往而知來者。」孔子所謂「可以與言詩」，是如此之言法，可證孔子論《詩》，是在求其對於哲學思想之推進效用。尤其是子夏引〈衛風‧碩人〉「巧笑倩兮，美目盼兮，素以爲絢兮。」求問時，孔子答曰：「繪事後素。」[37]子夏問是否即「禮後」之意？孔子曰：「起予者商也！始可與言《詩》已矣！」由此可證，孔門論《詩》，並非是爲欣賞文學，而是爲賦予《詩》三百篇以義理思想，以達到修身之目的。[38]「經學」與「文學」，在此即是分野。孔子之後之儒家後學，如孟子、荀子，說《詩》皆循此模式；直至漢代四家詩經學者，亦沿襲此等態度。劉歆〈移讓太常博士書〉云：

> 至孝武皇帝，然後鄒、魯、梁、趙，頗有《詩》、《禮》、《春秋》先師，皆起於建元之間。當此之時，一人不能獨盡其經，或爲〈雅〉，或爲〈頌〉，相合而成。……時漢興已七、八十年，離於全經，固已遠矣。[39]

今觀漢代四家《詩經》之學，學者說《詩》之時，完全沿襲先秦

---

37 今本《詩經‧碩人》無「素以爲絢兮」一句。1978 年，羅福頤在湖北武漢發現東漢時代之「魯詩鏡」，其鏡背緣順時鐘方向刻有一圈《詩經‧衛風‧碩人》銘文，其第二章亦無此句。由此可見，東漢時四家詩皆存，但與子夏所引之先秦《詩》三百篇已有章句之異矣。見日本石川三佐郎〈中國後漢魯詩鏡所含的意義〉一文，第二屆國際學術研討會論文集，頁 148，語文出版社。
38 以上孔子與子貢論詩見《論語‧學而》，與子夏論詩見《論語‧八佾》。
39 見《漢書‧楚元王傳》，頁 1968，宏業書局。

習慣，並不注重文學研究時所著重之「作品整全性」之要求，而是為說「經義」，以致「離於全經，固已遠矣」；「離於全經，固已遠矣」，並非完全是「書缺有間」之歷史因素，其說《詩》之習慣當亦為重要原因也。

　　且夫前漢時代並無今人所謂「文學」之觀念，當時所謂之文學，其實皆是指經學。[40]如《史記‧孝武本紀》云：「上鄉儒術，招賢良趙綰等，以文學為公卿」、「上徵文學之士公孫弘等」、「能通一藝以上，補文學掌故缺」、「治《禮》，次治掌故，以文學禮儀為官」等等，其所謂「文學」，皆指「經學」，此乃學者所熟知者也。

結　語

　　以上由《詩》三百篇之「文學作品」與「經典」兩種屬性進行溯源之考察，吾人以為，南宋時代朱子將〈國風〉定義為「民俗歌謠之詩」，此一意見乃是新穎可喜者，亦是最易被接受之觀點；然此等觀點同時亦可能是不合史實之論斷。雖然在前漢初期已出現「採詩觀風俗」之說，但若據《國語》之〈周語〉及〈晉語〉所記載兩段文字觀之，獻詩者其實是「在列者」，其真正身份為「公卿至於列士」，韋昭注《國語》，謂「列士，上士也。」正說明彼等乃是上階層之貴族；而在《詩經》本文中出現大量之「公侯」、「公子」、「公孫」、「君」、「君子」、「士」等人物稱謂，與彼等所使用

---

40 以「文學」指稱「經學」，乃孔子之觀念。《論語‧先進篇》：「子曰：『從我於陳、蔡者，皆不及門也。』德行：顏淵、閔子騫、冉伯牛、仲弓。言語：宰我、子貢。政事：冉有、季路。文學：子游、子夏。」此即是稱為「孔門四科十哲」者。「文學」一科之子游、子夏，皆以經學著名於後世。兩漢各經之學，其淵源皆溯自子夏。《禮記‧禮運》一篇，宋朝王應麟《困學紀聞》嘗引致堂胡氏云：「子游作。」〈禮運〉篇中，孔子與於蜡祭之後，論「大同小康」之旨，當時則「言偃在側」，言偃即子游；又與〈禮運〉相接之各篇，如〈禮器〉、〈郊特牲〉各篇，學者或以為子游後學者所作者，不為無故也。

之器物、活動記載，證明《詩》三百篇之作者不能是一般庶民。縱使吾人放寬尺度，承認《詩》三百篇之作品來源是「民俗歌謠」，但潤飾定筆者必定非貴族階層莫屬。至於「增辭潤飾」之著筆者是否可算是作者？此乃一可以考慮之問題，然則《詩》三百篇非「民俗歌謠」之原型，則是可確定也。

另一方面，吾人由《詩》三百篇成為「經典」之過程進行觀察，得知其經典化之時代遠在孔子之前。孔子以前，《詩》三百篇早已成為貴族階層必須熟習之作品，其在貴族政治、外交活動中，擔負「語言媒介」之任務，人人必須耳熟而能詳；三百篇除具涵養情性之功能外，更是貴族階層必備之語言能力。孔子繼承此一文化資產後，以之為教材，在論詩時特意在其中找尋義理，以豐富其學說之內涵；此與今日吾人視《詩》三百篇為「文學」之觀念，有相當大之距離。換言之，在吾人所能掌握之資料中，《詩》三百篇不曾有過「俗化」之過程。因此，歷代卓越之士或者能體認《詩》三百篇之文學屬性，企圖還原其面貌，乃皆受諸多之牽絆糾葛，而未盡其功，如歐陽修、朱熹、崔述、姚際恆、方玉潤諸輩，莫不皆然也。此因學者長期受《詩》三百篇「經義」之薰陶，故是難以擺脫其影響。職是之故，迄於今日研究《詩》三百篇，依然必須兼顧其「經義」之成份，分別進行「經學」與「文學」兩種不同之論述也。

第三章　詩經「六義」之經義與文學述論

前　言

　　本章擬爲《詩》三百篇「六義」之討論。蓋「六義」乃三百篇之綱維，其意猶今日言學術科目有「定義」也。《詩》三百篇之經義發展與其文學之趨向，皆由「六義」詮釋內容之流變而得維攝之；亦由夫各別詩篇之意見，以改變「六義」之內涵。故是校以毛、鄭所代表之漢學，與變古經義時期朱子所代表之宋學，二者詮解《詩》三百篇之歧義，多在於「六義」之名義而見之；至於各別詩篇之意見，則或同或異，不可一概而見。故論「六義」之流變，即所以管攝《詩經》經義與文學之樞紐也。

第一節　「六義」溯源

　　《詩》之「六義」，其名見於孔子之前與其時者，皆若爲可考。如《左傳》隱公三年，即載「風」、「雅」之名義，且釋之云：

> 四月，鄭祭足帥師取溫之麥。秋，又取成周之禾。周、鄭交惡。君子曰：「信不由中，質無益也。明恕而行，要之以禮，雖無有質，誰能間之？苟有明信，澗、谿、沼、沚之毛，蘋、蘩、蘊藻之菜，筐、筥、錡、釜之器，潢汙、行潦之水，可薦於鬼神，可羞於王公，而況君子結二國之信，行之以禮，又焉用質？〈風〉有〈采蘩〉、〈采蘋〉，〈雅〉有〈行葦〉、〈泂酌〉，昭忠信也。」

按：〈采蘩〉、〈采蘋〉乃〈召南〉之篇，而《左傳》文中稱之為〈風〉；〈行葦〉、〈泂酌〉則在〈大雅〉〈生民之什〉，[1]《左傳》稱為〈雅〉者，見其時已有此二名也。杜《注》於此云：

〈采蘩〉、〈采蘋〉，《詩‧國風》，義取於不嫌薄物。……〈行葦〉篇義取「忠厚也」；〈泂酌〉篇義取「雖行潦可以共祭祀也」。

孔《疏》所異於杜《注》者，唯以為〈行葦〉一詩與〈采蘩〉、〈采蘋〉、〈泂酌〉為不同類，《傳》引之，所以結「昭忠信也」一句耳。《疏》云：

〈采蘩〉、〈采蘋〉、〈泂酌〉，上《傳》所言，皆有彼篇之事，其言未及〈行葦〉；今言〈行葦〉者，其意別取「忠厚」，非以結上也。[2]

按：孔《疏》是也。《左傳》文中所言「澗」、「谿」、「沼」、「沚」之毛，「蘋」、「蘩」、「蘊藻」之菜，「筐」、「筥」、「錡」、「釜」之器，「潢汙」、「行潦」之水，皆為〈采蘩〉、〈采蘋〉二篇所有之物；其中唯「行潦之水」一物兼及於〈泂酌〉，而與〈行葦〉詩則全無與也。故《傳》所以言及〈行葦〉，蓋藉以結「昭忠信」之意也。且據以上所舉四詩分析之，〈采蘩〉、〈采蘋〉乃述夫人奉祭祀不失職之事；〈泂酌〉則為諸侯燕饗之詩，〈行葦〉內容亦為燕饗兼行賓射之禮。[3]如此而以〈采蘩〉、〈采蘋〉列於〈風〉，與〈泂酌〉、〈行葦〉之言燕饗之詩篇列為〈雅〉，殆其以類歸併，而分為二體耶？至於〈雅〉與〈頌〉之區分，則是出於夫子之自道，其二體區分之時代，亦早於孔子之前。《論語‧子

---

1 此從《毛詩》之編次。
2 《春秋左傳正義》卷三，頁52，東昇出版事業公司。
3 〈行葦〉為燕同宗兄弟及耆老兼行賓射之禮，見本書第六章第三節〈正小雅詩篇中燕饗詩內容析論〉。

罕》篇[4]，云：

　　子曰：「吾自衛反魯，然後樂正，〈雅〉、〈頌〉各得其所。」[5]

　　據此，則是「雅」、「頌」之分為二體，早為賢士大夫所熟知矣。孔子自衛歸魯，為以《詩》教，故正樂，使〈雅〉、〈頌〉各得其所耳。故《詩》三百篇之分為「風」、「雅」、「頌」三體者，其時間在孔子之前，三體之區分非孔子所定也。故《左傳》襄公二十九年[6]，載吳公子札聘於魯，乃評論及於「風」、「雅」、「頌」三體也。《傳》云：

　　夏四月，……吳公子季札來聘，……請觀於周樂。使工為之歌〈周南〉、〈召南〉，曰：「美哉！始基之矣，猶未也，然勤而不怨矣。」為之歌〈邶〉、〈鄘〉、〈衛〉，曰：「美哉淵乎！憂而不困者也。吾聞衛康叔、武公之德如是，是其衛風乎！」為之歌〈王〉，曰：「美哉！思而不懼，其周之東乎！」……自〈鄶〉以下無譏焉。[7]為之歌〈小雅〉，曰：「美哉！思而不貳，怨而不言，其周德之衰乎？猶有先王之遺民焉。」為之

4　〈子罕〉為《論語》第九篇。崔述以為《論語》前十篇皆有子、曾子門人所記，去聖未遠，故皆可信；後十篇則後人續記，未盡可信也。《論語餘說》云：「《論語》前十篇記君大夫之間皆但言『問』，不言『問於孔子』。……蓋後十篇皆後人所追記，原不出於一人之手，而傳經者輯而合之者，是以文體參差互異。」頁25，臺灣開明書局《開明辨偽叢刊》。

5　孔子自衛歸魯，其事在魯哀公十一年。《左傳》載之，云：「孔文子之將攻大叔也，訪於仲尼。仲尼曰：『胡簋之事，則嘗學之矣；甲兵之事，未之聞也。』退，命駕而行，曰：『鳥則擇木，木豈能擇鳥？』文子遽止之，曰：『圉豈敢度其私，訪衛國之難也。』將止，魯人以幣召之，乃歸。」頁1019，《春秋左傳正義》，東昇出版事業公司。

6　孔子生於周靈王二十一年（西元前479年），當魯襄公二十一年，則魯襄公二十九年，孔子方年八歲也。關於孔子之生年，其詳見錢穆先生《先秦諸子繫年》卷一，〈孔子生年考〉，頁1，東大圖書公司。

7　「自鄶以下無譏焉」句，杜《注》以為：「鄶第十三，曹第十四。言季子聞此二國歌，不復譏論之，以其微也。」按：杜《注》誤也。〈鄶〉為第十四，〈曹〉當為十五。《正義》曰：「言『以下』，知兼有〈曹〉也。……周武王封其弟叔振鐸於曹。後十一世，當周惠王時，昭公好奢而任小人，國人作〈蜉蝣〉之詩以刺之；以後凡四篇，皆〈曹風〉也。鄶、曹二國皆國小政狹，季子不復譏之，以其微細故也。」頁670，東昇出版事業公司。

歌〈大雅〉，曰：「廣哉，熙熙乎！曲而有直體，其文王之德乎！」為之歌〈頌〉，曰：「至矣哉！直而不倨，曲而不屈，邇而不偪，遠而不攜，遷而不淫，復而不厭，哀而不愁，樂而不荒，用而不匱，廣而不宣，施而不費，取而不貪，處而不底，行而不流。五聲和，八風平。節有度，守有序，盛德之所同也。」8

由季札所觀之周樂，稱〈邶〉、〈鄘〉、〈衛〉為「衛風」9，稱〈齊〉亦曰「大風也哉」，而稱〈秦〉曰「夏聲」者，「風」蓋謂「聲歌」也。而其時〈雅〉已有小、大之名矣。唯季札論〈頌〉之言獨為詳備，其中亦無「周」、「魯」、「商」三者之分別。先儒則以為，以「周道備」，故季札獨詳言之，其實則「魯」、「商」二頌亦兼歌也。10是則，孔子返魯正樂之時，《詩》三百篇之「風」、「雅」、「頌」三體已俱備，實無煩夫子之刪定。11孔子稱《詩》皆言三百篇，若孔子之時「魯」、「商」二頌不在其中，何得為三百篇乎？故崔述即不謂司馬遷言「孔子刪《詩》」之事為可信，而云：

余按：〈國風〉自二〈南〉、〈豳〉以外，多衰世之音；〈小

---

8 《春秋左傳正義》頁 668-671。

9 孔《疏》云：「康叔以後，七世至頃侯，仁人不遇，邶人作〈柏舟〉之詩以刺之，以後繼作十九篇為〈邶風〉，十篇為〈鄘風〉，十篇為〈衛風〉，皆美刺衛君，而分為三耳。此三國之風，實同是衛詩。」頁 668，東昇出版事業公司。

10 孔《疏》云：「〈詩序〉云：『頌者，美盛德之形容，以其成功告於神明者也。』言天子盛德有形容可美；可美之形容，謂道教周備也。……故美其祭則報情，顯以成功告神明之意，如此止謂〈周頌〉也。其〈商頌〉則異，雖是祭祀之歌，祭先祖王廟，述其生時之功，乃是死後頌德，非以成功告神，意同〈大雅〉，與〈周頌〉異。魯則止頌僖公，纔如變風之美者，文體類〈小雅〉，又與〈商頌〉異也。此當是歌〈周頌〉，杜解『盛德所同』，兼殷、魯，三頌皆歌也。」依孔說，則季札觀周樂時所歌兼三頌也。

11 魏了翁《毛詩要義》引《周禮·大師職》鄭司農注云：「古而自有〈風〉、〈雅〉、〈頌〉之名。故延陵季觀樂於魯時，孔子尚幼，未定《詩》、《書》；而曰：為之歌〈邶〉、〈鄘〉、〈衛〉風乎？又為之歌〈小雅〉、〈大雅〉，又為之歌〈頌〉。《論語》曰：『吾自衛反魯，然後樂正，〈雅〉、〈頌〉各得其所。』時禮樂自諸侯出，頗有謬亂不正者，故孔子正之耳。」意同。見〈譜序要義〉五「鄭意風雅定於孔子前，孔子定變風雅」條，頁 298，《續修四庫全書》五十六冊，上海古籍出版社。

雅〉大半作於宣、幽之世，夷王以前寥寥無幾。如果每君皆有
詩，孔子不應盡刪其盛，而獨存其衰。且武丁以前之頌豈遽不
如周，而六百年之風雅豈無一二可取，孔子何為而盡刪之乎？
子曰：「誦《詩》三百，授之以政，不達；使於四方，不能專
對。雖多，亦奚以為？」子曰：「《詩》三百，一言以蔽之，
曰：『思無邪』」玩其詞意，乃當孔子之時已止此數，非自孔
子刪之而後為三百也。《春秋傳》云「吳公子札來聘，請觀於
周樂」，所歌之風無在今十五國外者，是十五國之外本無風可
采；不則有之而魯逸之，非孔子刪之也。[12]

　　孔子刪《詩》之事既不可信，「風」、「雅」、「頌」三體之分
別亦非孔子所手定，觀魯工歌之事，其時在孔子之前，為可知也。

　　而後世謂「賦」、「比」、「興」為《詩》之「三用」者，若據
其名稱，則在孔子之時已有，唯其涵義或非如後人之所用而已。如
「賦」，其本義為賦稅、賦斂，孔子之時，世常用之；而其時又有
「賦詩」之風氣，乃兩種名稱並行也。如襄公二十五年，《傳》云：

　　楚蒍掩為司馬，子匠使庀賦，數甲兵。甲午，蒍掩書土田：度
　　山林，鳩藪澤，辨京陵，表淳鹵，數疆潦，規偃豬，町原防。
　　牧隰臯，井衍沃，量入脩賦，賦車、籍馬，賦車兵、徒卒、甲
　　楯之數。既成，以授子木，禮也。

　　其文中之「賦」為賦斂、賦稅之意甚明。又哀公十一年，《傳》
云：

　　季孫欲以田賦，使冉有訪諸仲尼。仲尼曰：「丘不識也。」三
　　發，卒曰：「子為國老，待子而行，若之何子之不言也？」仲
　　尼不對，而私於冉有曰：「君子之行也，度於禮，施取其厚，

12 見崔述《洙泗考信錄》卷之三，頁35，啟聖圖書公司。

事舉其中，斂從其薄。如是，則以丘亦足矣。若不度於禮，而
貪冒無厭，則雖以田賦，將又不足。且子季孫若欲行而法，則
周公之典在；若欲苟而行，又何訪焉？」弗聽。[13]

此「賦」亦爲「賦斂」之意。其文中所載之事，即《論語‧先進》篇云：「季氏富於周公，而求也爲之聚斂而附益之。子曰：『非吾徒也！小子鳴鼓而攻之，可也！』」可見其時「賦」字多用爲「賦斂」也。又當時之「賦」字亦用於「賦詩」之義。根據《左傳》所記載，此種用法起源甚早。如隱公元年，《傳》云：

公入而賦：「大隧之中，其樂也融融！」姜出而賦：「大隧之
外，其樂也洩洩。」遂為母子如初。[14]

由此度其文意，則「賦」是矢口成韻，自作短章之詩。而隱公三年，《傳》乃云：

衛莊公娶于齊東宮得臣之妹，曰莊姜，美而無子，衛人所為賦
〈碩人〉也。

〈碩人〉在〈國風‧衛風〉之中，其詩文辭優美，敘事結構完密，與鄭莊公、武姜所賦之短章絕不同類，而同稱爲「賦」者，則明是「作詩」之意也。故孔《疏》云：

此賦謂自作詩也。班固曰：「不歌而誦，亦曰賦。」鄭玄云：
「賦者，或造篇，或誦古。」然則，賦有二義，此與閔二年鄭
人賦〈清人〉、許穆夫人賦〈載馳〉，皆初造篇也；其餘言賦
者，則皆誦古詩也。[15]

是以《左傳》稱爲「賦詩」者，或造篇，或誦古，則宜據上下之文意以爲判定也。乃其中誦古而用於盟會、燕饗以道志之「賦詩」，

---

13 《春秋左傳正義》頁1019，東昇出版事業公司。
14 同上註，頁37。
15 《春秋左傳正義》卷三，頁53，東昇出版事業公司。

根據《左傳》之記載，則始見於僖公二十三年；而迄於襄、昭之世
為最盛也。僖公二十三年《傳》云：

> 他日，公享之。子犯曰：「吾不如衰之文也。請使衰從。」公
> 子賦〈河水〉，公賦〈六月〉。趙衰曰：「重耳拜賜。」公子
> 降，拜稽首；公降一級而辭焉。衰曰：「君稱所以佐天子者命
> 重耳，重耳敢不拜。」[16]

按：誦古賦詩之記載雖始見於此，然由其《傳》文，則見趙衰之
嫻習，而穆公之不疑，彼此亦皆能專辭而對。由此可知，盟會燕饗
之「賦詩道志」，應不自此時始，乃當時通行之制度，故僻處西疆
之秦伯亦能為之也。且若據《國語》所載，秦穆公之享公子重耳，
其中之賦《詩》之舉並不由趙衰始，乃是由秦穆公發之者，則此事
尤其令人詫異也。《國語・晉語》云：

> 明日宴，秦伯賦〈采菽〉，子餘[17]使公子降拜。秦伯降辭。子
> 餘曰：「君以天子之命服命重耳，重耳敢有安志，敢不降拜？」
> 成拜，卒登。子餘使公子賦〈黍苗〉。子餘曰：「重耳之仰君
> 也，若黍苗之仰陰雨也。若君實庇廕膏澤之，使能成嘉穀，薦
> 在宗廟，君之力也。君若昭先君之榮，東行濟河，整師以復疆
> 周室，重耳之望也。重耳若獲集德而歸載，使主晉民，成封國，
> 其何實不從。君若恣志以用重耳，四方諸侯，其誰不惕惕以從
> 命！」秦伯嘆曰：「是子將有焉，豈專在寡人乎！」秦伯賦〈鳩
> 飛〉，公子賦〈河水〉，秦伯賦〈六月〉，子餘使公子降拜。
> 秦伯降辭。子餘曰：「君稱所以佐天子匡王國者以命重耳，重
> 耳敢有惰心，敢不從德！」

按：秦穆公納重耳而享之，所以安輯晉室，乃事之大者也。公子

---

16 同上註卷十五，頁253。
17 子餘，趙衰字。

初使子犯從，子犯曰：「吾不如衰之文也，請使衰從。」其前一日，穆公享公子重耳，如饗國君之禮[18]，趙衰相公子則如賓[19]，以示謙遜也。於此，穆公實敬之，故有次日之宴。宴中穆公賦〈采菽〉，其取意於天子賜諸侯以命服也。趙衰所以使公子降拜受者，蓋謂其命不自穆公，實由天子也。又使公子賦〈黍苗〉者，此詩之首章云：「芃芃黍苗，陰雨膏之。悠悠南行，召伯勞之。」乃以召伯比秦穆公也。又趙衰之答賦，其言「重耳若獲集德而載歸」、「君若恣志以用重耳，四方諸侯，其誰不惕惕以從命」云云，則是兼取此詩二、三章之「我行既集，蓋云歸哉」、「我行既集，蓋云歸處」，與四章、卒章之「烈烈征師，召伯成之」、「召伯有成，王心則寧」諸意也。由此可見，當時賦詩雖為斷章[20]，其意則實盡於全篇也[21]。至

---

18 秦伯賦〈采菽〉，〈小雅〉篇名，其首章云：「采菽采菽，筐之筥之。君子來朝，何錫予之？雖無予之，路車乘馬。又何予之？玄袞及黼。」《國語》韋昭注云：「王賜諸侯命服之樂也。」

19 《國語》「子餘相如賓」句，韋昭《注》云：「詔相重耳如賓禮也。」

20 「賦詩斷章」說見於襄公二十八年，《傳》云：「癸（盧蒲癸）臣子之（慶舍），有寵，妻之。慶舍之士謂盧蒲癸曰：『男女辨姓，子不辟宗，何也？』曰：『宗不余辟，余獨焉辟之？賦《詩》斷章，余取所求焉，惡識宗？』」杜《注》云：「言己苟欲有求於慶氏，不能復顧禮。譬如賦《詩》者，取其一章而已。」又云：「古者禮會，因古詩以見意，故賦詩斷章也。其全稱詩篇者，多取首章之義，他皆放此。」賦詩其全稱詩篇，是否皆取首章耶？《正義》云：「杜言全引詩篇者，多取首章之義。劉炫《規過》云：『案《春秋》賦《詩》有雖舉篇名，不取首章之義者。故襄公二十七年公孫假賦〈桑扈〉，趙孟曰「匪交匪敖」，乃是卒章；又昭元年云：令尹賦〈大明〉之首章，既特言首章，明知舉篇名者不是首章。』今刪定知不然者，以文四年賦〈湛露〉，云「天子當陽」；又文十三年文子賦〈四月〉，是皆取首章。若取餘章者，《傳》皆指言其事，則賦〈載馳〉之四章、〈綠衣〉之卒章是也。所以令尹特言〈大明〉首章者，令尹意特取首章明德，故《傳》指言首章，與餘章別也。杜言多取首章；言多，則非是摠皆如此。劉以《春秋》賦《詩》有不取首章以規杜，非也。」見《春秋左傳正義》卷三十八，頁654；卷十五，頁253。

21 《左傳》昭公十二年：「夏，宋華定來聘，通嗣君也。享之，為賦蓼蕭，弗知，又不答賦。昭子曰：『必亡。宴語之不懷，寵光之不宣，令德之不知，同福之不受，將何以在？』」按《小雅·蓼蕭》之詩云：「蓼彼蕭斯，零露湑兮。既見君子，我心寫兮。燕笑語兮，是以有譽處兮。 蓼彼蕭斯，零露瀼瀼。既見君子，為龍為光。其德不爽，壽考不忘。 蓼彼蕭斯，零露泥泥。既見君子，孔燕豈弟。宜兄宜弟，令德壽豈。 蓼彼蕭斯，零露濃濃。既見君子，鞗革忡忡。和鸞雝雝，萬福攸同。」今考昭子之所言，「宴語之不懷」一句，則取義於首章：「燕笑語兮，是以有譽處兮。」「寵光之不宣」一句，乃取次章：「既見君子，為龍為光。」之義，故毛傳云：「龍，寵也。」是也。其「令德之不知」之云，則第三章：「宜兄宜弟，令德壽豈。」也；

於秦穆公之更賦〈鳩飛〉，乃〈小雅‧小宛〉之首章，其詩曰：「宛彼鳴鳩，翰飛戾天。我心憂傷，念昔先人。明發不寐，有懷二人。」蓋言己則念先君洎穆姬而不寐，而思安集晉之君臣也。公子之答賦以〈河水〉，即〈沔水〉篇[22]，其詩曰：「沔彼流水，朝宗于海。」意取反國之後將朝事於秦，以釋穆公之心也。而穆公之再賦〈六月〉，其詩曰：「王于出征，以匡王國。」則表示願出兵護送公子重耳返國登位之意。故趙衰使公子降拜，且曰：「君稱所以佐天子王國者以命重耳，重耳敢有惰心，敢不從德！」蓋既審知穆公願為出兵助返國登位之意，則共勉以佐天子，而匡王國也。由此秦穆公之與重耳、趙衰等賦詩之舉嫻習如此，必見其用之為有素矣，否則不能如此也。[23]

至於「六義」之「比」，《詩》文本自有其字。〈大雅‧皇矣〉篇曰：

> 維此王季[24]，帝度其心。貊其德音，其德克明。克明克類，克

「同福之不受」句，為第四章：「和鸞雝雝，萬福攸同。」是矣。蓋皆約括各章一二句而反其義，言華定之不能如此，故斷其「必亡」也。由此觀之，賦詩之法，誠如孔穎之言，「杜言多取首章；言多，則非總是如此也。」要而言之，若賦短篇，則得盡之；若賦長篇，僅賦首章，觀趙衰之答賦，則其取義實貫於全篇也。

22 賦〈河水〉，杜《注》云：「〈河水〉，逸詩。義取河水朝宗于海，海喻秦。」《國語》韋昭《注》云：「河，當作沔，字相似誤也。」按：韋說是也。

23 曾勤良先生云：「秦晉相鄰，秦伯大可乘機出兵平亂或攻伐，直至接納重耳，顯然有意厚結重耳，伺機稱霸中原，故以國君之禮享之。《左傳》燕饗賦《詩》，當始於此。」按：《左傳》引《詩》始於隱公元年引《大雅‧既醉》：「孝子不匱，永錫爾類。」然引《詩》據後人著述評論之辭也，非當時之事；賦《詩》則據當場之專對。其由有賦《詩》之風氣，故著作之家據事引《詩》評論；或評論有引《詩》，故有盟會燕饗之賦《詩》，二者孰先，不能明也。詳見《左傳引詩賦詩之詩教研究》，文津出版社。

24 「王季」，阮元《校勘記》云：「唐石經、小字本、相臺本同。案：《正義》引昭廿八年《左傳》而云『此云維此王季，彼云維此文王者，經涉離亂，師有異讀，後人因即存之，不敢追改。今王肅《注》及《韓詩》亦作文王，是異讀之驗』。又《左傳正義》同。段玉裁云：〈樂記〉注云『言文王之德皆能如此』，所見《詩》亦是『維此文王』。然《禮》注言『文王』，《詩》箋言『王季』說自不同，詳《詩經小學》。考《毛氏詩》自是『王季』，王肅申毛作『文王』者，非，《經義雜記》辨之矣。按鄭注《禮記》多用《韓詩》，不用《毛詩》。《左傳》作『文王』與《韓詩》合，是可以證三家《詩》之皆有所受之也。」頁576，《毛詩正義》，東昇出版事業公司。

長克君。王此大邦，克順克比[25]。比于文王，其德靡悔。既受
帝祉，施于孫子。[26]

《左傳》昭公二十八年引此詩，釋之云：

心能制義曰度，德正應和曰莫，照臨四方曰明，勤施無私曰類，
教誨不倦曰長，賞慶刑威曰君，慈和徧服曰順，擇善而從之曰
比，經緯天地曰文。[27]

毛《傳》釋「比」云：「擇善而從曰比。」[28]，即從《左傳》之
經訓，其時代爲最古，故爲可信；而此訓與《易》經〈比〉卦：「外
比於賢」[29]同義，皆謂比德於人，擇善以從也。又〈小雅・六月〉云：

比物四驪，閑之維則。維此六月，既成我服。我服既成，于三
十里。王于出征，以佐天子。

毛《傳》云：「物，毛物也。則，法也。言先教戰然後用師。」

《正義》申之曰：「〈夏官・校人〉云：『凡大祭祀、朝覲、會
同，毛馬而頒之。凡軍事，物馬而頒之。』《注》云：『毛馬，齊
其色。物馬，齊其力。』是毛，物之文也。《傳》以直言物則難解，
故連言『毛物』，以曉人也。然則比物者，比同力之物。」[30]則此「比」，
謂比校同力也。又〈邶風・谷風〉云：「既生既育，比予于毒。」
《箋》云：「既有財業矣，又既長老矣，其視我如毒螫。言惡己甚
也。」釋「比」爲「視」，蓋「視同」之義也。

是以據《詩》之文本，「比」者，謂「比德」也、謂「較力」也、
謂「視同」也，似尚未有如後人所謂「比擬」、「比喻」之用法。

---

25 「克順克比」，《禮記・樂記》引作「克順克俾」。鄭《注》云：「『俾』當爲『比』，
聲之誤也。」頁 691，《禮記正義》，東昇出版事業公司。
26 《毛詩正義》頁 570。
27 《春秋左傳正義》頁 917。
28 見《毛詩正義》，頁 570，東昇出版事業公司。
29 〈比〉卦六四：「外比之，貞吉。」〈象〉曰：「外比於賢，以從上也。」《正義》
曰：「九五居中得位，故稱賢也。」頁 37，《周易正義》，東昇出版事業公司。
30 《毛詩正義》頁 358，東昇出版事業公司。

又如《墨子·大取》篇云：「察次由比」，曹耀湘云：「謂察物之次第，由比類而得也。」[31]譚戒甫云：

> 按〈上經〉第六十八條云：「佊，以有相攖、有不相攖也；兩有端而后可。」又第六十九條云：「次，無間而不相攖也；無厚而后可。」佊，比之繁文。攖為相得，意即結合。端者點也。蓋以兩線隨點合者，校其長短為比，謂之相攖；亦有兩線隨點不合而相比者，謂之不相攖。「次」則無厚無間而又不相攖，則與比同者不相攖、而異者相攖矣；故曰察次由比。

則就《墨經》言，「比」謂校其長短也，並不為「比擬」、「比喻」之辭也。若以《墨經》文字校之，與「六義」之「比」義近者，則是「辟」與「侔」。〈小取〉篇云：

> 夫辯者，將以明是非之分，審治亂之紀，明同異之處，察名實之理，處利害、決嫌疑。焉摹略萬物之然，論求羣言之比。以名舉實，以辭抒意，以說出故。以類取，以類予。有諸己，不非諸人；無諸己，不求諸人。……辟也者，舉也物而以明之也[32]。侔也者，比辭而俱行也。

然則，後世《周禮·春官》之「六詩」、〈毛詩·大序〉之「六義」，其中之「比」為「比喻」、「比擬」之辭者，先秦典籍皆曰「譬」、曰「侔」、曰「猶」[33]、曰「若」、曰「如」，皆不用「比」字，此由遍查經傳，可如此斷言也。

又「六義」之「興」，其始皆用為行禮之起身動作，故訓「興，起也」者，是其本義也。禮書之文中，此例甚多，不勝枚舉。如《儀

---

31 見譚戒甫《墨辯發微》引，頁385，中華書局《新編諸子集成》。
32 孫詒讓《墨子閒詁》卷十一，云：「畢云：『辟，同譬』……畢云：『舉也，也字疑衍』王云：『也非衍字，也與他同。』」頁251，世界書局。
33 如《孟子·告子》篇：「故理義之悅我心，猶芻豢之悅我口。」《荀子·議兵》篇：「故以桀詐紂，猶巧拙有幸焉；以桀詐堯，譬之若以卵投石，以指撓沸。」

禮》之〈大射〉云：

> 賓坐，左執觚，右祭脯、醢，奠爵于薦右，興，取肺，坐，絕
> 祭，嚌之，興，加于俎，坐捝手，執爵，遂祭酒，興，席末坐，
> 啐酒，降席，坐奠爵，拜，告旨，執爵興。主人答拜。樂闋。
> 賓西階上北面坐卒爵，興，坐奠爵，拜，執爵興。主人答拜。

> 大夫進，坐說矢束，退反位。耦揖，進，坐，兼取乘矢，興，
> 順羽且左還，毋周，反面揖。

由上二節，其首節行飲酒之禮，次節行射禮。輒見不拘行飲酒禮或
射禮，經文言「興」之前，必先有「坐」之動作，由此見「興」之
爲「起身」，爲其本義也。周策縱先生云：

> 按甲骨文「興」字都象兩雙手端舉一長方形的承槃（凡）。下
> 列三例以頭一個例子，即〔後編〕那種式樣出現最多，偶然也
> 有像〔甲編〕那樣中間多加一橫或加「口」而從「同」作的：

（〔後編〕1.26.6）　　（〔甲編〕2356）　　（〔寧滬〕1.603）

> 金文「興」字與甲骨文基本上相同，惟壺文之一中「凡」字把
> 中間填滿，更顯出了承槃實物之狀：

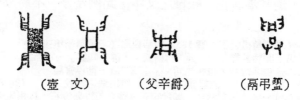

（壺　文）　　　　（父辛爵）　　　　（屌弔盤）

上面所列舉的甲骨文和金文「興」字，乃象四隻手拿著一個盤子，已現得很明顯。羅振玉早已指出四手所奉者為般，並引鄭司農云：「舟若承槃。」商承祚更指出「興字象四手各執盤之一角而興起。……」[34]

周先生據此推斷「興」為持槃之樂舞，故為古「六詩」之一。[35] 然據禮書所見，興字皆為起身之動作，其中並無樂舞之文。許慎《說文解字》云：「興，起也。从舁、同；同，同力也。」段《注》云：「《廣韻》曰：『盛也，舉也，善也。』《周禮》：『六詩曰比、曰興。』興者，託事於物。按：古無平、去之別也。」[36] 則興者舊訓為「起」，謂二人共同舉物而起，此為其本義也。是則孔子論《詩》，其所用之「興」字，亦皆據其本義也。如《論語・泰伯》篇云：

> 子曰：「興於《詩》，立於禮，成於樂。」

何晏《論語集解》引包氏曰：「興，起也。言脩身當先學《詩》。」[37] 此乃漢儒相承之說。朱熹《論語集註》亦云：

> 興，起也。《詩》本性情，有邪、有正。其為言既易知，而吟詠之間，抑揚反覆，其感人又易入，故學者之初，所以興起其好善惡惡之心，而不能自已者，必於此得之。

朱子雖在「興，起也」文後有申理學之言，其實亦不違舊訓也。又〈陽貨〉篇云：

> 子曰：「小子！何莫學夫《詩》？《詩》可以興，可以觀，可以羣，可以怨；邇之事父，遠之事君，多識於鳥獸草木之名。」

何晏《集解》引孔（安國）曰：「興，引譬連類。」朱子《集註》

---

34 見《古巫醫與六詩考》，頁 213-4，聯經出版事業公司。
35 周策縱云：「興字取義，可能與般、桓相類或相關，即敲著或圍著承盤或其他方圓物而歌舞。也許由於興是一種歌舞，所以在古代也就被當作『六詩』的種類之一。」見同上註，頁 216。
36 《說文解字注》頁 106，廣文書局。
37 見景印元覆宋世綵堂本《論語集解》卷四，國立故宮博物院印行。

云：「感發意志。」二者皆非用其本義，而已爲引申之義矣。所以然者，「興」之訓爲「起」，爲具體之動作；其訓「託事引譬」、「興起感發其心」者，則爲抽象之用法。凡爲學說者皆由具體進而爲抽象，則二者孰先孰後，乃甚易辨者也。

據以上所論，若以孔子之時代爲案，則《詩》已有三體之名。其中「風」之名雖不見於孔子之親言[38]，而《左傳》錄君子之言，則云：「〈風〉有〈采蘩〉、〈采蘋〉」，其時代在孔子之前；「雅」、「頌」之分爲二，則出於孔子之自道也。《詩》之三用，「賦」在孔子之時，雖有「賦詩道志」之事，而猶以「賦斂」之義爲主；於「比」則爲比德、同力，尚無譬喻之稱；「興」則爲「起」之本義，並非託事起興也。故《周禮》之言「六詩」、《毛詩》之「六義」，成爲《詩》三百篇之體系綱維者，乃漸進以形成者也。

第二節　「六義」之經義內涵

荀子爲先秦儒家之殿軍，其學出於孔子，而有功於諸經。汪容甫嘗謂漢代四家《詩經》之學多出荀卿，良有以也。汪氏云：

《經典敘錄》《毛詩》，徐整云：「子夏授高行子，高行子授薛倉子，薛倉子授帛妙子，帛妙子授河閒人大毛公；毛公爲《詩故訓》傳于家，以授趙人小毛公。」一云：「子夏傳曾申，申傳魏人李克，克傳魯人孟仲子，孟仲子傳根牟子，根牟子傳趙人孫卿子，孫卿子傳魯人大毛公。」由是言之，《毛詩》，荀卿子之傳也。《漢書·楚元王交傳》：「少時，嘗與魯穆生、

---

[38] 《論語》不載「風」之名，〈八佾〉云：「〈關雎〉樂而不淫，哀而不傷。」乃舉其篇名；又〈陽貨〉謂伯魚曰：「女爲〈周南〉、〈召南〉矣乎？」此在十五〈國風〉中，唯不言「風」之名耳。故元趙德《詩辨說》云：「孔子正樂，止言雅、頌，而不及風。」頁1，新文豐出版公司。

白生、申公，同受《詩》於浮邱伯；伯者，孫卿門人也。」《鹽鐵論》云：「包邱子與李斯俱事荀卿。」^{包邱子，}^{即浮邱伯}劉向〈敘〉云：「浮邱伯受業為名儒。」《漢書·儒林傳》：「申公，魯人也。少與楚元王交俱事齊人浮邱伯受《詩》。」又云：「申公卒以《詩》、《春秋》授，而瑕邱江公盡能傳之。」由是言之，《魯詩》，荀卿子之傳也。《韓詩》之存者，《外傳》而已；其引荀卿子以說《詩》者四十有四。由是言之，《韓詩》，荀卿子之別子也。[39]

此言蓋以荀子與漢代《詩經》學之關係，其論《詩》之文字亦特多；然據《荀子》之文，則其時並無漢儒所謂「六義」之名也。〈儒效〉篇云：

聖人也者，道之管也。天下之道管是矣[40]，百王之道一是矣；故《詩》、《書》、《禮》、《樂》之歸是矣。《詩》言是，其志也；《書》言是，其事也；《禮》言是，其行也；《樂》言是，其和也；《春秋》言是，其微也。故「風」[41]之所以為不逐者，取是以節之也；「小雅」之所以為小雅者，取是而文之也；「大雅」之所以為大雅者，取是而光之也；「頌」之所以為至者，取是而通之也。天下之道畢是矣。鄉是者臧，倍是者亡。鄉是如不臧，倍是如不亡者，自古及今，未嘗有也。[42]

此段所言，與《毛詩》「四始」[43]內容甚接近，但並無「六義」

---

39 見汪拔貢《述學》〈荀卿子通論〉，頁 13175，《皇清經解》卷八百，漢京文化事業公司。汪拔貢，名中，字容甫，與業師汪雨盦先生同名，此稱其字。
40 楊倞《注》云：「管，樞要也。是，是儒學。」
41 風，即「國風」，與下文「小雅」、「大雅」、「頌」皆指《詩經》內容分類名稱，故不標篇名符號，此從北大哲學系注釋《荀子新注》標點，頁 123，里仁書局。
42 見王先謙《荀子集解》卷四，頁 13-4，藝文印書館。
43 〈毛詩序〉云：「是以一國之事，繫一人之本，謂之『風』。言天下之事，形四方之風，謂之『雅』。雅者，正也，言王政之所由廢興也；政有小、大，故有小雅焉，有大雅焉。『頌』者，美盛德之形容，以其成功，告於神明者也。是謂『四始』，《詩》之至也。」毛《傳》云：「始者，王道興衰之所由。」與《荀子》：「天下之道畢是矣

之說。故「六義」之說，最早乃見於《周禮》與〈毛詩大序〉，其體系之建立，乃在《詩》之經學形成之時也。《周禮‧春官》「大師職」云：

> 教六詩：曰風，曰賦，曰比，曰興，曰雅，曰頌。

鄭《注》云：

> 教，教瞽矇也。風，言賢聖治道之遺化也。賦之言鋪，直鋪陳今之政教善惡。比，見今之失，不敢斥言，取比類以言之。興，見今之美，嫌於媚諛，取善事以喻勸之。雅，正也；言今之正者以為後世法。頌之言誦也，容也；誦今之德，廣以美之。鄭司農云：「古而自有風、雅、頌之名。故延陵季子觀樂於魯，時孔子尚幼，未定詩書。而因為之歌〈邶〉、〈鄘〉、〈衛〉，曰：『是其衛風乎！』又為之歌〈小雅〉、〈大雅〉。又為之歌〈頌〉。《論語》曰：『吾自衛反魯，然後樂正，〈雅〉、〈頌〉各得其所。』時禮樂自諸侯出，頗有謬亂不正，孔子正之，曰比、曰興。比者，比方於物也；興者，託事於物。」[44]

按：《鄭志》答炅模云：「為《記》注時，執就盧君，先師亦然。後乃得毛公《傳》既古，書義又宜；然《記》注已行，不復改之。」是鄭玄注三《禮》時，尚未得毛《傳》，故所注《周禮》「六詩」之文，非用毛義也。而鄭司農亦據三家之說，並非毛旨也。陸德明《經典釋文》於「國風」「鄭氏箋」題下，云：

> 《字林》云：「箋，表也。」案鄭《六藝論》云：「注《詩》宗毛為主。毛義若隱略，則更表明；如有不同，即下己意，使可識別也。」[45]

鄉是者臧，倍是者亡」之說吻合。

44 《周禮注疏》卷二十三，頁 356，東昇出版事業公司。

45 《經典釋文》卷五《毛詩音義上》，頁 53，商務印書館。清馬國翰輯《玉函山房輯佚書》《六藝論》頁 2061，中文出版社；及王謨輯《漢魏遺書鈔》頁 3816，皆輯自

　　是以鄭玄作《箋》時，「宗毛爲主，毛義若隱略，則更表明」；
至於毛義與三家不同者，則下以己意。其解《周禮》六詩：「以六
德爲之本」[46]，云：「所教詩，必有知、仁、聖、義、忠、和之道，
乃後可教以樂歌」，故「六詩」之「風，言賢聖治道之遺化也」、
「賦之言鋪，直鋪陳今之政教善惡」、「比，見今之失，不敢斥言，
取比類以言之」、「興，見今之美，嫌於媚諛，取善事以喻勸之」、
「雅，正也，言今之正者，以爲後世法」、「頌之言誦也，容也，
誦今之德，廣以美之」，其解皆落在聖賢教化之言；即使於「賦」、
「比」、「興」，在後人視爲詩篇作法者，鄭皆必解爲政教之善惡，
蓋《周禮》謂「六詩」之教「以六德爲之本」；鄭必如此解，乃能
符合《周禮》上下文義也。唐賈公彥據以申之，云：

　　　　風，言賢聖治道之遺化也者。但「風」是十五〈國風〉，從〈關
　　　　雎〉至〈七月〉，則是摠號，其中或有刺責人君，或有褒美主
　　　　上。今鄭云「言賢聖治道之遺化」者，鄭據二〈南〉正風而言。
　　　　〈周南〉是聖人治道遺化，〈召南〉是賢人治道遺化；自〈邶〉、
　　　　〈鄘〉已下，是變風，非賢聖之治道者也。[47]

　　是賈氏亦於鄭說有疑，蓋鄭說實未能涵括「十五國風」而立義也。
然則，鄭玄是據《周禮》以解〈詩大序〉「六義」，並非據〈詩大
序〉以解《周禮》「六詩」，以其注三《禮》之時，尚未得《毛詩》；
其既得《毛詩》也，爲在《周禮》已解「六詩」，則在箋《毛詩》
時，則不解「六義」，乃視「六義」同「六詩」也。故清代姚際恆
嘗謂：「人謂鄭康成長于《禮》，《詩》非其所長，多以三《禮》

　　《經典釋文》，其文相同。
46　「以六德爲之本」出〈大司徒職〉：「以三物教萬民：一曰六德，知、仁、聖、義、
　　忠、和。」是鄭所本也。
47　《周禮注疏》卷二十三，頁356，東昇出版事業公司。

釋《詩》，故不得《詩》之意。」云云[48]，蓋以《禮》之政教解《詩》，乃鄭氏詩學之奧旨所在。亦唯鄭氏以「六義」爲政教得失所繫，故不以爲「賦」「比」「興」是詩之作法，而視「六義」皆爲反應政教之得失，乃箋《詩》則附以事義爲說，於焉「六義」皆爲譬喻之辭矣。故鄭箋〈毛詩大序〉於「上以風化下，下以風刺上」句，云：「『風化』、『風刺』皆謂譬喻，不斥言也。」知鄭玄於毛《傳》所標之「興」，皆視爲譬喻之辭，「興」、「比」因此亦不必有所分別也。如〈周南・葛覃〉一詩，毛《傳》在「葛之覃兮，施于中谷，維葉萋萋」句下，特標「興也」二字。鄭《箋》則云：

> 葛者，婦人之所有事也。此因葛之性以興焉。興者，葛延蔓於谷中；喻女在父母之家，形體浸浸日長大也；葉萋萋然，喻其容色美盛也。

故《傳》之「興」，而鄭解爲「喻」者，則與「比」於義實無分殊也。[49]又在同詩「黃鳥于飛，集于灌木，其鳴喈喈」句下，《箋》亦云：

> 葛延蔓之時，則搏黍飛鳴，亦因以興焉。飛集叢木，興女有嫁于君子之道；和聲之遠聞，興女有才美之稱，達於遠方。

由此可見，鄭以〈葛覃〉通篇皆是「興」，大凡詩中有寄寓之意者，即可以爲「興」，亦即可以爲「喻」。鄭司農云：「比者，比方於物；興者，託事於物。」先鄭其實頗能分別「比」、「興」爲作辭之不同；而鄭玄則不採用，乃純以「政教善惡」爲說也。[50]故自

---

48 見《詩經通論》〈詩經論旨〉，《姚際恆著作集》第一冊，中央研究院中國文哲研究所。

49 混淆「興」與「比」，其實亦非鄭《箋》所致，毛《傳》雖於經中獨標「興」體，而解經時則「興」與「比」不甚分別。如〈關雎〉：「關關雎鳩，在河之洲」句下，《傳》標「興也」，而其解則云：「后妃說樂君子之德，無不和諧；又不淫其色，慎固幽深，若雎鳩之有別焉，然後可以風化天下。」其標「興」而解爲「若」者，即是混淆「興」與「比」也。

50 鄭司農以「比」爲「比方於物」，「興」爲「託事於物」之說，對於後儒啓發最多，

毛、鄭之學興起，其後治《詩經》之學者鮮少於此論說；即有所說亦無甚異議也。

迄唐孔穎達作《毛詩正義》，雖堅守毛、鄭之藩籬，對於「六義」，則有「體」、「用」之區分，於焉甚有推闡進境之功。《正義》云：

〈大師〉上文未有「詩」字，不得徑云「六義」，故言「六詩」。各自為文，其實一也。彼注云：「風，言賢聖治道之遺化。……」是解六義之名也。彼雖各解其名，以詩有正、變，故互見其意。「風」云賢聖之遺化，謂變風也。「雅」云「言今之正，以為後世法」，謂正雅也。其實正風亦言當時之風化，變雅亦是賢聖之遺法也。「頌」訓為「容」，止云「誦今之德，廣以美之」，不解容之義，謂天子美有形容，下云「美盛德之形容」，是其事也。「賦」云「鋪陳今之政教善惡」，其言通正、變，兼美、刺也。「比」云「見今之失，取比類以言之」，謂刺詩之比也。「興」云「見今之美，取善事以喻勸之」，謂美詩之興也。其實美、刺俱有比、興者也。鄭必以「風」言賢聖之遺化，舉變風者，以唐有堯之遺風，故於「風」言賢聖之遺化。「賦」者，直陳其事，無所避諱，故得失俱言。「比」者，比託於物，不敢正言，似有所畏懼，故云「見今之失，取比類以言之」。「興」者，興起志意讚揚之辭，故云「見今之美以勸之」。「雅」既以齊正為名，故云「以為後世法」。鄭之所注，其意如此。詩皆用之於樂，言之者無罪。賦則直陳其事。於比、興云「不敢斥言」、「嫌於媚諛」者，據其辭不指斥，若有嫌懼之意。其

即朱子之說「比」、「興」亦未能超越其說；尤其說「興」為「取譬引類，起發己心，詩文諸舉草木鳥獸以見意者，皆興辭也」，既見闡說於孔《疏》，鄭樵《詩辨妄》「夫詩之本在聲，而聲之本在興」、「鳥獸草木乃發興之本」等意見，其實皆遠承於鄭司農之孤明先發，惜鄭玄之未能見也。鄭樵之說，見《詩辨妄》，顧頡剛輯點，《續修四庫全書》五十六本。

實作文之體，理自當然，非有所嫌懼也。[51]

按：鄭注《周禮》之「六詩」，以其與〈毛詩大序〉「六義」相同，故箋《毛》時不另作注。孔《疏》不與賈《疏》同者，賈以變風非賢聖之治道，孔謂變風亦賢聖之遺化也；其有進於賈者，則賈尚拘於政教善惡言「賦」、「比」、「興」，而孔則謂「作文之體，理自當然」，非由有所嫌懼也。由於孔《疏》能由作文之理分析「六義」內容，乃提出「體」、「用」之說，成為後人所遵法也。孔《疏》繼云：

六義次第如此者，以詩之四始，以風為先，故曰風。風之所用，以賦、比、興為之辭，故於風之下即次賦、比、興，然後次以雅、頌。雅、頌亦以賦、比、興為之，既見賦、比、興於風之下，明雅、頌亦同之。鄭以賦之言鋪也，鋪陳善惡，則詩文直陳其事，不譬喻者，皆賦辭也。鄭司農云：「比者，比方於物。」諸言如者，皆比辭也。司農又云：「興者，託事於物。」則興者，起也。取譬引類，起發己心，詩文諸舉草木鳥獸以見意者，皆興辭也。賦、比、興如此次者，言事之道，直陳為正，故《詩經》多賦在比、興之先。比之與興，雖同是附託外物，比顯而興隱。當先顯後隱，故比居興先也。毛《傳》特言興也，為其理隱故也。……一國之事為風，天下之事為雅者，以諸侯列土樹疆，風俗各異，故唐有堯之遺風，魏有儉約之化，由隨風設教，故名之為風。天子則威加四海，齊正萬方，政教所施，皆能齊正，故名之為雅。風、雅之詩，緣政而作，政既不同，詩亦異體，故〈七月〉之篇備有風、雅、頌。……然則風、雅、頌者，詩篇之異體；賦、比、興者，詩文之異辭耳。大小不同，

---

51 《毛詩正義》頁15，東昇出版事業公司。

而得並為六義者，賦、比、興是詩之所用，風、雅、頌是詩之
成形，用彼三事，成此三事，是故同稱為義，非別有篇卷也。
52

按：孔穎達《毛詩正義》所以能發明「六義」切至，而為後儒所
遵行者，乃是據劉焯《毛詩義疏》與劉炫《毛詩述義》為稿本53，故
能包羅古義，而闡發新旨，終唐之世，人皆無異詞54。此乃二劉學通
南北，出類而拔萃，論者以為數百年來通儒無出其右故也。55

第三節　「六義」由經義至文學觀念之轉折

孔《疏》繼二劉之後，發明「六義」體用之觀念，自此而後，「賦」、
「比」、「興」乃作文自然之理，人皆無異詞。此固由二劉之博通，
與孔氏之善採，亦因釋氏「因明」之學大明，更助成其功也。56又以
時運交移，質文代變，魏、晉以下，文、筆已分；雖或以經為「言」
而非「筆」，不以文視之；然以時風多崇尚沈思翰藻，故亦不乏以
文論經言者也。劉彥和云：

> 今之常言：「有文、有筆。」以為無韻者，筆也；有韻者文也。
> 夫文以足言，理兼《詩》、《書》，別目兩名，自近代耳。顏

---

52 見《毛詩正義》卷一之一，頁 15-16，東昇出版事業公司。
53 孔穎達《毛詩正義·序》云：「其近代為義疏者，有全緩、何胤、舒瑗、劉軌思、劉
　酰、劉焯、劉炫等。然焯、炫並聰穎特達，文而又儒，擢秀幹於一時，騁絕轡於千里，
　固諸儒之所揖讓，日下之無雙，其於所作疏內，特為殊絕。今奉敕刪定，故據以為本。」
54 見《四庫全書總目》〈毛詩正義提要〉。
55 《北史》卷八十二〈儒林傳·論〉云：「至若劉焯，德冠搢紳，數窮天象，既精且博，
　洞究幽微，鉤深致遠，源流不測。數百年來，斯一人而已。劉炫學實通儒，才堪政務，
　九流七略，無不該覽。雖探賾索隱，不逮於焯；裁成義說，文雅過之。」馬宗霍《中
　國經學史》第九章〈隋唐之經學〉云：「其時（按：南北朝）大儒，則共推劉焯、劉
　炫。……搢紳咸師宗之，宜論者以為數百年來，博學通儒無出其右，而以集南北學之
　大成歸之于二劉也。」頁 93，臺灣商務印書館。
56 體用之說蓋不自釋氏始，王弼「以無為本」、「舉本統末」，實已發其先聲；然亦以
　佛教因明論理之法，更為發揚「體」、「用」之學也。

延年以為筆之為體，言之文也；經典則言而非筆，傳記則筆而非言。請奪彼矛，還攻其楯矣。何者？《易》之〈文言〉，豈非言文；若筆不言文，不得云經典非筆矣。將以立論，未見其論立也。予以為發口為言，屬筆曰翰，常道曰經，述經曰傳。經傳之體，出言入筆，筆為言使，可強可弱，分經以典，奧為不刊，非以言筆為優劣也。[57]

而陸機〈文賦〉，精於論文者也。其言曰：

「詩」緣情而綺靡，「賦」體物而瀏亮。「碑」披文以相質，「誄」纏緜而悽愴。「銘」博約而溫潤，「箴」頓挫而清壯。「頌」優遊以彬蔚，「論」精微而朗暢。「奏」平徹以閑雅，「說」煒曄而譎誑。雖區分之在茲，亦禁邪而制放。要辭達而理舉，故無取乎冗長。其為物也多姿，其為體也屢遷；其會意也尚巧，其遣言也貴妍。暨音聲之迭代，若五色之相宣。[58]

故由文體之區分，論屬文之極致，詩則緣情，頌主優遊；雖間亦舉「禁邪而制放」之詩教，實乃宗「尚巧」、「貴妍」之旨意也。至於劉勰《文心雕龍》，正末而歸本，故文主宗經，稱經為「群言之祖」。其言《詩》也，則云：

《詩》主「言志」，詁訓同書，摛風裁興，藻辭譎喻，溫柔在誦，故最附深衷矣。[59]

如此，則「風」亦非特指「十五國風」，已指普遍之詩作品也。「興」則為屬文作辭之法，貴其「藻辭譎喻」，如此則同於其他文辭，固不以為詩為賢聖之遺教矣。此乃一時風氣之變化，經義之教為之退聽也。故彥和之論《詩》，〈時序〉、〈物色〉則宛然同於〈國風〉；

---

57 《文心雕龍・總術》第四十四，頁 655，維明書局。
58 《昭明文選》卷十七，頁 241，華正書局。
59 《文心雕龍・宗經》頁 22，維明書局。

〈詮賦〉、〈比興〉，乃義殊於毛、鄭；而〈頌讚〉則並論〈雅〉、〈頌〉矣。〈時序〉篇云：

> 逮姬文之德盛，〈周南〉勤而不怨；大王之化淳，〈邠風〉樂而不淫。幽、厲昏而〈板〉、〈蕩〉怒，平王微而〈黍離〉哀。故知歌謠文理，與世推移，風動於上，而波震於下者。[60]

是則彥和固是以《詩》三百篇乃歌謠之文學，而不爲賢聖之德化也。〈物色〉篇則云：

> 春秋代序，陰陽慘舒，物色之動，心亦搖焉。蓋陽氣萌而玄駒步，陰律凝而丹鳥羞，微蟲猶或入感，四時之動物深矣。……是以詩人感物，聯類不窮。流連萬象之際，沈吟視聽之區；寫氣圖貌，既隨物以宛轉；屬采附聲，亦與心而徘徊。故灼灼狀桃花之鮮，依依盡楊柳之貌，杲杲為出日之容，漉漉擬雨雪之狀，喈喈逐黃鳥之聲，喓喓學草蟲之韻。皎日嘒星，一言窮理；參差沃若，兩字窮形。並以少總多，情貌無遺矣。雖復思經千載，將何易奪。[61]

彥和之論「風」、「雅」，謂出於物色之動，由人心感物，聯類而不窮，故摛藻屬聲而立言。則其中何曾有賢聖遺化，先王教澤之意乎？又〈頌讚〉篇云：

> 四始之至，「頌」居其極。頌者，容也，所以美盛德而述形容也。……夫化偃一國謂之「風」，風正四方謂之「雅」，容告神明謂之「頌」。「風」、「雅」序人，事兼變正；「頌」主告神，義必純美。魯國以公旦次編，商人以前王追錄，斯乃宗廟之正歌，非讌饗之常詠也。〈時邁〉一篇，周公所製。哲人

---

60 見上註同書頁 671。
61 見上註同書頁 694。

之頌，規式存焉。[62]

此論「頌」體爲純美，兼言「風」、「雅」之正變，是闡發毛、鄭之旨也。蓋彥和以「頌」居四始之至極，乃解〈詩大序〉「詩之至也」，即先儒所謂「周道備」之意。至於論「頌」之作法，亦由作文之理言之，而非歸於政道教化。其言云：

> 原夫「頌」惟典雅，辭必清鑠，敷寫似「賦」，而不入華侈之區；敬慎如「銘」，而異乎規戒之域；揄揚以發藻，汪洋以樹義，唯纖曲巧致，與情而變，其大體所底，如斯而已。[63]

其論「頌」體之製，謂鋪陳宜敘寫如賦，而取意則敬慎也。是故彥和之論「風」、「雅」、「頌」三體，文學之義居多，而不任經義矣。

於此所可注意者，劉彥和之於《文心雕龍》，已有專篇以論「賦」、「比」、「興」，則此三體實已獨立於「風」、「雅」、「頌」之外，「六義」事實上並非爲一體不可分者也。〈比興〉篇置於「創作論」中，乃論屬辭摛藻之技術運用；〈詮賦〉篇則置於「文體論」中，蓋歷經戰國以迄秦、漢各代之寫作，「賦」已蔚然爲大國，爲文體之一種，並非寫作技術所可概括矣。[64]〈詮賦〉篇云：

> 《詩》有「六義」，其二曰賦。「賦」者，鋪也，鋪采摛文，體物寫志也。昔邵公稱公卿獻詩，師箴瞍賦。《傳》云：「登

---

62 見上註同書頁 157。
63 見上註同書頁 158。
64 王更生先生論《文心雕龍》之內容分類，云：「大凡研究『文心雕龍』者，必先了解它的內容分類，而往代學者只以爲上篇論文章體製，下篇論文章工拙，所以若干年來，『文心雕龍』的研究，一直困於靜態資料的評校注解。後來可能是受到日本學者青木正兒的影響，才劃全書五十篇爲文原論、文體論、文礎論、修辭論、總論、自序六部份。但是這六部分與彥和的自爲法，並不相應。……所以就全書而言，分上篇下篇；就各篇內容言，上篇二十五，前五篇爲文原論，後二十篇爲文體論；下篇二十五，前二十篇是創作論，再四篇爲文評論，末篇緒論。這樣以彥和自己的分類，做研究『文心雕龍』的準據，自較青木君的說法正確，而容易入手，這是我們首當認識的。」王先生之說入理切情，故本篇從之。見《文心雕龍研究》，頁 338-9，文史哲出版社。

高能賦，可為大夫。」詩序則同義，傳說則異體，總其歸塗，實相枝幹。劉向云：明不歌而頌；班固稱：古詩之流也。至如鄭莊之賦〈大隧〉，士蔿之賦〈狐裘〉，結言短韻，詞自己作，雖合賦體，明而未融。及靈均唱《騷》，始廣聲貌。「賦」也者，受命於詩人，拓宇於楚辭也。於是荀況〈禮〉、〈智〉，宋玉〈風〉、〈釣〉，爰錫名號，與《詩》畫境，「六義」附庸，蔚成大國。述客主以首引，極聲貌以窮文，斯蓋別《詩》之原始，命「賦」之厥初也。[65]

　　按：此文首爲「賦」釋名定體。言「賦」爲「六義」之一，原指「鋪采摛文，體物寫志」，謂聯綴文辭，以描摹事物，藉以抒發情感，此即是文學創作之方法也。故如鄭莊公之賦〈大隧〉、士蔿之賦「狐裘蒙戎」，謂其自作詩也。其後以不歌而誦，如列國士大夫盟會燕饗之賦詩，乃誦既有之詩篇也。及屈原蘊之以藻辭，荀子作之以形式，其後文士踵繼而起，終而蔚成漢賦之大國，則「賦」與其原義已劃然爲二。蓋「賦」爲文學寫作之方法，是其原義；其後成爲一種文體，則已非原始命名所能概括矣。故「賦」之舊名，乃「鋪也，鋪采摛文，體物寫志」也。

　　《文心雕龍》之論「比」、「興」，則是以詩文成篇作法爲主。〈比興〉篇云：

> 詩文弘奧，包韞「六義」，毛公述《傳》，獨標「興」體，豈不以風通〔一作異〕而賦同，比顯而興隱哉。故比者，附也。興者，起也。附理者切類以指事，起情者依微以擬議。起情故興體以立，附理故比例以生。比則畜憤以斥言，興則環譬以記〔一作託〕諷。蓋隨時之義不一，故詩人之志有二也。[66]

65 《文心雕龍・詮賦》頁 134。
66 見上註同書頁 601。

此所以合「比」、「興」二體並論者，為二體之類近也。唯比顯而興隱，故文中論「比」之言繁多於「興」。[67]王禮卿先生云：

> 比為附理以斥言，興為起情以環譬，故比顯而興隱。蓋比所假之物象，乃有一定之義界，與所宣之理必然相附，所謂「切類以指事」者；且指實其物而為言，則察象足以見理，故比體顯。興所觸之物象，本無一定之義界，與所起之情微妙相關，所謂「依微以擬議」；且環旋取象而為譬，則察象不足立即明情，故興體隱。此本篇析論比興之要義也。[68]

原夫彥和之釋「比」、「興」，實取先鄭（司農）「比者，比方於物也；興者，託事於物」之義，而於後鄭則所採者殊少；蓋後鄭以政教言比興，既乖於《詩》例，而又不得義，未如先鄭所辨之明晰，故彥和取彼棄此也。[69]其論「比」云：

> 且何謂為比？蓋寫物以附意，颺言以切事者也。故金錫以喻明德，珪璋以譬秀民，螟蛉以類教誨，蜩螗以寫號呼，澣衣以擬心憂，席卷^{汪本作卷席。}以方志固，凡斯切象，皆比義也。至如麻衣如雪，兩驂如舞，若斯之類，皆比類者也。[70]

夫「比」者，摯虞云：「喻類之言也」[71]。以「喻類」釋比，王禮卿先生以為與彥和「切類以指事」者義同，唯略遜於「畜憤以斥言」之義為備耳。蓋彥和猶有取於後鄭「見今之失，不敢斥言」之意，而摯虞則僅取先鄭「比方於物」也。[72]然則摯虞之釋比，亦可謂

---

67 黃季剛先生云：「題云比興，實側注論比。蓋以興義罕用，故難得而繁稱。」是也。見《文心雕龍札記》「比興第三十六」頁170，文史哲出版社。
68 見《文心雕龍通解》卷八，頁681，黎明文化事業公司。
69 黃季剛先生云：「案後鄭以善惡分比興，不如先鄭注誼之確。……彥和辨比興之分，最為明晰。一曰起情與附理，二曰斥言與環譬。介畫憭然，妙得先鄭之意矣。」頁172，《文心雕龍札記》，文史哲出版社。
70 《文心雕龍・比興》頁601-2，維明書局。
71 摯虞《文章流別論》云：「賦者，敷陳之稱也。比者，喻類之言也。興者，有感之辭也。」《全晉文》卷七十七，頁7，《全上古三代秦漢三國六朝文》，世界書局。
72 摯虞釋賦、比、興，簡明而切要。王禮卿先生《文心雕龍通解》卷八云：「以喻類釋

切要矣。故南宋朱子《詩集傳》循用之，云：「比者，以彼物比此物也」者，其實亦無取於彥和「畜憤以斥言」之言。所以然者，據作文之理，自然如此也。蓋據「喻類」之言，乃借物事間之類似者爲比喻以作爲文辭，則其所以爲比喻，乃不僅拘於形貌而已也。[73]劉彥和云：

> 夫比之爲義，取類不常：或喻於聲，或方於貌，或擬於心，或譬於事。[74]

彥和所謂比之取類，其實於《文心》各篇皆已言之。如〈物色〉篇云：「喈喈逐黃鳥之聲，喓喓學草蟲之韻」，乃喻於聲也；「灼灼狀桃花之鮮，依依盡楊柳之貌，杲杲爲出日之容，漉漉擬雨雪之狀」，則方於貌也；此篇「蜩螗以寫號呼，澣衣以擬心憂，席卷以方固志」者，是擬於心也；而「金錫以喻明德，珪璋以譬秀民，螟蛉以類教誨」者，則譬於事也。如此，則比之爲義，已略盡矣。

依劉勰《文心》之論，離「六義」爲各體而分論之；鍾嶸則更進一層，謂「賦」、「比」、「興」爲「三義」，如此則〈毛詩序〉之「六義」其實已不存在矣。《詩品·序》云：

> 故詩有三義焉[75]：一曰興，二曰比，三曰賦。文有盡而意有餘，興也；因物喻志，比也；直書其事，寓言寫物，賦也。宏斯三義，酌而用之，幹之以風力，潤之以丹采，使味之者無極，聞之者動心，是詩之至也。[76]

比，與『切類以指事』義同，而遜此『畜憤以斥言』之備；興則但明因感起，淺而疏已。」頁683，黎明文化事業公司。

73 黃慶萱先生《修辭學》第十二章「譬喻」，云：「譬喻是一種『借彼喻此』的修法，凡二件或二件以上的事物中有類似之點，說話作文時運用『那』有類似點的事物來比方說明『這』件事物的就叫譬喻。」頁227，三民書局。

74 《文心雕龍·比興》頁602，維明書局。

75 《詩》有「六義」，而鍾嶸逕改爲「詩有三義」者，爲其所論者爲五言詩，然亦此可見「賦、比、興」已獨立於「風、雅、頌」之外，爲詩文創作之理論也。

76 《詩品注》，頁4，臺灣開明書店。

　　由鍾氏以「因物喻志」為「比」，正見《詩》三百篇之「比」，蓋藉物象以喻志，乃作文所不可少也。

　　又劉彥和以「興者，起也」，乃循用其古義；「興」之所起者，則是情也；而其所以起情，則須依託於外物[77]。如此，「興」之與「比」，二體則近矣。彥和乃分別之，云：

　　　　比者，附也；興者，起也。附理者，切類以指事；起情者，依
　　　　微以擬議。起情故興體以立，附理故比例以生。

　　此言興體所以起情，比體則切類於物理，二者之大別在是。「興」之起情，必藉於外物，乃是借託外物以為諷諭，彥和所謂「興則環譬以記託作諷」是也。故云：

　　　　觀夫興之託諭，婉而成章，稱名也小，取類也大。〈關雎〉有
　　　　別，故后妃方德；尸鳩貞一，故夫人象義。義取其貞，無從于
　　　　夷禽；德貴其別，不嫌於鷙鳥；明而未融，故發注而後見也。

　　蓋「比」為切類以指事，而興則依託隱微，所謂「婉而成章」、「明而未融」，即是言其依託於物類，不如比體之切理也。故南宋鄭樵之論「興」，云：

　　　　《詩》三百篇第一句曰：「關關雎鳩」，后妃之德也。是作詩
　　　　者一時之興，所見在是，不謀而感於心也。凡興者，所見在此，
　　　　所得在彼，不可以事類推，不可以理義求也。興在鴛鴦，則「鴛
　　　　鴦在梁」，可以美后妃也。興在鳲鳩，則「鳲鳩在桑」，可以
　　　　美后妃也。興在黃鳥、在桑扈，則「緜蠻黃鳥」、「交交桑扈」
　　　　皆可以美后妃也。如必曰關雎然後可以美后妃，他無預焉，不

可以語詩也。78

鄭氏此論，實啓發朱子《集傳》論興有「兼比以取義之興」與「不兼比不取義之興」二種之說。然按諸彥和之意，並無此等分別。黃季剛先生云：

> 原夫興之為用，觸類以起情，節取以託意，故有物同而感異者，亦有事異而情同者，循六詩，可権舉也。夫「柏舟」命篇，〈邶〉、〈鄘〉兩見，然〈邶〉詩以喻仁人之不用，〈鄘〉詩以譬女子之有常；「杕杜」之目，〈風〉、〈雅〉兼存，而〈小雅〉以譬得時，〈唐風〉以哀孤立，此物同而感異也。九罭鱒魴，鴻飛遵渚，二事絕殊，而皆以喻文公之失所；牂羊墳首，三星在罶，兩言不類，而皆以傷周道之陵夷，此事異而情同者也。夫其取義差在毫釐，會情在乎幽隱，自非受之師說，焉得以意推尋。彥和謂明而未融，發注而後見；沖遠謂毛公特言，為其理隱，誠諦論也。79

故觸物起興，其理雖隱微，然並非全無理致，如夾漈之云也。

然則，自劉勰以文學論「六義」，其旨漸明；而鍾嶸更以「三義」代「六義」之名，由是可見，此孔穎達「體」、「用」說之所由漸至也。至於南宋朱子「三經」、「三緯」之說，則申孔《疏》「用彼三事，成此三事」之意。《朱子語類》卷八十，云：

> 所謂「六義」者，「風」、「雅」、「頌」乃是樂章之腔調，如言仲呂調、大石調、越調之類。至「賦」、「比」、「興」又別。直指其名，直敘其事者，賦也。本要言其事，而虛用兩句釣起，因而接續去者，興也。引物為況者，比也。立此「六義」，

---

78 《六經奧論》卷首「總論六經」〈讀詩易法〉，頁23129，《通志堂經解》，漢京文化事業公司。

79 見《文心雕龍札記》「比興第三十六」，文中舉《傳》、《箋》、《疏》以解者，為免引逑繁煩，此處予以精摘，詳見原文頁170-1，文史哲出版社。

非特使人知其聲音之所當，又欲使歌者知作詩之法度也。[80]

又云：

> 或問：《詩》「六義」，注「三經」、「三緯」之說。曰：「三
> 經」是「賦」、「比」、「興」是做詩底骨子，無詩不有；才
> 無，則不成詩。蓋不是「賦」，便是「比」；不是「比」，便
> 是「興」。如「風」、「雅」、「頌」，卻是裏面橫串底，都
> 有「賦」、「比」、「興」，故謂之三緯。[81]

此「三經」、「三緯」之論，即是孔《疏》「體」、「用」之說；
而朱子所云：「賦、比、興是做詩底骨子，無詩不有；才無，則不
成詩」，即孔《疏》「其實作文之體，理自當然」之意也。然而《詩
集傳》於「六義」之說，亦有別於先儒者，其對於「六義」，皆為
重新定義。由此可見，「六義」既經前人多方闡釋，乃由「經義」
之蘊涵轉入「文學」之界域，其轉折之關鍵，亦歷歷而分明，並非
儻來者也。茲舉朱子「六義」之新義，以見其與毛、鄭之異焉。

朱子之釋「風」、「雅」、「頌」，於《詩集傳》皆有新義，其
釋「風」，云：

> 凡《詩》之所謂「風」者，多出於里巷歌謠之作，所謂男女相
> 與詠歌，各言其情者也。[82]

又《詩集傳》卷一，「國風」大字題下，云：

> 國者，諸侯所封之域；而風者，民俗歌謠之詩也。謂之風者，
> 以其被上之化以有言，而其言又足以感人，如物因風之動以有
> 聲，而其聲又足以動物也。

---

80 《朱子語類》《詩》「綱領」，頁821，漢京文化事業公司。
81 同上註，頁822。漢京本《朱子語類》於此作「三經是賦比興，是作詩底骨子無詩不
　　有，才無則不成詩。」裴普賢先生《詩經研讀指導》引《朱子語類》作「三經是做詩
　　底骨子，賦比興卻是橫串底，故謂之三緯。」似有奪文。
82 見《詩集傳·序》，群玉堂出版公司。

又《語類》云：

> 《詩》，有是當時朝廷作者，〈雅〉、〈頌〉是也。若〈國風〉，
> 乃採詩者採之民間，以見四方民情之美惡。二〈南〉亦是採民
> 言而被樂章爾。程先生必要說是周公作以教人，不知是如何？
> 某不敢從。若變〈風〉又多是淫亂之詩，故班固言「男女相與
> 歌詠，以言其傷」，是也。聖人存此，亦以見上失其教，則民
> 欲動情勝，其弊至此。故曰：「詩可以觀」也。

　　由此可見，朱子以〈國風〉爲「民俗歌謠之詩」，實受班固「採
詩以觀民風」之影響，更據「變風」之說，而發「淫詩」之論，故
其釋「風」，實迥異於毛、鄭以「變風發乎情，止乎禮義」之政教
論立場也。清代陳啓源因反對朱《傳》，故折衷眾言，[83]以抵拒朱子
「民俗歌謠」之說。其言云：

> 《詩》有「六義」，其首曰風，〈大敘〉論之語最詳。複約之，
> 止三意焉。云「風天下而正夫婦」、又云「風以動之，教以化
> 之」、又云「上以風化下」，此風教之風也。云「下以風刺上，
> 主文而譎諫」、又云「吟詠情性，以風其上」，此風刺之風也。
> 云「美教化，移風俗」、又云「以一國之事，繫一人之本；言
> 天下之事，形四方之風」，此風俗之風也。餘所言風，則專目
> 國風。要之，風俗之風，正當「國風」之義矣。然必有風教，
> 而後風俗成；有風俗，而後風刺興。合此三者，「國風」之義
> 始備，而「風教」實先之。[84]

　　陳氏以爲「風」有三意，以風教爲先，以成風俗；風俗成而風刺

---

83 陳啓源《毛詩稽古編》「敘例」云：「引據之書，以《經》、《傳》爲主，而兩漢諸
　　儒文語次之，以漢世近古也；魏、晉、六朝及唐又次之，以去古稍遠也。宋元迄今，
　　去古益遠，又多鑿空之論、訛託之書，非所取信。」是其反朱《傳》之說也。頁 4371，
　　《皇清經解》卷六十，漢京文化事業公司。
84 見《皇清經解》卷八十四，《毛詩稽古編》〈總詁〉「六義」條。頁 4615-6，漢京
　　文化事公司。

興，乃主毛、鄭「美刺」之說也。對勘朱子與陳氏之異說，沿流溯源，則「六義」之流變，乃清晰可捫矣。

朱子不僅於「國風」以民俗歌謠作解，於「雅」、「頌」亦據樂曲作解。而云：

> 「〈大序〉言『一國之事，係一人之本，謂之風。』所以析衛為〈邶〉〈鄘〉〈衛〉。」曰：「詩，古之樂也，亦如今之歌曲，音各不同：衛有衛音，鄘有鄘音，邶有邶音。故詩有鄘音者係之〈鄘〉，有邶音者係之〈邶〉。若〈大雅〉、〈小雅〉，則亦如今之商調、宮調，作歌曲者亦按其腔調而作爾。大雅、小雅亦古作樂之體格。按大雅體格作大雅，按小雅體格作小雅，非是做成詩後，旋相度其辭目為大雅、小雅也。大抵國風是民庶所作，雅是朝廷之詩，頌是宗廟之詩。」[85]

又云：

> 雅者，正也，正樂之歌也。其篇本有大、小之殊，而先儒說又各有正、變之別。以今考之，正小雅，燕饗之樂也；正大雅，會朝之樂、受釐陳戒之辭也。[86]

說「頌」，則云：

> 頌者，宗廟之樂歌，〈大序〉所謂「美盛德之形容，以其成功告於神明者也」。蓋頌與容古字通用，故〈序〉以此言之。[87]

朱子釋「雅」為「正」，與〈大序〉同；然不謂為「王政之所由廢興」，而其謂「正樂」，乃是受鄭樵影響，以此而改變舊說也。鄭樵《通志》云：

> 樂以詩為本，詩以聲為用。風土之音曰「風」，朝廷之音為「雅」，

---

85 《朱子語類》卷八十，頁 821，漢京文化事業公司。
86 《詩經集註》卷四，頁 78，群玉堂出版公司。
87 《詩經集註》卷八，頁 175，群玉堂出版公司。

宗廟之音曰「頌」。仲尼編《詩》，為正樂也。以〈風〉、〈雅〉、
〈頌〉之歌為燕享祭祀之樂。工歌〈鹿鳴〉之三，笙吹〈南陔〉
之三，歌間〈魚麗〉之三，笙間〈崇丘〉之三，此大合樂之道
也。古者絲竹有譜無辭，所以六笙但存其名。序《詩》之人不
知此理，謂之有其義而亡其辭。良由漢立齊、魯、韓、毛四家
博士，各以義言詩，遂使聲歌之道日微。

又云：

臣舊作《系聲樂府》以集漢、魏之辭，正為此也。今取篇目以
為次。曰〈樂府正聲〉者，所以明「風」、「雅」。曰〈祀享
正聲〉者，所以明「頌」。……《語》曰：「〈韶〉盡美矣，
又盡善矣。〈武〉盡美矣，未盡善也。」此仲尼之所以正舞也。
〈韶〉即文舞；〈武〉即武舞。古樂甚希而文武二舞猶傳于後
世，良由有節而無舞，不為義說家所惑，故得全仲尼之意。[88]

鄭樵之說《詩》千迴百轉，則在「古之詩，今之辭曲也」之觀念
也。朱子頗受其影響，其釋「風」為民俗歌謠，即據鄭氏說，釋「雅」
亦援是也。《朱子語類》卷八十，云：

問二〈雅〉所以分。曰：「〈小雅〉，是所係者小；〈大雅〉，
是所係者大。『呦呦鹿鳴』，其義小；『文王在上，於昭于天』，
其義大。」問變〈雅〉，曰：「亦是變用他腔調爾。」

此義若認為即〈毛詩大序〉：「政有小、大，故有〈小雅〉焉，
有〈大雅〉焉。」之意，則誤解朱子之本意；蓋朱子是以用樂論之，
並非政有小大之舊言也。故《語類》卷八十一，「二雅」條下，云：

「小雅」恐是燕禮用之，「大雅」須饗禮方用；「小雅」施之
君臣之間，「大雅」則止人君可歌。

---

88 鄭樵《詩辨妄》已亡佚，今人所見，但輯佚而已。而《通志》固在，故據《通志》論
《詩》之言，可以知朱子所以據樂論《詩》之由來也。

雖古樂如何，不可得而知之，但朱子以爲，由藉涵詠文辭自然能
得之。故云：

> 「大雅」氣象宏闊；「小雅」雖各指一事，說得精切至到。嘗
> 見古人工歌〈宵雅〉之三，將作重事；近嘗令孫子誦之，則見
> 其詩果是懇至。如〈鹿鳴〉之詩，見得賓主之間相好之誠，如
> 「德音孔昭」、「以燕樂嘉賓之心」，情意懇切，而不失義理
> 之正。〈四牡〉之詩，古《注》云：「無公義，非忠臣也；無
> 私情，非孝子也。」此語甚切當。如既云「王事靡盬」，又云
> 「不遑將母」，皆是人情少不得底，說得懇切。如〈皇皇者華〉，
> 即首云「每懷靡及」，其後便須「咨詢」、「咨謀」。看此詩，
> 不用〈小序〉，自然明白。

如此，則朱子論「風」、「雅」、「頌」三體，即出現兩方面之
論點：一則是以音樂之不同而分爲三體，一則是以由歌樂之不同而
生之詩辭體格不同。[89]其以「用樂」論《詩》方面，本書第六章將討
論其中有不能周延之弊；至於據文體之不同，爲「風」、「雅」、
「頌」三體之區別，則對呂祖謙、嚴粲等人甚有影響。例如呂祖謙
因鄭《箋》、孔《疏》在〈七月〉二章云是「豳風」、六章云是「豳
雅」、卒章云是「豳頌」，云「自始至成，別爲三體」，故據程子
說：「國風、大、小雅、三頌，詩之名也。六義，詩之義也。一篇
之中有備六義者，有數義者」之說，云：

> 《詩》舉有此六義。得風之體多者為「國風」，得雅之體多者
> 為大、小「雅」，得頌之體多者為「頌」。風非無雅，雅非
> 無頌也。[90]

---

89 朱子以作者不同論《詩》者，如前所舉之例，更云：「大抵〈國風〉是民庶所作，〈雅〉
是朝廷之詩，〈頌〉是宗廟之詩。」《語類》卷八十，頁821，漢京文化事業公司。
90 見《呂氏家塾讀詩記》卷一〈綱領〉「六義」條，頁13，新文豐出版公司。

如此則「風」、「雅」、「頌」亦實不必甚為分別,蓋如〈豳風‧
七月〉一詩而兼備此三義,則「風」、「雅」、「頌」並非文體類
型之區別,而是特指其「聲歌」用樂之不同,其反應於文辭,則是
文章風格之差異,而非體裁之不同矣。繼呂氏之見而申之者,則是
嚴粲。其《詩緝》論「六義」云:

> 《詩》之名三,曰:風、雅、頌。此以風、雅、頌偕賦、比、
> 興言之,謂三百篇之中有此六義,非指詩名之風、雅、頌也。

嚴粲在此是將「風」、「雅」、「頌」分析為二類,一是就《詩》
編之「名」而言;一是就文學風格,即程子之「六義」言之。蓋程
子之所謂「一篇之中有備六義」者,如〈七月〉即備有「風」、「雅」、
「頌」三義者是也。程氏此說為呂祖謙所繼承,嚴粲則是續申呂氏
之言者。故云:

> 孔氏謂〈風〉、〈雅〉、〈頌〉皆以賦、比、興為之,非也。
> 〈大序〉之「六義」,即《周官》之「六詩」。如孔氏說,是
> 〈風〉、〈雅〉、〈頌〉之中有「賦」、「比」、「興」之「三
> 義」耳。何名「六義」、「六詩」哉?凡風動之者,皆「風」
> 也;正言之者,皆「雅」也;稱美之者,皆「頌」也。故得與
> 敷陳之「賦」、直比之「比」、感物之「興」,並而為六也。
> 呂氏言:「得風之體多者為國風,得雅之體多者為二雅,得頌
> 之體多者為頌。風非無雅,雅非無頌。」其說是也。若謂三詩
> 之中止有三義,則比興之外,皆為賦。然「不忮不求,何用不
> 臧」,於此六義為雅,不當謂之賦。「稱彼兕觥,萬壽無疆」,
> 此於六義為頌,不當謂之賦。[91]

嚴粲以「六義」皆為作辭之法,乃是以文學風格論《詩》「六義」,

---

91 《詩緝》卷一,頁6,廣文書局。

如此則是視三百篇皆文學作品,而非賢聖之經訓,政教之遺化也。故嚴氏論「風」、「雅」之別云:「諸侯之詩為風,天子之詩為雅」,是承朱子之說,更在說〈詩大序〉之「形四方之風謂之雅」句下,自注云:「朱氏曰:形者,體而象之之謂。」則其文體之說,顯然是由朱子「用樂體格」轉出也。又其論大、小雅之分別,云:

> 以政之小、大為二〈雅〉之別,驗之經而不合。李氏以為「〈大序〉者,經師次輯,其所傳授之辭,不能無附益之失。」其說是也。然二〈雅〉之別,先儒亦皆未有至當之說。竊謂雅之小大,特以其體之不同耳。蓋優柔委曲,意在言外者,「風」之體也。明白正大,直言其事者,「雅」之體也。純乎雅之體者,為雅之大;雜乎風之體者,為雅之小。今考〈小雅〉正經存者十六篇,大抵寂寥短簡。其首篇多寄興之辭,次章以下則申複詠之,以寓不盡之意,蓋兼有風之體。〈大雅〉正經十八篇,皆舂容大篇,其辭旨正大,氣象開闊,不唯與〈國風〉夐然不同;而比之〈小雅〉,亦自不侔矣。至於變雅亦然。其變小雅中,固有雅體多而風體少者,然終有風體,不得為大雅也。《離騷》出於〈國風〉,其文約,其辭微,世以「風」、「騷」並稱,謂其體之同也。太史公稱「〈國風〉好色而不淫,〈小雅〉怨誹而不亂。若《離騷》者,可謂兼之。」言《離騷》兼〈國風〉、〈小雅〉,而不言兼其〈大雅〉,見〈小雅〉與「風」、「騷」相類,而〈大雅〉不可與「風」、「騷」並言也。詠「呦呦鹿鳴,食野之苹」,便會得小雅興趣;誦「文王在上,於昭于天」,便識得大雅氣象。〈小雅〉、〈大雅〉之別,則昭昭矣。

然則,嚴粲《詩緝》以文體論《詩》,乃視三百篇皆為文學作品,實無可置疑。蓋唯論文學作品,乃能言其「體類」、「風格」,而不須顧慮其經義教訓也。《詩》三百篇之由「經義」轉入「文學」,

至嚴粲可謂已具體實現矣。

再則，孔《疏》以「風」、「雅」、「頌」為詩之成形，而謂之為「詩之異體」，體是文體；「賦」、「比」、「興」是詩文之作法，是詩之所用，用即寫作之方法也。「體」、「用」之說既明，則人皆無異議也。故朱子亦繼承孔說，而以「三經」、「三緯」釋之。《詩集傳》解詩，在每篇各章之下，必標示其作法，而為之發凡示例。如於〈葛覃〉首章之下，釋「賦」云：

> 賦者，敷陳其事而直言之者也。蓋后妃既成絺綌而賦其事，追敘初夏之時葛葉方盛，而有黃鳥鳴於其上也。後凡言賦者放此。

此曰「賦」、曰「敘」，是謂「賦」為「直接敘述」之作法也。又於〈螽斯〉首章下，釋「比」云：

> 比者，以彼物比此物也。后妃不妒忌而子孫眾多。故眾妾以螽斯之羣處和集而子孫眾多比之，言其有是德而宜有是福也。後凡言比者放此。

則「比」者，為比擬作辭，即是「譬喻法」也。又於〈關雎〉首章下，釋「興」云：

> 興者，先言他物，以引起所詠之辭也。周之文王生有聖德，又得聖女姒氏以為之配。宮中之人於其始至，見其有幽閒貞靜之德，故作是詩。言彼關關然之雎鳩，則相與和鳴於河洲之上矣。此窈窕之淑女，則豈非君子之善匹乎！言其相與和樂而恭敬，亦若雎鳩之情摯而有別也。後凡言興者，其文意皆放此。

興是藉外物起興，即今人所謂之「聯想」作法，是以外物作引子，以引發心中所感之作法也。

按：朱子之釋「賦」、「比」，在《集傳》、《語類》中，所說者皆類似，並不引發歧異之討論。例如《語類》之釋「賦」云：「直指其名，直敘其事者，賦也」，與上述〈葛覃〉之例相合；而其釋

「比」云：「引物爲況者，比也」[92]、「以物爲比，而不正言其事，〈甫田〉、〈碩鼠〉、〈衡門〉之類是也」、「比方有兩例：有繼所比而言其事者，有全不言其事者」[93]，與〈螽斯〉之例，皆是「全不言其事」[94]之類，謂直比到底，並不說出其所比之物事是也。朱子之釋「賦」、「比」、「興」，所謂「三緯」者，其討論最多者爲「興」，蓋如《文心雕龍》、《詩品》，以至於孔《疏》等之釋「比興」之體，皆以「比顯而興隱」，故所論不多也。[95]朱子則不然。既以前賢之於「比」、「興」不甚分明，則朱子於此用力爲多也。

　　朱子之論「興」，大抵分爲「有取所興爲義者」與「有全不取其義者」二類。呂祖謙《呂氏家塾讀詩記》卷一，錄「朱氏曰」之言，即是朱子早年之詩說，而爲呂氏所採錄者。[96]其言云：

> 因所見聞，或托物起興，而以事繼其聲，〈關雎〉、〈樛木〉之類是也。然有兩例：興有取所興爲義者，則以上句形容下句之情思，下句指言上句之事實。有全不取其義者，則但取一二字而已。要之上句常虛，下句常實，則同也。

此是指示「興」體之大要也。蓋朱子所謂「興有取所興爲義者」，

92　並見《朱子語類》卷八十，頁821，漢京文化事業公司。

93　見《呂氏家塾讀詩記》「六義」，頁13，新文豐出版公司。

94　《語類》卷八十答沈僩問「詩中說興處多近比」，云：「及比，則卻不入題了。如比那一物，說便是說實事。如『螽斯羽，詵詵兮；宜爾子孫，振振兮。』『螽斯羽』一句，便是說那人了。下面『宜爾子孫』，依舊是就螽斯羽上說，更不用說實事。此所以謂之比。」又云：「說出那物事來是興，不說出那物事是比。……比底只是從頭比下來，不說破。」云云，即是此處所謂「全不言其事」之謂，蓋「比」是取二物或三物間某類之相似者爲比，所謂「比是以一物比一物，而所指之事常在言外」，故不必說破也。

95　黃季剛先生《文心雕龍札記》云：「題云比興，實側注論比。蓋以興義罕用，故難得而繁稱。」頁170，文史哲出版社。

96　呂祖謙去世一年後，朱子爲其《讀詩記》作序，云：「此書所謂朱氏者，實熹少時淺陋之說，而伯恭父誤有取焉。其後歷時既久，自知其說有所未安，如雅鄭邪正云者，或不免有所更定，則伯恭父反不能不置疑於其間，熹竊惑之。方將相與反復其說，以求真是之歸，而伯恭父已下世矣。」頁1，《呂氏家塾讀詩記·原序》，新文豐出版公司。

是指「兼比取義之興」；其所謂「全不取義者」，則是「不兼比單純之興」也。前者如《語類》卷八十答沈僩[97]之問云：

> 問：《詩》中說興處多近比。曰：然。如〈關雎〉、〈麟趾〉相似，皆是興而兼比。然雖近比，其體卻只是興。且如「關關雎鳩」本是興起，到得下面說「窈窕淑女」，此方是入題說那實事。蓋興是以一箇物事貼一箇物事說，上文興而起，下文便接說實事。如「麟之趾」，下文便接「振振公子」，一箇對一箇說。蓋公本是箇好底人，子也好，孫也好，族人也好。譬如麟，趾也好，定也好，角也好。及比則卻不入題了。如比那一物說，便是說實事。如「螽斯羽，詵詵兮；宜爾子孫，振振兮。」「螽斯羽」一句，便是說那人了。下面「宜爾子孫」，依舊是就「螽斯羽」上說，更不用說實事。此所以謂之比。大率詩中比、興皆類此。

此是言「興之兼比以取義」也。若「興之不兼比取義」，而為單純之興者，則其「興句」與「應句」之間義並不相應，如孔穎達所謂：「取譬引類，起發己心，詩文諸舉草木鳥獸以見意者，皆興辭也」[98]，亦如鄭樵所云「凡興者，所見在此，所興在彼；不可以事類推，不可以義理求」、「夫詩之本在聲，而聲之本在興；鳥獸草木乃發興之本」。故《語類》同卷，吳振所錄云：

> 詩之興，全無巴鼻_{振錄云：多是假他物舉起，全不取義}後人詩猶有此體。如「青青陵上柏，磊磊澗中石。人生天地間，忽如遠行客。」又如「高山有涯，林木有枝。憂來無端，人莫之知！」「青青河畔草，綿綿思遠道。」皆是此體。

裴普賢先生綜合朱子論「興」之語而歸納之，云：

---

97 沈僩，字莊仲，永嘉人。見「朱子語類姓氏」，頁27，漢京文化事業公司。
98 見《毛詩正義》，頁15，東昇文化事業公司。

綜觀朱子所論之興有二:一為兼比取義之興,如〈關雎〉、〈麟
趾〉,乃語義相應者;一為不兼比不取義單純之興,如〈小星〉、
〈兔罝〉、〈山有樞〉、〈殷其雷〉,僅語相應而已。至於比、
興之區別,在興體有「興句」與「應句」分兩截,朱子所謂興
於下文方入題,而比體則一開頭便入題,說所比之事物,就是
說被比之事物,通常不分兩截。又興體興起之方式不一:有借
眼前事說起者;有別將一物說起,其詞非必有感有見於此物
者;有將物之所無,興起自家之所有者;有將物之所有,興起
自家之所無者。因其有義相應與語相應之別,故不專主鄭樵聲
本的興義;因其興詞非必有感有見於此物者,故不專主蘇轍觸
動之說。

是以「興」有此二種,據今觀之,《詩》三百篇與後世詩體,實不
能逾越於是也。然則朱子釋「興」之貢獻,雖非全由其孤明先發,
其實乃歸納舊說之所得也。其後嚴粲以「凡言興也者皆兼比」之論[99],
雖舉呂氏《讀詩記》之言為驗[100],而其〈關雎〉二章後,又云:「賦
也。」小字自注云:「唯二〈南〉舉『賦』、『比』以見例,餘無
疑者不書。」即程子所謂「六義,詩之義也。一篇之中有備六義者,
有數義者」之意。蓋嚴粲不以為〈關雎〉一詩盡為興也;其「興」
僅在首章,「關關雎鳩,在河之洲。窈窕淑女,君子好逑。」四句,
二章以下,皆賦也。如此,則與朱子在〈漢廣〉詩全三章標「興而
比也」,或與〈邶風‧柏舟〉首章、末章標「比也」;而在二章、

---

99 嚴粲於〈關雎〉經文後注云:「興也。凡言興也者皆兼比。」小字自注云:「興之不
兼比者特表之。」其以興必皆兼比者也。見《詩緝》卷一,頁 14,廣文書局。徐復
觀先生云:「《詩經》中,完全無意味的興,非常之少;嚴粲所謂興之兼比者固然有
較明顯的意味;即所謂興之不兼比者,實際還是有感情上之意味。」見《中國文學論
集》,頁 109,學生書局。

100 呂祖謙云:「風之義易見,惟興與比相近而難辨:興之兼比者,徒以為比,則失其
意味矣;興之不兼比者,誤以為比,則失之穿鑿矣。」《呂氏家塾讀記》卷二,頁
25,新文豐出版公司。

三章、四章標「賦也」，一詩中或兼興比，或兼比賦，或兼賦與興者，則朱子實與嚴粲同意，謂一篇中兼有數義也。若然，即已不可謂某篇詩爲「興之詩」，某篇詩爲「比之詩」，或某篇爲「賦之詩」矣。其所能言者，僅曰某篇詩之某章，或某章之某句爲「興」、爲「比」、爲「賦」而已。以一篇詩兼數義之說，乃啓發於程子，而其實踐則爲朱子、嚴粲也。[101]

　　雖然，亦不可以此謂嚴粲爲繼承朱子之說而無所變化者；嚴氏自有其主張，亦非朱子可範圍者。如〈周南・葛覃〉，朱子於三章下全標「賦也」，且爲發凡起例；而嚴粲則於此詩曰「興之不兼比者也」，意即此詩爲單純之「興」體也。《詩緝》注其首章云：

> 興之不兼比者也。述后妃之意若曰，葛生覃延，而施移於谷中，其葉萋萋然茂盛。當是時，有黃鳥集於叢生之木，聞其鳴聲之和喈喈然，我女工之事將興矣。……先時感事，乃豳民艱難之俗。今以后妃之貴而志念如此，豈復有一毫貴驕之習邪？味詩人言外之意，可以見文王齊家之道矣。

　　若比較朱《注》之標「賦」，與嚴氏「興不兼比」之間，則知朱子所以此詩爲賦者，是以后妃自作此詩[102]，直就眼前事敘說，故爲「賦也」；而嚴氏則以此詩爲詩人代后妃立言，故云「味詩人言外之意」，此詩人顯然並非后妃，故以此詩爲「代言體」。二家體會不同，故所言作法不同。徐復觀先生以爲：

---

101 裴普賢先生云：「朱熹在《詩集傳》中又分析三百篇各章，將興式分爲下列六種：（1）興也〈關雎〉、〈樛木〉、〈桃夭〉等篇（2）興而比也〈漢廣〉、〈椒聊〉等篇（3）比而興也〈下泉〉各章、〈氓〉第三章（4）賦而興也〈黍離〉各章、〈氓〉第六章、〈東山〉第四章（5）賦而興又比也〈頍弁〉各章（6）賦其事以起興也〈泮水〉一、二、三章。」頁319，《詩經研讀指導》，東大圖書公司。由此見朱子所以逐章標其賦比興，乃主張一篇中備有多體，即接受程子「一篇中備六義者，有數義者」之說；此說又爲嚴粲所繼承也。

102 朱子云：「此詩后妃所自作，故無贊美之辭。」見《集傳》卷一，「〈葛覃〉三章，章六句」字題下。

《詩經》中，完全無意味的興，非常之少；嚴粲所謂興之兼比者固然有較明顯的意味；即所謂興之不兼比者，實際上還是有感情上之意味。例如〈周南·葛覃〉……按此詩乃通常之所謂寫景。凡「即景生情」的，尤其是「景中有情」的寫景，都是興此詩因葛生覃延，而引起女工之思，因而有下章「是刈是濩，為絺為綌」，則此章所寫的景，似無意而實有意。[103]

徐復觀先生以為，凡是興，是由於感情之引發觸動，此乃表現詩之所以為詩之本色。李白云：「興寄深微」，徐先生以為：「此處的深微，不是來自理論思辨，而係來自感情自身的特性，所以是詩本身應有的深微」。此由嚴氏在第二章所注：

> 又述后妃之意若曰：……味「服之無斁」一語，可見后妃之德性。後妃后以驕奢禍其俗者，皆一厭心為之也。詩人辭簡而旨深矣。

則見嚴氏以朱子之標「賦」而改為「興」者，乃讀詩者深味詩人旨，作詩者其意則在有無之間也。

結　語

跡以本章《詩經》「六義」之討論，見「風」、「雅」、「頌」之分體甚早，為在《詩》陸續編纂中所已有，[104]非孔子所定，故季

---

103 見〈釋詩的比興──重新奠定中國詩的欣賞基礎〉，《中國文學論集》，學生書局。
104 鄭玄《詩譜》以孔子錄懿王、夷王時詩，「訖於陳靈公淫亂之事」，則舊說以為《詩經》最晚之作品為《陳風·株林》，時當魯宣公十年（西元前 599 年）也。馬瑞辰《毛詩傳箋通釋》卷十五，云：「瑞辰按：何楷《詩本古義》據《易林》〈蠱〉之〈歸妹〉云『下泉苞稂，十年無王，荀伯遇時，憂念周京』，此詩當為曹人美晉荀躒納敬王於於成周而作。……美荀躒而詩列〈曹風〉者，昭二十五年晉人為黃父之會，謀王室，具戍人，二十七年會扈，令戍周，三十二年城成周，曹人蓋皆與焉，故曹人歌其事也。……此詩『念彼周京』，似王新遷成周，追念故京師王室之詞。自是以後，諸侯不復勤王，故列〈國風〉，《詩》終於此。」則以為〈下泉〉為《詩經》最晚之詩篇，詩作於魯昭公二十六、七年之間（西元前 516-5 年）。頁 444，中華書局。

札觀周樂而工歌之也。且其時已有賦詩之風氣，賓、主之間折衝樽俎，賦詩道志，已爲嫻熟，孔子「不學《詩》，無以言」亦爲此而發；然其時實無「賦」、「比」、「興」之說，參諸戰國儒者如孟子、荀子之言，亦尙無此說也。故「六詩」、「六義」之說應自《周禮‧大師》、〈毛詩大序〉始，乃漢代經學盛行之時而有此說也。若考以二鄭之言，先鄭（司農）之說實肇始後人以「賦」、「比」、「興」爲文辭作法之先聲；而後鄭（康成）以注《周禮》「以六德爲之本」，故說之以政教善惡，此乃「六義」之經義之學也。自魏、晉以下，文學繁興，「賦」、「比」、「興」爲屬文摛藻之作法，趨向已定，故孔穎達雖堅守毛、鄭壁壘，不輕易破其說；而「三體」、「三用」，乃啓發朱子「三經」、「三緯」之論。雖然朱子以理學說《詩》，對「賦」、「比」、「興」之闡釋則爲盡致，文學之原理至此已大明；其後又有嚴粲之繼踵，以迄清儒之闡發，庶幾已能恢復《詩》三百篇文學之原貌矣。

第四章　齊詩翼氏學述論

前　言

　　漢代《詩經》之分有四家，魯、齊、韓三家據於前漢之坫壇，皆擅其勝場，毛詩非能與在其列也。陳喬樅氏《齊詩遺說考‧序》云：

> 漢時經師，以齊、魯為兩大宗。文、景之間，言《詩》者，魯有申培公，齊有轅固生；《春秋》、《論語》亦有齊、魯之學，此其大較也。[1]

齊地之學風與魯異，齊學自有別於魯學；齊學宏通，魯學篤實也。《詩經》之學亦然。謂齊詩為「宏通」者，蓋其說詩多引外義；而言魯詩「篤實」者，以其多守舊說也。《漢書‧藝文志》曰：

> 漢興，魯申公為詩訓故。而齊轅固、燕韓生，皆為之《傳》，或取《春秋》，采雜說，咸非其本義；與不得已，魯最為近之。

《漢志》言三家詩學，魯詩最為篤實，可以申公之「為詩訓故以教，無傳疑，疑則闕不傳」觀之，魯詩最為近實，當為可信；而齊、韓二家詩說之多非本義，相較而可知矣。蒙文通《經學抉原》云：

> 魯學謹篤，齊學恢宏，風尚各殊者，正以魯固儒學之正宗，而齊乃諸子所萃聚也。〈藝文志〉，《論語》有「燕傳說」三篇；〈儒林傳〉以燕韓太傅《詩》不如韓《易》深，齊、魯之外復見有燕學。井研先生[2]以燕學同於齊學。蓋燕之風尚，素與齊

同，燕之儒生多自齊往故也。《史記》云：「燕昭王收破燕之
後，乃卑辭厚幣以招賢者，於是樂毅自魏往、劇辛自趙往、鄒
衍自齊往。」齊有稷下，燕有碣石之宮，其事一也。則燕學者，
齊學之附庸也。3

據是，齊、韓之《詩》說同風，原由爲可知已。又就齊、韓二家之
《詩》學之特色以觀，韓詩以博採眾說擅長，其說《詩》多「以意
逆志」，大抵引《詩》以證事，而非引事以明《詩》，故韓說鮮與
於《詩》三百篇之本義，觀《韓詩外傳》引《詩》斷章取義以說理，
爲可知矣。而齊之說《詩》者，去其本義較韓說尤有過之。此處僅
舉齊《詩》之大家匡衡4爲例說明。《漢書・匡衡傳》云：「衡好學，
尤精力過絕人。諸儒爲之語曰：『無說《詩》，匡鼎來；匡說《詩》，
解人頤。』」5說《詩》至「解人頤」，其流宕誇張，不言而可喻矣。
6雖然，齊《詩》之於兩漢《詩經》學，乃爲一大宗，史傳之文且多
有其遺義，治《詩經》之學者，亦不可以其瑕而掩其璧也。

　　據《漢書・藝文志》所載，齊《詩經》二十八卷之外，尙有《后
氏故》二十卷、《孫氏故》二十七卷、《后氏傳》三十九卷、《孫
氏傳》二十卷、《雜記》十八卷。其中「孫氏」一家，因《漢書・
儒林傳》失載其姓名、事略，佚而不可考。后氏或即后蒼，其《詩》
學傳自轅固生。《漢志》謂轅固生作《詩傳》，荀悅《漢紀》亦言
轅固作《詩內、外傳》，《后氏故》、《傳》或即轅固所著之內、

第一篇「經學導言」，〈六譯老人聽讀近二十年來漢書之平議後記〉一文，臺灣古籍
　出版社。
3 引文見蒙文通《經學抉原》，「魯學齊學第八」，頁52，商務印書館，國學小叢書。
4 《漢書・儒林傳》：「后蒼授翼奉、蕭望之、匡衡。……衡授琅邪師丹、伏理斿君、
　穎川滿昌都君。由是齊《詩》有翼、匡、師、伏之學。」頁3612，鼎文書局。
5 《漢書》卷八十一，〈匡、張、孔、馬傳〉第五十一，頁3331，鼎文書局。
6 王應麟《困學紀聞》卷三，云：「《法言（淵騫篇）》曰：『守儒袁固、申公。』二
　子無愧於言《詩》矣。王式以三百五篇諫，亦其次也。彼說《詩》解頤者，能無愧乎？」
　此從王意。臺灣中華書局。

外《傳》也。[7]三家《詩》之失傳，以齊《詩》爲最早。[8]此或因齊《詩》多非常可怪之異論，學者學而不能通其說之故歟？今則據齊《詩》翼氏一家之說，考其說之大端，以見《詩經》齊說之一斑焉。

第一節　翼奉其人與其詩經學之傳承

翼奉之《詩經》學，源出於后蒼。據其所上〈封事〉曰：

> 臣聞之於師曰：天地設位，懸日月、布星辰、分陰陽、定四時、列五行，以視聖人，名之曰道；聖人見道，然後知王治之象。故畫州土、建君臣、立律歷、陳成敗，以視賢者，名之曰經；賢者見經，然後知人道之務，則《詩》、《書》、《易》、《春秋》、《禮》、《樂》是也。《易》有陰陽、《詩》有五際、《春秋》有災異，皆列終始、推得失、考天心，以言王道之安危。

按：此翼氏自述其學術之來源及其大概也。翼奉學之內容爲「六經」，而其推言得自於「師說」。據《漢書》本傳，云：

> 翼奉，字少君，東海下邳人也。治《齊詩》，與蕭望之、匡衡同師。三人經術皆明，衡爲後進，望之施之政事；而奉惇學不

---

7 說見陳喬樅《齊詩遺說考》卷一，頁 4356，《皇清經解續編》卷千百三十八，漢京文化事業公司。按：漢儒解經之學，其經文之訓詁，稱「故」或「故訓」，如：〈儒林傳〉：「申公獨以《詩經》爲訓故以教，無傳疑，疑者則闕弗傳。」顏師古注曰：「口說其指，不爲解說之傳。」則解說經文者稱「傳」也；《漢書·藝文志》：「漢興，魯申公爲《詩》訓故，而齊轅固、燕韓生皆爲之傳。或取《春秋》，采雜說，咸非其本義。」據《漢志》所錄，《詩經》二十八卷，魯、齊、韓三家。魯《詩》有「《魯故》二十五卷、《魯說》二十八卷」，齊《詩》有「《后氏故》二十卷、《孫氏故》二十七卷，《后氏傳》三十九卷、《孫氏傳》二十八，《齊雜記》十八卷。」韓《詩》有「《韓故》三十六卷、《韓內傳》四卷、《韓外傳》六卷、《韓說》四十卷。」毛《詩》有「《毛詩》二十九卷、《毛詩故訓傳》三十卷。」顏師古曰：「故者，通其指義也。」則四家《詩經》之學，其通指大義者稱「故」、稱「內傳」；其引申中外義者，稱「傳」、稱「外傳」、稱「說」、稱「雜記」也。

8 謂其學之失傳者，有二端：其一無傳承其學者也，其二則其書已佚矣。西漢之末、東漢之初，齊《詩》之傳人已無顯著可考者，逮魏、晉之世，遂並其書亦佚矣。

仕，好律歷陰陽之占。[9]

則此封事所謂「師說」，為后蒼之學也。據《漢書‧儒林傳》云：

> 后蒼，字少君，東海郯人也。事夏侯始昌。始昌通五經，蒼亦
> 以通《詩》、《禮》為博士，授翼奉、蕭望之、匡衡。衡授師
> 丹、伏埋、穎川滿昌，家世傳業。於是齊詩有翼、匡、師、伏
> 之學。

自轅固生為《齊詩內、外傳》，后蒼之後，所傳遂廣。后蒼之於漢
代經學，其所傳者，為《詩》、《禮》二經；而《禮》尤其重要。
本〈傳〉稱，后蒼以師事東海孟卿，其說《禮》數萬言，號曰「后
氏曲臺記」，授梁戴德延君、戴聖次君、沛慶普孝公，由是禮有大
戴、小戴、慶氏之學。然則，齊《詩》與《禮》學既同出於后蒼，
則二者之相關繫，實不待言；則翼奉之《詩》學之根據，已得樞紐
所在矣。[10]

又齊《詩》之傳，自轅固生始。翼奉之好「律歷陰陽之占」，言《易》
陰陽、《詩》五際，與《春秋》災異之學者，轅固生不聞傳此學；
傳此學者，疑自夏侯始昌也。[11]《漢書‧夏侯始昌傳》云：

9　《漢書》集說災異之經生為〈眭、兩夏侯、京、翼、李傳〉，眭為《公羊春秋》災異
學者；兩夏侯為夏侯始昌及其族子勝，善說「洪範咎徵」，為《尚書》災異學者；京
為京房，其說長於災變，分六十四卦更直日用事，為《易經》災異學者；翼奉為《詩
經》災異學者；李尋亦為《尚書》災異學者。此是就其師承而言，然而學者治經則左
右采獲，以成其學，不獨專經也。班固〈贊〉曰：「幽贊神明，通合天人之道者，莫
著乎《易》、《春秋》。」所以然者，錢穆先生云：「漢人通經本以致用，所謂以儒
術緣飾吏治，而其議論則率本於陰陽及春秋。陰陽據天意，春秋本人事，一尊天以爭，
一引古以爭。非此不足以折服人主而自伸其說，非此亦不足以居高位而自安。」是也。
見《兩漢經學今古文平議》，〈兩漢博士家法考〉，頁200，東大圖書公司。

10　陳喬樅《齊詩遺說考‧自序》云：「《詩》、《禮》師傳既同出后氏，則《儀禮》
及二戴《禮記》所引佚《詩》，皆當為齊《詩》之文矣。鄭君本治小戴《禮記》，注
《禮》在箋《詩》之前，未得《毛傳》。《禮》家師說均用齊《詩》，鄭君據以為解，
知其所述，多本齊《詩》之義。故《鄭志》答炅模云：『〈坊記〉《注》以〈燕燕〉
為夫人定姜之詩，先師亦然。』先師者，謂《禮》家詩說也。」頁4349，《皇清經
解續編》，漢京文化事業公司。

11　《史記‧儒林傳》：「清河王太傅轅固生者，齊人也。以治《詩》，孝景時為博士。……
齊言《詩》者皆本轅固生；諸齊人以《詩》貴顯，皆固之弟子也。昌邑王太傅夏侯始

> 夏侯始昌，魯人也。通《五經》，以《齊詩》、《尚書》教授。
> 自董仲舒、韓嬰死後，武帝甚重之。始昌明於陰陽，先言柏梁
> 臺災日，至期日果災。族子勝，亦以儒顯名。

夏侯始昌爲魯人，而其所傳者則爲齊《詩》，以其明於陰陽占驗，則齊《詩》之言陰陽災異，殆受始昌之影響。翼奉既師事后蒼，而后蒼師夏侯始昌，齊《詩》之傳，至翼奉爲三傳也。

附圖（一） 《詩經》齊學在西漢時代之傳授系統表

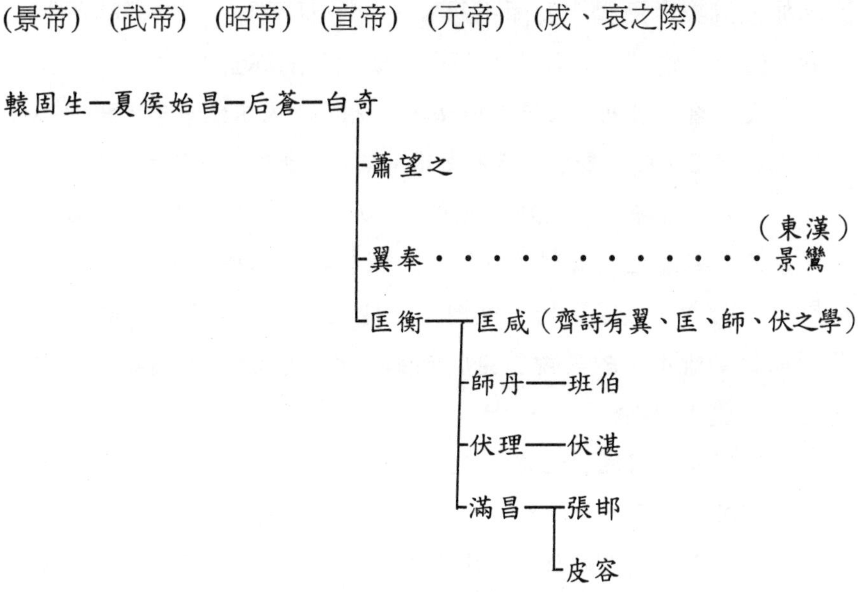

(景帝) (武帝) (昭帝) (宣帝) (元帝) (成、哀之際)

今據翼奉之《詩》說，有「三期」、「四始」、「五際」、「五性」、「六情」等。所上〈封事〉云：「《詩》之爲學，情性而已。五性不相害，六情更興廢，觀性以歷，觀情以律。」其說素稱費解。

昌最明，自有〈傳〉。」

然若論《詩》與「性情」之關聯，《詩》實爲情性之抒發也。孔門之論《詩》，皆就此方面闡述其作用。[12]《左傳》襄公二十九年亦載云：

> 吳公子札來聘。……請觀於周樂。使工爲之歌〈周南〉、〈召南〉。曰：「美哉！始基之矣。猶未也，然勤而不怨矣。」爲之歌〈邶〉、〈鄘〉、〈衛〉。曰：「美哉！淵乎！憂而不困者也。吾聞衛康叔武公之德如是，是其衛風乎？」爲之歌〈王〉。曰：「美哉！思而不懼。其周之東乎？」

觀季札論周樂，所謂「勤而不怨」、「憂而不困」、「思而不懼」云者，皆是「性情」之類也。荀子〈樂論〉篇亦云：

> 夫樂者，樂也。人情之所必不免也。故人不能無樂，樂則必發於聲音，形於動靜；而人之道，聲音、動靜，性術之變盡是矣。故人不能不樂，樂則不能無形；形而不爲道，則不能無亂。先王惡其亂也，故制〈雅〉、〈頌〉之聲以導之。

則見以「詩」、「樂」言「性情」而導之，是先秦儒家舊說；翼氏乃繼承此傳統也。故其說並見於同師后蒼之匡衡。《漢書》本傳，衡之上〈疏〉曰：

> 臣竊考〈國風〉之詩，〈周南〉、〈召南〉被聖賢之化深，故篤於行而廉於色。鄭伯好勇，而國人暴虎；秦穆貴信，而士多從死；陳夫人好巫，而民淫祀；晉侯好儉，而民畜聚；大王躬仁，邠國貴恕。由此觀之，治天下者審所上而已。

可概見齊《詩》學說以「性情」論詩學也。匡衡〈上疏〉又云：

---

12 《論語・泰伯》篇：「興於詩。」謂《詩》所以興發意志也。朱《注》云：「詩本性情，有邪、有正。……故學者之初，所以興起其好善惡惡之心，而不能自已者。」又〈陽貨〉篇：「詩可以興，可以觀，可以群，可以怨。」朱《注》云：「感發意志，考見得失，和而不流，怨而不怒，人倫之道無不備。」可見《詩》爲情性之學，小至個人情感，大至家國政治之臧否，皆在其中也。

臣又聞室家之道修，則天下之理得。故《詩》始〈國風〉，《禮》
本〈冠〉、〈婚〉。始乎〈國風〉，原情性而明人倫也；本乎
〈冠〉、〈婚〉，正基兆而防未然也。

故用《詩》教以原性情，而以《禮》教切人倫，此乃翼、匡共承之
「師說」也。然據翼氏所云：「觀性以歷，觀情以律。」與「《詩》
之爲學，情性而已。」並言，是則翼氏雖以「情性」言詩，而其情
性與陰陽歷律結合，則此學術必是陰陽家之學也。《呂氏春秋·仲
夏紀》云：

音樂之所由來者遠矣。生於度量，本於太一。太一出兩儀，兩
儀出陰陽。陰陽變化，一上一下，合而成章，渾渾沌沌，離則
復合，合則復離。是謂天常。……日月星辰，或疾或徐，日月
不同，以盡其行。四時代興，或暑或寒，或短或長，或柔或剛。
萬物所出，造於太一，化於陰陽，萌芽始震，凝寒以形。形體
有處，莫不有聲；聲出於和，和出於適。和適，先王定樂，由
此而生。

蓋陰陽家以爲，音樂之起源於道。道生陰陽，則天地生焉，日月行
焉，萬物成焉；萬物皆有聲，聲則應律呂，先王由之而定樂也[13]。人
爲萬物之一，乃生於天地之間。天地之運行，以其歷數；故人之性
情，亦與歷合矣。此即翼氏所謂「觀性以歷」之謂也。又同書〈大
樂〉篇云：

樂之有情，譬之若肌膚、形體之有情性也。有情性，則必有性
養矣。寒、溫、勞、逸、饑、飽，此六者，非適也。凡養也者，
瞻非適而以之適者也。

---

13 《呂氏春秋》此段文字，《漢書·歷律志》予以約簡，云：「玉衡杓建，天之綱也；
　　日月初躔，星之紀也。綱紀之交，以原始造設，合樂用焉。律呂唱和，以育生成化，
　　歌奏用焉。指顧取象，然後陰陽萬物靡不條暢該成。」頁256，鼎文書局。

此謂樂者，所以適其情性也。〈侈樂〉篇則云：

> 夫樂有適，心亦有適。人之情，欲壽而惡夭，欲安而惡危，欲
> 榮而惡辱，欲逸而惡勞；四欲得，四惡除，則心適矣。……夫
> 音亦有適。太鉅則志蕩，以蕩聽鉅，則耳不容，不容則橫塞，
> 橫塞則振；太小則志嫌，以嫌聽小，則耳不充，不充則不詹，
> 不詹則窕；太清則志危，以危聽清，則耳谿極[14]，谿極則不鑒，
> 不鑒則竭；太濁則志下，以下聽濁，則耳不收，不收則不摶，
> 不摶則怒。故太鉅、太小、太清、太濁，皆非適也。

夫樂之情，猶人之情也；故聽樂可以知人情。[15]翼氏所謂「觀樂以情」，
由此可知其根據也。孔廣森《經學卮言》則云：

> 愚謂始際之義，蓋生於律。〈大明〉在亥者，應鍾為均也；〈四
> 牡〉，則太蔟為均；〈天保〉，夾鍾為均；〈嘉魚〉，仲呂為
> 均；〈采芑〉，蕤賓為均；〈鴻雁〉，夷則為均；〈祈父〉，
> 南呂為均。漢初，古樂未湮者如此。故奉曰：「《詩》之為學，
> 情性而已。五性不相害，六情更興廢；觀性以歷，觀情以律。」
> 律歷迭相為治，與天地稽，三期之變，亦於是可驗。

孔氏之說，雖未盡翼奉「三期」、「四始」、「五際」、「六情」、
「八節」說之詳情，但若考翼氏《詩》說與陰陽歷律學之結合，當
捨此塗徑而莫由也。

第二節　齊詩學之三期四始五際六情說

　　據翼奉所上〈封事〉云：「《易》有陰陽，《詩》有五際，《春

---

14 高誘《注》：「谿，虛；極，病也。不聞和聲之故也。」《呂氏春秋》卷五，臺灣中
　　華書局。
15 《禮記·樂記》通篇皆論音樂與人情之關係。如：「樂者，音之所由生也，其本在人
　　心之感於物也。」又云：「聲音之道，與政通矣。」故聽樂可以知人情，與《呂氏春
　　秋》說合。

秋》有災異，皆列終始[16]、推得失、考天心，以言王道之安危。」知「五際」與《易》之陰陽、《春秋》之災異，同爲陰陽災異之學，故迮鶴壽氏云：「四始、五際專以陰陽之終始際會推度國家之吉凶休咎。」[17]又《後漢書・郎顗傳》錄郎顗條便宜七事，有云：「臣伏惟漢興以來三百三十九歲，於《詩》三基。」李賢注云：「基當作期，謂以三期之法推之也。」是齊詩中亦有「三期」推數之法也。《詩緯推度災》曰：「建四始五際，而八節通。」陳喬樅氏論之曰：「齊詩之學，宗旨有三：曰四始、曰五際、曰六情，皆以明天地陰陽終始之理，考人事盛衰得失之原，言王道安危之故。且其說多出《詩緯》，察躔象、推曆數、徵休咎，蓋齊學之所本也。」由此言之，知齊《詩》之「三期」、「四始」、「五際」、「六情」、「八節」乃系統之說，皆藉推曆數以言災祥者，今遂併而爲論。

一、齊詩之「三期」

齊《詩》有「三期」之說，所據者爲《後漢書・郎顗傳》。郎顗《條便宜七事疏》，云：

> 臣伏惟漢興以來三百三十九歲，於《詩》三基。高祖起亥仲二年，今在戌仲十年。《詩・氾歷樞》曰：「卯酉爲革政，午亥爲革命，神在天門，出入候聽。」言神在戌亥，司候帝王興衰得失，厥善則昌，厥惡則亡。於《易・雄雌祕歷》，今值困乏。……臣以爲戌仲已竟，來年入季，文帝改法，除肉刑之罪，至今適三百載。宜因斯際，大蠲法令，官名稱號、輿服器械，事有所更，變大爲小，去奢就儉，機衡之政，除煩爲簡，改元更始，

---

16 陰陽家之書，名爲「終始」者，即「陰陽消息」也。蓋陰消則陽息，陽消而陰息，消息乃消長，陰陽爲終而復始，故謂終始。故《史記・孟子荀卿列傳》謂鄒衍：「乃深觀陰陽消息，而作怪迂之變，〈終始〉、〈大聖〉之篇十餘萬言。」《漢書・藝文志》錄有：《公檮生終始》十四篇、《鄒子終始》五十六篇。
17 見迮鶴壽《齊詩翼氏學》卷一，〈詩篇專用二雅解〉，頁4691，漢京文化事業公司。

招求幽隱，舉方正，徵有道，博求異謀，開不諱之路。[18]

按：《後漢書‧郎顗傳》，稱顗父宗學《京氏易》，善風角[19]、星算、六日七分，能望氣占候吉凶。故知顗父長於陰陽災變之學。顗少傳父業，兼明經典，比應公車之徵，上疏以陰陽推歷察占吉凶，納說順帝也。此疏所言者，皆陰陽歷律之學。歷謂曆法，律即音樂。陰陽家以歷律相配[20]，以為皆陰陽之應，故其應同也。[21]《漢書‧歷律志》云：「故陰陽之施化，萬物之終始，既類旅於律呂，又經歷於日辰，而變化之情可見矣。」[22]而歷與律之所以能應者，蓋歷所以記時，律所以候氣；[23]時之與氣，乃陰陽之變，其應一致也。[24]又為

---

18 見《後漢書》卷三十，〈郎顗、襄楷列傳〉，頁1066，鼎文書局。
19 風角，謂候四方四隅之風，以占吉凶也。見李賢《注》。
20 歷律之相配，《漢書‧歷律志》云：「漢興，北平侯張蒼首律曆事，孝武時樂官考正。」謂張蒼始定律曆，而武帝時更為質正其事也。其理論與方法，則《後漢書‧律曆志》所載者最詳。〈志〉云：「夫五音生於陰陽，分為十二律，轉生六十，皆所以紀斗氣，效物類也。天效以景，地效以響，即律也。陰陽和則景至，律氣應則灰除。……候氣之法，為室三重，戶閉，塗釁必周，密布緹縵。室中以木為案，每律各一，內庳外高，從其方位，加律其上，以葭莩灰抑其內端，案曆而候之。氣至者灰動。其為氣所動者其灰散，人及風所動者其灰聚。殿中候，用玉律十二。惟二至乃候靈臺，用竹律六十。候日如其曆。」此即所謂「吹律候氣」之法也。
21 《呂氏春秋》卷第十三，〈有始覽〉云：「天地萬物，一人之身也，此之謂大同；眾耳目鼻口也，眾五穀寒暑也，此之謂眾異。則萬物備也。天斟萬物，聖人覽焉，解在乎天地之所以形，雷電之所以生，陰陽材物之精，禽獸之所安平。」高誘《注》云：「人民、禽獸、動作、萬物，皆由陰陽以生，各得其所樂，故曰『之所安平』也。」既以天地萬物同為陰陽所生，則其應同，故云：「類固相召，氣同則合，聲比則應。鼓宮而宮動，鼓角而角動。平地注水，水流溼；均薪施火，火就燥。」此即「應同」之理論也。
22 《漢書‧歷律志》，頁256，鼎文書局。
23 陰陽家以為「歷律相應」之理論，其說始於鄒衍。王夢鷗先生《鄒衍遺說考》論鄒衍「吹律」方法，云：「《太平御覽》八四二引劉向《別錄》云：傳言鄒衍在燕，有谷美而寒，不生五穀。鄒子居之，吹律而溫至，生黍到今，名黍谷焉。……《史記‧曆書》言戰國之時，獨有鄒衍明於曆術；而『吹律』恰正是古代曆術上所有的『候氣』方法。……至於候氣之法，《後漢書》及《隋書‧律曆志》皆有記載，那方法雖是漢世所採用的，但亦可知『吹律候氣』並非神話了。」見王夢鷗《鄒衍遺說考》，頁26，臺灣商務印書館。
24 見《易緯乾鑿度》，頁34，新文豐出版公司。鄭《注》「則三百六十日相為終也」，原作「粗為終也」，林忠軍《易緯導讀》據黃奭《漢學堂叢書》與《黃氏逸書考》輯本，云：「『粗』黃本作『相』。」「建四時」，《古經本》、《雅雨堂本》、黃本作「定四時」。此從之。見《易緯導讀》頁97，齊魯書社。

歷與律之一致,故有「應期」之說,謂應一週年三百六十五日之數
也。《易緯‧乾鑿度》云:「歷以三百六十五日四分度之一為一歲,
《易》以三百六十析當期之日,此律歷數也。五歲再閏,故再扐而
後掛,以應律歷之數。」鄭《注》云:「歷以記時,律以候氣。氣
率十五日一轉,與律相感,則三百六十日相為終也。歷之數有餘者
四分之一,參差不齊,故閏月。定四時,成歲,令相應也。」是則,
「律以應期」之言,亦可以理解也。而郎顗云:「於《詩》三基。」
李賢《注》「三基」,云:

> 「基」當作「期」。謂以三期之法推之也。《詩‧氾歷樞》曰:
> 「凡推其數皆從亥之仲起,此天地所定位,陰陽氣周而復始,
> 萬物死而復蘇,大統之始,故王命一節為十歲也。」

孔廣森釋之云:

> 後漢順帝陽嘉二年,郎顗上〈封事〉曰:「漢興以來三百三十
> 九歲,於《詩》三基。高祖起亥仲二年,今在戌仲十年。……
> 臣以為戌仲已竟,來年入季。」《注》云:「『基』當作『期』。」
> 其法以三十年管一辰,凡甲子、甲午旬首者為仲,甲戌、甲辰
> 旬首者為季,甲申、甲寅旬首者為孟。十年一移,故謂之「三
> 期」。今據陽嘉二年癸酉,上推延光三年甲子,為戌仲之始。
> 前三十年,而永光六年,入酉仲。又前三十年,而永平七年,
> 入申仲。又前三十年,而建武十年,入未仲。又前三十年,而
> 元始四年,入午仲;是王莽革命之際也。又前二百九年,得高
> 祖元年乙未,入亥仲二年矣。又前五十年,而得周亡之歲,在
> 酉季二年乙巳,上距殷、周革命辛卯之歲七百九十四年,實惟
> 午孟之八年也。《易》上經始〈乾〉終〈離〉,下經始〈咸〉
> 終〈未濟〉。《乾》,天門也;〈離〉,午際也。孟、京卦氣,
> 以〈咸〉為夏至,亦午氣也;〈未濟〉為小雪,亦亥氣也。天

　　道之所著，王者之所重，《詩》以諷戒，《易》以終始。[25]
齊《詩》「三期」說，與「四始」、「五際」相配，爲歷律陰陽應
有之義。故陳喬樅氏以爲孔廣森之推齊《詩》「三期」之法甚是，
而以始際相配，於義尤允。並申之云：

> 「四始」以亥爲首者，水爲五行之本，其星元（玄）武、婺女，
> 天地所紀，終始所生，故推「三期」之數，皆從亥之仲起也。
> 「三期」以仲爲先者，子、午，天地之經。陽氣起於子，訖於
> 午；陰氣起於午，訖於子。子、午者，陰陽二氣之所起也。甲
> 子實六旬之首，又子居仲月。仲者，中也，言位在中也。其律
> 應黃鐘，長九寸，六律之本。所以究極中和，爲萬物元也。至
> 午而陽謝陰興，雌雄代嬗，故「五際」以午、亥爲革命，陰陽
> 之施化，萬物之終始，既類旅於律呂，又經歷於日辰，而變化
> 之情可見矣。[26]

陳喬樅氏論「三期」、「四始」、「五際」之配應，與《漢書‧歷
律志》合，可謂無可諍矣。〈郎顗傳〉又云：

> 臺詰顗曰：「〈對〉云：『白虹貫日，政變常也』。[27]朝廷率
> 由舊章，何所變易而言變常？……又陽嘉初建，復欲改元，據
> 何經典？其以實對。」顗對曰：「……孔子曰：『漢三百載，
> 計斗歷改憲。』三百四歲爲一德，五德千五百二十歲，五行更
> 用。王者隨天，譬猶自春徂夏，改青服絳者也。自文帝省刑，
> 適三百年，而輕微之禁，漸已殷積。……今年仲竟，來年入季，
> 仲終季始，歷運變改，故可改元，所以順天道也。」

---

25 見孔廣森《經學卮言》，《皇清經解》卷七百一十三，頁 15301，漢京文化事業公司。
26 見陳喬樅《齊詩翼氏學疏證》卷二，《皇清經解續編》，頁 4726，漢京文化事業公司。
27 郎顗〈條便宜七事〉，其第六事云：「臣竊見今月十四日乙卯巳時，白虹貫日。凡日傍氣色白而純者名爲虹。貫日中者，侵太陽也；見於春者，政變常也。」見《後漢書》卷三十，頁 1064，鼎文書局。

按：陰陽五行之終始循環，四時嬗遞亦週而復始，此五行之小週期也。又有五行之大週期焉，如郎顗所云：「三百四歲為一德，五德千五百二十歲，五行更用；王者隨天，譬猶自春徂夏，改青服絳者也。」此說出自《易緯・乾鑿度》：

> 五行旋代出，輔運相拒，與更用事，終始相討。……孔子曰：至德之數，先立木、金、水、火、土德，合三百四歲，五德備；凡一千五百二十歲，大終復初。其求金、木、水、火、土德日名之法，道一紀七十六歲，因而四之，為三百四歲。……六日名甲子，木德，主春春生，三百四歲。庚子，金德，主秋成收，三百四歲。丙子，火德，主夏長，三百四歲。壬子，水德，主冬藏，三百四歲。戊子，土德，主季夏至養，三百四歲。六子德四正。四正，子、午、卯、酉也，而期四時，凡一千五百二十歲，終一紀。[28]

齊詩「三期」之說與「改元更始」之論，皆藉推歷之法，申「王者隨天」之義，欲王者因歷數之變，而改元行仁政，所以順天道也。林金泉先生論此云：

> 亥為十二支之一，「亥之仲」與「戌仲已竟，來年入季」參照，則推算之法，以孟、仲、季三者合為一辰可知。又十二支，就一日而言，分屬十二辰；就一年而言，分屬十二月。一日晝夜之迭代，隨十二辰而遞轉，猶一年四時寒暖之交替，隨十二月而遞變。應之萬物，則春啟、夏見、秋殺、冬閉；應之農事，則春生、夏長、秋收、冬藏。如此，日復一日，年復一年，循環不已，故曰「陰陽氣周而復始，物死而復蘇」也。又據「王命一節為之十歲」一語，則三基推數之法，蓋以一節為十歲，

---

28 見《易緯乾鑿度》，頁 53-54，新文豐出版公司。

> 自亥仲初年起,迄亥孟十年止,歷十二辰三十六節三百六十歲
> 而一周,固昭昭矣。[29]

按:林先生之說,綜集章懷太子《注》,並據迮鶴壽、陳喬樅等說,
核以陰陽歷律之理論,固扼要之言也。然則,若據郎顗之〈對〉,
云:「孔子曰:『漢三百載,計斗歷改憲。』三百四歲爲一德,五
德千五百二十歲,五行更相用。」之言,與林先生「三百六十歲爲
一周」之說又有不合者,其中猶有可論焉。今據《漢書・谷永傳》,
永之上書曰:

> 王者躬行道德,承順天地……則卦氣理效,五徵時序……符瑞
> 並降,以昭保右;失道妄行,逆天暴物,……則卦氣悖亂,咎
> 徵著郵,上天震怒,災異婁降。……陛下承八世之功業,當陽
> 數之標季,涉三七之節紀,遭〈无妄〉之卦運,直百六之災阸,
> 三難異科,雜焉同會。[30]

據《谷永傳》,稱:「永於《天官》、《京氏易》最密」,善言災
異。則谷永與郎顗所論者,皆京氏《易》說也。其所謂「涉三七之
節紀」者,三七,謂二百一十歲也。故《漢書》卷五十一,《路溫
舒傳》云:「溫舒從祖父受歷數天文,以爲漢厄三七之間。」張晏
《注》曰:「三七,二百一十歲也。自漢初至哀帝元年二百一年也,
至平帝崩二百十一年。」以上二家之說,皆以二百一十歲爲週期,
而郎顗「三期」說則以三百零四歲爲一週期者,乃因京氏《易》說
早盛行於前漢,其時漢祚未值三百年,故言「三七之節紀」;而郎
顗之時,漢祚已三百年,故據京氏《易》、《易緯》,合以齊《詩》
言「三期」。凡陰陽學者,皆乘時而立說,比較上述諸家可以爲證
也。

---

29 見林金泉《齊詩之三基四始五際六情說探微》,《成功學報》第二十卷。
30 見《漢書》卷八十五,〈谷永杜鄴傳〉第五十五,頁3469,鼎文書局。

復申論者，《漢書‧律歷志》曰：「歷數三統，天以甲子，地以甲辰，人以甲申，孟、仲、季迭用事爲統首。」蓋漢代歷數之法，以一甲子六十歲計，甲子、甲戌、甲申、甲午、甲辰、甲寅各爲十年之「旬首」。歷數天道將終而復始。郎顗所謂「今在戌仲十年」、「臣以爲戌仲已竟，來年入季」者，正謂漢值極困之際，如天道循環將至其終，故天子應改元更始，以應天道之循環也。

附圖（二）翼奉詩說之宇宙結構圖示及其說明：

二、齊詩之「四始」

兩漢魯、齊、韓、毛四家於《詩》三百篇皆有「四始」之說。司馬遷以爲孔子刪《詩》編錄，著明「四始」，以顯體例。[31]魏源《詩古微》云：

---

31 見《史記‧孔子世家》，頁1936，鼎文書局。

司馬遷曰:「〈關雎〉之亂[32],以為〈風〉始;〈鹿鳴〉為〈小雅〉始,〈文王〉為〈大雅〉始,〈清廟〉為〈頌〉始。」……蓋嘗深求其故,而知皆三篇連奏,皆上下通用之詩,皆周公述文王之德,皆夫子所特定,義至深、道至大也。曷言皆三篇連奏也?古樂章皆一詩為一終,而奏必三終,從無專篇獨用之例。故《儀禮》,歌〈關雎〉則必連〈葛覃〉、〈卷耳〉而歌之。《左傳》、《國語》歌〈鹿鳴〉之三,則固兼〈四牡〉、〈皇皇者華〉而舉之;歌〈文王〉之三,則固兼〈大明〉、〈綿〉而舉之。《禮記》言升歌〈清廟〉,必言下管象舞,則亦連〈維天之命〉、〈維清〉而舉之。他若金奏〈肆夏〉之三,工歌〈蓼蕭〉之三、〈鵲巢〉之三,笙奏〈南陔〉之三、〈由庚〉之三,此樂章之通例。而「四始」,則又夫子反魯,正樂、正雅頌,特取周公述文德者各三篇,冠於四部之首,固全詩之裘領,禮樂之綱紀焉。故史遷不但言〈關雎〉為〈風〉始,而必曰〈關雎〉之亂者,正以鄉樂之亂,必合樂〈關雎〉之三,故特取夫子、師摯之言,以明三終之義;猶《國語》但言〈文王〉兩君相見之樂,而不及〈大明〉、〈綿〉,後人不察而陋之,過矣。[33]

魏源之說出於清代魯、齊、韓三家《詩》學既明之後,而遍考《國語》、《左傳》、《儀禮》、《禮記》諸籍,皆得徵證,可謂的礭,此魯詩「四始」之說也。《韓詩外傳》卷五,云:

---

32 宋洪興祖《楚辭補注》云:「亂,理也。所以發理辭指,總撮其要也。屈原舒肆憤懣,極意陳詞,或去或留,文采紛華,然後結括一言,以明所趣之意也。」朱熹《楚辭集註》云:「亂者,樂節之名。《國語》云:『其輯之亂。』輯,成也。凡作篇章既成,撮其大要,以為亂辭也。《史記》曰:『〈關雎〉之亂,以為〈風〉始。』《禮》曰:『既奏以文,又亂之以武。』」姜亮夫以為樂節之終,所謂合樂是也。蓋樂將竟,眾樂聲皆作,大合唱以終之。見《屈原賦校註》,頁 138,華正書局。
33 見魏源《詩古微》卷二,〈四始義例篇一〉,《皇清經解續編》,頁 3869,漢京文化事業公司。

子夏問曰：「〈關雎〉何以為〈國風〉始也？」孔子曰：「〈關雎〉至矣乎！夫〈關雎〉之人，仰則天，俯則地，幽幽冥冥，德之所藏，紛紛沸沸，道之所行，如神龍變化，斐斐文章。大哉！〈關雎〉之道也，萬物之所繫，群生之所懸命也。河洛出〈圖〉、〈書〉，麟鳳翔乎郊，不由〈關雎〉之道，則〈關雎〉之事將奚由至矣哉！……天地之間，生民之屬，王道之原，不外此矣。」子夏喟然嘆曰：「大哉！〈關雎〉乃天地之基也。」

韓說〈關雎〉之人「仰則天，俯則地」，與《呂氏春秋‧序意》篇「上揆之天，下驗之地，中審之人」同旨，而云「天地之間，生民之屬，王道之原，不外此矣」與匡衡說詩同科，則誠如蒙文通氏所謂，韓詩乃齊詩之附庸，要之，亦有「四始」之說也。〈毛詩大序〉曰：

〈關雎〉，后妃之德也。〈風〉之始也。……雅者，正也。言王政之所由廢興也。政有小、大，故有〈小雅〉焉，有〈大雅〉焉。〈頌〉者，美盛德之形容，以其成功，告於神明者也。是謂四始，詩之至也。

此則為毛詩之四始也。

以上魯、韓、毛三家「四始」之說，固有範圍大小之不同，而以〈關雎〉、〈鹿鳴〉、〈文王〉、〈清廟〉為「四始」，則其所同也。而齊說之「四始」獨為異，《詩緯‧氾歷樞》曰：

〈大明〉在亥，水始也；〈四牡〉在寅，木始也；〈嘉魚〉在巳，火始也；〈鴻雁〉在申，金始也。

其說不唯與魯、韓、毛異；且以「水」、「木」、「火」、「金」為名，知其為陰陽五行之學也。

蓋齊《詩》之學，以《詩》為宇宙組織之原理，此宇宙乃五行陰陽之體現；「四始」、「五際」者，則其運轉樞紐也。《詩緯‧含

神霧》云：

> 詩者，天地之心，君德之祖，百福之宗，萬物之戶也。[34]

又云：

> 集微揆著，上統元皇，下序四始，羅列五際。[35]

《詩緯推度災》則云：

> 建「四始」、「五際」而八節通。卯酉之際為革政，午亥之際
> 為革命，神在天門，出入候聽。[36]

八節者，指立春、春分、立夏、夏至、立秋、秋分、立冬、冬至。[37]
揆諸《詩緯》之言，蓋謂立「四始」、「五際」以為綱紀，而後可
與天同氣；四時之運轉可以感通，則無失政與禍殃也。由此可知，
齊《詩》之「四始」，乃藉詩篇以著明天道循環之理。迮鶴壽氏云：

> 亥，陽水也，故為水始。寅，陽木也，故為木始。巳，陽火也，
> 故為火始。申，陽金也，故為金始。若子為陰水，卯為陰木，
> 午為陰火，酉為陰金，則皆居於次，故不為始。

又云：

> 四始皆陽，木、火、金、水，分布於四方，故為四始也。[38]

「四始」之序，依春、夏、秋、冬四時之次，四時各有其始，故謂
之「四始」，此乃說陰陽終始循環必有之義也。董仲舒《春秋繁露》

---

34 資料出自《太平御覽》609、《北堂書鈔》102、《唐類函》104；又《後漢書·崔駰
傳注》云：「詩者，天地之心，刻之玉版，藏之金府。」同見安居香山、中村璋八輯
《緯書集成》，頁464，河北人民出版社。

35 資料出自《太平御覽》804，《初學記》21，《唐類函》101；宋均《注》曰：「集
微揆著者，若餘餘瓜瓞，民之初生，揆其如是，必將至著，王有天下也。」同見上註
《緯書集成》。

36 《初學記》21、《太平御覽》609、《困學紀聞》3、《五行大義》4、《唐類函》101。

37 《初學記》1、《太平御覽》9，並云：「八節之風，謂之八風：立春，條風至；春分，
明庶風至；立夏，清明風至；夏至，景風至；立秋，涼風至；秋分，閶闔風至；立冬，
不周風至；冬至，廣莫風至。」說並見《易緯通卦驗》，頁248，《緯書集成》。

38 見《齊詩翼氏學》一，「四始五際名義」，頁4690，《皇清經解續編》卷八百四十
八。

卷十一，〈天辨在人〉篇云：

> 故少陽因木而起，助春之生也；太陽因火而起，助夏之養也；
>
> 少陰因金而起，助秋之成也；太陰因水而起，助冬之藏也。

然則，四時以春爲始。齊《詩》之「四始」不以木爲始，而以水爲始者，此乃因陰陽家皆以「水」爲五行之始故也。《春秋繁露・陰陽終始》第四十八，云：

> 天之道終而復始。故北方者，天之所終始也，陰陽之所合別也。
>
> 冬至之後，陰俛而西入，陽仰而東出；出入之處，常相反也。

蓋北方亥爲陰陽終始合別，天道之起訖，在五行中爲陽水，故齊《詩》以〈大明〉在亥，爲水始也。[39]

按：木、火、金、水四行皆有始，獨土無始者，迂鶴壽云：「土獨無始者，土爲五行之君，周流於四者之間，循環無端也。」[40]蓋陰陽家之學說，獨尊土行，以統其他四行也。《白虎通義・五行》篇云：

> 中央者土，土主吐含萬物，土之爲言吐也。……土所以不名時者，地，土之別名也。比於五行最尊，故不自居部職也。

又云：

> 土所以王四季何？木非土不生，火非土不榮，金非土不成，水非土不高。土扶微助衰，歷成其道，故五行更王，亦須土也。王四季，居中央，不名時。[41]

---

39 《尚書・洪範》：「五行：一曰水，二曰火，三曰木，四曰金，五曰土。」《史記集註》引鄭《注》云：「此數本諸陰陽所生之次也。」《正義》云：「〈易繫辭〉曰：『天一，地二，天三，地四，天五，地六，天七，地八，天九，地十。』此即是五行生成之數。天一生水，地二生火，天三生木，地四生金，天五生土，此其生數也。如此則陽無匹、陰無偶，故地六成水，天七成火，地八成木，天九成金，地十成土，於是陰陽各有匹偶，而物得成焉，故謂之成數也。……又數之所起，起於陰陽。陰陽往來，在於日道。十一月冬至，日南極，陽來而陰往。冬，水位也。以一陽生爲水數。」孔說見《禮記・月令・疏》。
40 《齊詩翼氏學》卷一，「四始五際名義」。
41 見《白虎通》，頁58，廣文書局。

就五行方位言，土居中央爲君，其尊配天，故不居四方之部職[42]；若以四時分配十二律，則土乃散在四方，周流其間。故《白虎通義》又云：「土王四季，各十八日，合九十日，爲一時。」[43]由此可知，論齊《詩》「四始」，必合陰陽五行之義；若不達於五行之義，則對此「四始」，必不能明憭也。

又考齊《詩》之「四始」與「五際」，皆用大、小《雅》詩篇。以「四始」言，〈大明〉在〈大雅・文王之什〉，〈四牡〉在〈小雅・鹿鳴之什〉，〈嘉魚〉在〈小雅・白華之什〉，〈鴻雁〉在〈小雅・鴻雁之什〉。是則，齊《詩》之「四始」乃專論五行中水、木、火、金四者之始，別有取義，與其他三家之舉〈國風〉、大、小二〈雅〉、與〈頌〉四體之首篇爲「四始」者，截然不同科也。齊《詩》四始所以專用二〈雅〉之詩篇，迮鶴壽論云：

> 十五〈國風〉，諸侯之風也；三〈頌〉，宗廟之樂也。唯二〈雅〉皆述王者之命運政教，「四始」、「五際」專以陰陽之終始際會推度國家之吉凶休咎，故止用二〈雅〉。

其說是也。又《後漢書・郎顗傳》，顗之上書曰：「四始之缺，五際之阨。」陳喬樅釋云：

> 「四始」是齊詩說。因金、木、水、火有四始之義，以詩文託之。〈大明〉詩廢，則智缺；而水失其性矣。〈四牡〉詩廢，則仁缺；而木失其性矣。〈嘉魚〉詩廢，則禮缺；而火失其性矣。〈鴻雁〉詩廢，則義缺；而金失其性矣。「四始」皆缺，

42　《春秋・元命苞》云：「土無位而道在，故太一不興化，人主不任部，地出雲起雨，以合從天下，勤勞出于地，功歸于天。」頁618，《緯書集成》。

43　隋蕭吉《五行大義》引《孝經援神契》云：「土出利以給天下。」又引《龜經》云：「土，木動爲辰土，火動爲未土，金動爲戌土，水動爲丑土。」又云：「甲、乙、寅、卯爲辰土，丙、丁、巳、未爲未土，庚、辛、申、酉爲戌土，壬、癸、亥、子爲丑土。凡五行之王，各七十二日，土居四季，季十八日，并七十二日，以明土有四方，生死不同。此蓋卜筮所用。若論定位王相，及生死之處，皆以季夏爲土王之時。」頁26，新文豐出版公司。

則金、木、水、火滲土，而土亦失其性矣。金、木、水、火，非土不成；仁、義、禮、智，非信不立。詩陳「四始」，蓋欲王者法五行而正百官，正百官而理萬事，萬事理而天下治矣。政教之所由出，莫不本乎五行，乃通於治道矣。

「四始」與五行之位相配，治道本乎五行；四始之廢缺，則為治道之失宜[44]。此於陰陽五行之義，論固亦有當也。但若如前述所舉迮氏之說，「四始」「五際」之詩篇專用二〈雅〉，〈大雅・文王之什〉實始於〈文王〉，而〈大明〉居其次；〈小雅・鹿鳴之什〉始於〈鹿鳴〉，而〈四牡〉居其次。〈文王〉為〈大雅〉始，〈鹿鳴〉為〈小雅〉始，而齊《詩》皆不為始者，或即其所謂「缺」也。迮鶴壽則云：

> 〈大雅〉始於〈文王〉，〈小雅〉始於〈鹿鳴〉，猶《易》有〈乾〉、〈坤〉也。〈乾〉為君道，而〈文王〉一篇述周家受命之由；〈坤〉為臣道，而〈鹿鳴〉一篇敘嘉賓式燕之事。「四始」不以此為始者，文王未嘗履帝位，至武王始有革命之事。《詩緯・汎歷樞》曰：「午亥之際為革命」，《詩》稱「肆伐

---

44 四時、五行之終始循環，乃天道之運行，此非人之所為也。故陳喬樅謂「四始皆缺，則金、木、水、火滲土，而土亦失其性矣」云云，不能言「四始之缺」之所以然。《毛詩》亦有「廢」、「缺」之說，相校可知，蓋所謂「廢」、「缺」者，謂人君不行其道也。〈毛詩序〉云：「〈鹿鳴〉廢，則和樂缺矣。〈四牡〉廢，則君臣缺矣。〈皇皇者華〉廢，則忠信缺矣。〈常棣〉廢，則兄弟缺矣。〈伐木〉廢，則朋友缺矣。〈天保〉廢，則福祿缺矣。〈采薇〉廢，則征伐缺矣。〈出車〉廢，則功力缺矣。〈杕杜〉廢，則師眾缺矣。〈魚麗〉廢，則法度缺矣。〈南陔〉廢，則孝友缺矣。〈白華〉廢，則廉恥缺矣。〈華黍〉廢，則蓄積缺矣。〈由庚〉廢，則陰陽失其道理矣。〈南有嘉魚〉廢，則賢者不安，下不得其所矣。〈崇丘〉廢，則萬物不遂矣。〈南山有臺〉廢，則為國之基隊矣。〈由儀〉廢，則萬物失其道理矣。〈蓼蕭〉廢，則恩澤乖矣。〈湛露〉廢，則萬國離矣。〈彤弓〉廢，則諸夏衰矣。〈菁菁者莪〉廢，則無禮儀矣。〈小雅〉盡廢，則四夷交侵，中國微矣。」，〈毛詩序〉在「〈六月〉，宣王北伐也。」下發傳，闡論〈正小雅〉之廢缺，鄭《箋》云：「從此至〈無羊〉十四篇，是宣王之〈變小雅〉。」者，謂人君不行〈正小雅〉之道，故致四夷交侵，中國微矣。故解如「〈鹿鳴〉廢，則和樂缺矣」一句，當云：「〈人君〉不行〈鹿鳴〉之道，則上下缺其和樂矣」，由此知陳喬樅解「四始之缺」稍嫌迂曲也。

大商，會朝清明。」即其事也。（按：所舉為〈大明〉詩末句。）
故以〈大明〉為始，此如《易》之有〈屯〉，所以經綸草昧也。
〈大雅〉既不以〈文王〉始，〈小雅〉亦不以〈鹿鳴〉為始。
〈鹿鳴〉言飲食宴樂，至〈四牡〉乃為臣子勤勞王事，郎顗謂
四始之缺，《詩》稱「王事靡盬，我心傷悲。」靡盬則有缺限
矣，故以〈四牡〉為始。此如《易》之有〈蒙〉，所以擊蒙禦
寇也。「四始」專論木、火、金、水之始，別有取義，非〈關
雎〉、〈鹿鳴〉、〈文王〉、〈清廟〉，各舉首篇之謂也。[45]

迮氏所言，若據漢儒說詩「引詩斷章」之慣例，乃近其實，顯然較
陳喬樅之說為長也。孔廣森則以律說之，云：

始際之義，蓋生於律。〈大明〉在亥者，應鍾為均也；〈四牡〉、
大簇為均，〈天保〉、夾鍾為均，〈嘉魚〉、仲呂為均，〈采
芑〉、蕤賓為均，〈鴻雁〉、夷則為均，〈祈父〉、南呂為均。
漢初古樂未湮者如此。故翼奉曰：「詩之為學，情性而已。五
性不相害，六情更興廢，觀性以歷，觀情以律。」[46]

此證以陰陽家以五音配四時，四時散而為十二律，以配十二月，則
「四始」、「五際」為歷律相配之學也。《漢書·律歷志》著「推
歷生律」之理，云：

五聲之本，生於黃鍾之律。九寸為宮，或損或益，以定商、角、
徵、羽。九六相生，陰陽之應也。律十有二，陽六為律，陰六
為呂。……至治之世，天地之氣合以生風；天地之風氣正，十
二律定。黃鍾：黃者，中之色，君之服也；鍾者，種也。天之
中數五，五為聲，聲上宮，五聲莫大焉。地之中數六，六為律，

---

45 見《齊詩翼氏學》一，「〈文王〉、〈鹿鳴〉不為始解」頁 4691，《皇清經解續編》
卷八百四十八，漢京文化事業公司。
46 見《經學卮言》「十月之交朔日辛卯」條，頁 15300，《皇清經解》卷七百一十三，
漢京文化事業公司。

律有形有色，色上黃，五色莫盛焉。故陽氣施種於黃泉，孳萌萬物，為六氣元也。以黃色名元氣律者，著宮聲也。宮以九唱六，變動不居，周流六虛；始於子，在十一月。大呂：呂，旅也，言陰大，旅助黃鐘宣氣而牙物也；位於丑，在十二月。太族：族，奏也，言陽氣大，奏地而達物也；位於寅，在正月。夾鐘，言陰夾助太族宣四方之氣而出種物也；位於卯，在二月。姑洗：洗，絜也，言陽氣洗物辜絜之也；位於辰，在三月。中呂，言微陰始起未成，著於其中旅助姑洗宣氣齊物也；位於巳，在四月。蕤賓：蕤，繼也；賓，導也，言陽始導陰氣使繼養物也；位於午，在五月。林鐘：林，君也，言陰氣受任，助蕤賓君主種物使長大楙盛也；位於未，在六月。夷則：則，法也，言陽氣正法度而使陰氣夷當傷之物也；位於申，在七月。南呂：南，任也，言陰氣旅助夷則任成萬物也；位於酉，在八月。亡射：射，厭也，言陽氣究物而使陰氣畢剝落之，終而復始，亡厭已也；位於戌，在九月。應鐘，言陰氣應亡射，該臧萬物而雜陽閡種也；位於亥，在十月。[47]

如此，則〈大明〉在亥，為水行之始，其律中應鐘，以應鐘為韻也；〈四牡〉在寅，為木行之始，律中太族，以太族為韻也；〈嘉魚〉在巳，為火行之始，其律中中呂，以中呂為韻也；〈鴻雁〉在申，為金行之始，其律中夷則，以夷則為韻也。皆誠如迂氏所言。魏源《詩古微》宗迂氏之說，而推演之云：

漢時古樂未演，故習詩者多通樂。此蓋以詩配樂，三篇一始，亦樂章之古法，特又以律配歷，分屬十二支而四之，以為四始，與三期之說相次。如〈大明〉在亥為水始，則知〈文王〉為亥

---

47 見《漢書》卷二一上，頁255，鼎文書局。

孟，〈緜〉為亥季；〈四牡〉在寅為木始，則知〈鹿鳴〉為寅
孟，〈皇皇者華〉為寅季；〈嘉魚〉在巳為火始，則知〈魚麗〉
為巳孟，〈南山有臺〉為巳季；〈鴻雁〉在申為金始，則知〈吉
日〉為申孟，〈庭燎〉為申季。其舉中以統孟、季者，猶〈關
雎〉以首篇統次三也。

如魏源之說，以「三期」說考之，〈文王〉為亥孟，則〈大明〉為
亥仲，與前述郎顗「高祖起亥仲之十年」之說相合。由此知，齊《詩》
學者以高祖之起義覆秦，比擬於武王之革命克商，即〈大明〉詩所
云：「肆伐大商，會朝清明。」也。

今更以翼奉之《詩》學淵源考察之，齊《詩》與禮之師承同為后
蒼；而《漢書》本傳稱其「好律歷陰陽之占。」則知翼氏以律歷陰
陽之學結合《詩》說也。又《春秋傳》稱〈文王〉、〈大明〉、〈緜〉
為兩君相見之樂；《儀禮・鄉飲酒》之升歌，用〈小雅〉〈鹿鳴〉、
〈四牡〉、〈皇皇者華〉，笙奏用〈南陔〉、〈白華〉、〈華黍〉，
間歌以〈小雅〉〈魚麗〉、〈南有嘉魚〉、〈南山有臺〉，奏〈由
庚〉、〈崇丘〉、〈由儀〉等，皆三篇為一終，知其為古樂歌詩之
法。然則，齊《詩》即是據此古樂之法，附以陰陽律歷之學，故有
此與其他三家不同之「四始」說也。《詩緯・推度災》云：「〈四
牡〉，草木萌生，發春近氣，役動下民。」宋均注云：「大夫乘四
牡行役，倦不得已，亦如正月物動不止，故以篇繫此時也。」故〈四
牡〉在寅，為火始也；又云：「立火於〈嘉魚〉，萬物成文。」宋
均注云：「立火立夏，火用事成文。時物鮮潔，有文飾也。」故〈嘉
魚〉在巳，為火始也；又云：「金立於〈鴻雁〉，陰氣殺，草木改。」
言立秋，金用事也[48]，故〈鴻雁〉在申，金始也；又云：「水立氣周，

---

48 見《詩推度災》，宋均《注》，P.477，《緯書集成》。

剛柔戰德。」謂〈大明〉當歲周而復始，立多水德始用事也[49]。至於郎顗所謂「四始之缺」者，當據迁鶴壽以〈大明〉當爲水始而不以〈文王〉，〈四牡〉爲木始而不以〈鹿鳴〉，〈嘉魚〉爲火始而不以〈南山有臺〉。所以然者，《詩緯汎歷災》云：「凡推其數，皆從亥之仲起，此天地所定位。陰陽氣周而復始，萬物死而復蘇，大統之始，故王命一節，爲之十歲也。」[50]蓋推數

附圖（三） 齊詩四始圖：

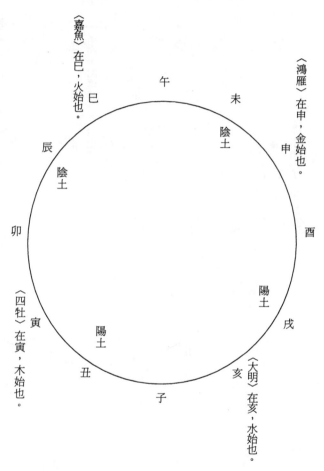

之法，由亥仲起，以詩篇配律，「〈大明〉在亥，水始也。」則缺〈文王〉一篇；「〈四牡〉在寅，木始也。」缺〈鹿鳴〉，故謂「四始之缺」也。

---

49 宋均注云：「氣周者，周亥復本元也。剛柔猶陰陽，言相薄者也。」同上註。
50 《緯書集成》，頁480，河北人民出版社。

附圖（四） 齊詩五際圖

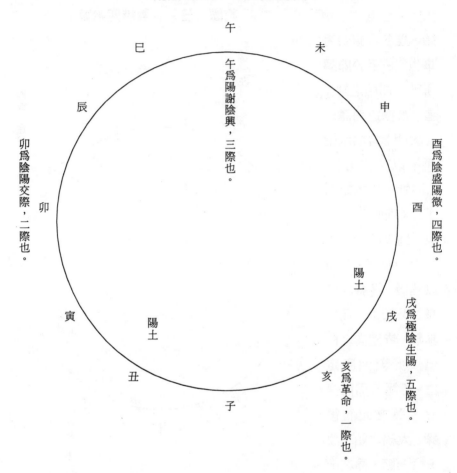

三、齊詩之「五際」

翼奉之〈封事〉云：「《詩》有五際。」孟康《漢書·注》云：「《詩內傳》曰：『五際，卯、酉、午、戌、亥也。陰陽終始際會

之歲，於此則有變改之政也。』」[51]按以荀悅《前漢紀》，謂轅固作《詩內外傳》[52]，則孟康注《漢書》所引《詩內傳》即齊詩之內傳，可證翼氏「四始五際」之說，乃本諸齊詩之內傳也。而《詩緯‧氾歷樞》云：「午亥之際爲革命，卯酉之際爲改政。辰在天門，出入候聽。卯，〈天保〉也；酉，〈祈父〉也；午，〈采芑〉也；亥，〈大明〉也。然則，亥爲革命，一際也；亥又爲天門，出入候聽，二際也；卯爲陰陽交際，三際也；午爲陽謝陰興，四際也；酉爲陰盛陽微，五際也。」《詩緯‧氾歷樞》言「午、亥、卯、酉、辰」爲五際，其所舉之詩篇則僅有四，以此知《詩緯》有佚句也。迮鶴壽氏論之云：

今案：《詩緯》上言午、亥、卯、酉、辰爲五際，下舉〈天保〉、〈祈父〉、〈采芑〉、〈大明〉四篇以釋卯、酉、午、亥，必有「辰某篇也」一句，故鄭氏解之曰：「然則亥爲革命，一際也；辰爲天門，出入候聽，二際也。」自傳寫者佚去「辰某篇也」一句，後人見卯、酉、午、亥止有四詩，不及辰，因改云「亥又爲天門，出入候聽」。歷家有歲星跳辰之法，服虔所謂「龍度天門也」。歲星爲龍，辰爲天門。《詩緯》「辰在天門」之語，蓋取諸此。今改爲「亥爲天門」，何所取義乎？亥本一際，安得分爲二際？且《六藝論》上文明引《氾歷樞》云「辰在天門」，而下文忽云「亥爲天門」，亦不應如是之矛盾也。[53]

---

51 應劭注「《詩》有五際」，云：「君臣、父子、兄弟、夫婦、朋友也。」與孟康《注》絕大不同者，見東漢之末，齊詩「五際」說已爲當時所不解者矣。

52 《前漢紀》卷二十五：「《詩》，始自魯申公作《古訓》；燕人韓嬰爲文帝博士，作《詩外傳》；齊人轅固生爲景帝博士，亦作《詩外、內傳》，由是有魯韓齊之學。趙人有毛爲河間獻王博士，作《詩外傳》，謂得子夏所傳，由是爲《毛詩》，立於學官。」頁246，臺灣商務印書館。

53 見《齊詩翼氏學》〈詩緯有佚句辨〉，頁4707，漢京文化事業公司。

迮氏以爲，歷家原有跳辰之法[54]，而《詩緯‧氾歷樞》有佚句，後人不知辰當某篇，遂以亥兼二際，益增「五際」之艱澀難解也。程瑤田氏云：

> 《緯》言「辰在天門」，今曰「亥爲天門」，疑不能明。及考《後漢書‧郎顗傳》，順帝時災異屢見，公車徵顗；顗條〈便宜七事〉，其第七事中引《詩‧氾歷樞》曰：「卯、酉爲政，午、亥爲革命；神在天門，出入候聽。言神在戌、亥司候。」宋均《注》云：「神陽氣，君象也。天門，戌、亥之間，乾所據也。」據此，始與孔氏所釋相應。今孔《疏》所引《詩緯》，恐後人據轉寫訛本而改之。吾疑王氏所採已是僞本[55]，故不引孔氏「亥爲天門」云云，以亥之與辰兩不相應，而不知其「辰」爲「神」字之訛也。卯爲「改正」，亦當爲「革正」之訛。〈郎顗傳〉所說甚明，而宋均之《注》尤顯。又按：《河圖括地象》：「西北爲天門」，楊炯〈少姨廟碑〉：「崑崙，西北之地，天門也。」亦可與「天門乾所據」之說相發明。且〈翼奉傳〉注，孟康曰：「《韓詩外傳》云：『五際，卯、酉、午、戌、亥也。陰陽終始之際會之歲。』」於卯、酉、午、亥外，加戌以定之，是又與「天門戌、亥」之說吻合。[56]

---

54 《左傳》僖公五年：「八月甲午，晉侯圍上陽。問於卜偃曰：『吾其濟乎？』對曰：『克之。』公曰：『何時？』對曰：『童謠云：丙之晨，龍尾伏辰。均服振振，取虢之旂。鶉之賁賁，天策焞焞。火中成軍，虢公其奔。』其九月、十月之交乎？丙子旦，日在尾，月在策，鶉火中，必是時也。」晉滅虢，在僖公五年多十二月丙子，當夏之十月。杜《注》云：「龍尾，尾星也。日月之會曰辰。日在尾，故尾星不見。」又云：「以星驗之，知九月、十月之交，謂夏之九月、十月也。交，晦朔交會。」《春秋左傳正義》卷十二，頁208，東昇出版事業公司。九月、十月之交，乃戌亥之間，本是天門所在，今龍銜火精往照之，即是「跳辰」也。

55 程瑤田此說本於王應麟《困學紀聞》「詩緯言四始五際」一條而發。

56 見王應麟《困學紀聞》卷三，翁元圻據〈三箋本附程瑤田云〉，中華書局聚珍倣宋版印。翁元圻云：「程說甚塞。……《韓說外傳》當改《內傳》。」今按：翁說亦有誤，《韓詩外傳》當改《齊詩內傳》也。

　　按：程瑤田氏之說甚覈，當是迮氏所本。[57]然則，是《詩緯》改齊詩之「戌際」爲「辰際」明矣。[58]其所以改之者，迮氏云：

> 其所以得改者，亥爲陽水，卯爲陰木，午爲陰火，酉爲陰金，眾論所同，不能改易。獨土行，翼氏以丑爲陽，辰爲陰；《詩緯》以丑爲陰，辰爲陽。丑爲陰土，不得爲際，辰爲陽土，處於戌前，於是改戌際爲辰際，以自異於齊詩焉。哀帝時，尚在戌際。夏賀良等謂漢歷中衰，當更命受，宜急改元易號，乃偽造諸緯以濟其反道惑眾之私。其所以必改者，戌際〈十月之交〉諸詩皆敘災變，不如辰際〈南陔〉諸詩歌詠太平，可以援引爲符瑞，乃取「辰爲天門」一語附會之，而以「卯、酉、午、亥、辰」爲五際，與齊詩名同而實異矣。[59]

故是齊詩「五際」之說本已費解，加以《詩緯》之改動，更難爲人知矣。然據翼奉之〈封事〉云：「臣奉竊學《齊詩》，聞五際之要〈十月之交〉篇，知日蝕地震之效昭然可明。」云云，則《齊詩內傳》以戌爲一際，爲明白可驗也。蓋齊詩之「四始」仿天道四時之

---

57 程瑤田，安徽歙縣人，清世宗雍正三年－仁宗嘉慶十九年（1725-1814）；迮鶴壽，江蘇吳江人，清高宗乾隆三十八年生，卒年不詳（1773-）。見姜亮夫《歷代人物年里碑傳綜表》。

58 《詩含神霧》云：「天不足西北，無有陰陽消息，故有龍銜精以往照天門之中。」頁459，《緯書集成》河北人民出版社。此是服虔所本。按：天門爲西北，戌亥之位。龍，歲星，歲星，木也。木爲青龍，東方爲青龍之象。《春秋左傳正義》，孔穎達於「蛇乘龍」句下疏云：「《傳》言『蛇乘龍』，龍即歲星也。歲星，木精，木位在東方，東方之宿爲青龍之象，故歲星亦以龍爲名焉。龍行疾而失次，出於虛、危宿下，而蛇在上，是龍爲蛇所乘也。」頁651，東昇事業出版公司。龍在東方，而銜火精以照西北之天門，即服虔所云：「龍度天門」也。西北爲「天門」者，見於《山海經》卷十六，〈大荒西經〉云：「大荒之中，有山名曰月山，天樞也。吳姬，天門，日月所入……下地是生噎，以行日月星辰之次。」又，龍山、豐沮、玉門、方山、常陽之山、大荒之山等，皆日月所入。〈海外北經〉云：「鍾山之神，名曰燭陰。視爲晝，瞑爲夜，吹爲冬，呼爲夏，不飲不食不息，息爲風。」〈大荒北經〉云：「西北海之外，赤水之北，有章尾山。……其瞑乃晦，其視乃明，不食，不寢，不息，風雨是謁，是燭九陰，是謂燭龍。」鍾山即章尾山，燭陰即燭龍，並以西北爲天門也。故郭璞《山海經》〈圖讚〉云：「天缺西北，龍銜火精。氣爲寒暑，眼作昏明。身長千里，可謂至靈。」並見臺灣中華書局《山海經箋疏》。

59 《齊詩翼氏學》卷四，〈改戌際爲辰際解〉，頁4707，漢京文化事業公司。

運行,而有其始;「五際」則是十二辰陰陽晦明之變也。糜文開先生云:

> 文開案:此以一日十二時為例,以言陰陽終始際會,而配以詩篇也。亥終子始,另成一日,而有新命,故亥為革命。卯時日出,夜終畫始,故為陰陽交際。午時日中而昃,陽初謝而陰始興也。酉時日落,陰大盛而陽已微也。〈天保〉之詩曰:「如日之升。」以配卯也;〈祈父〉之詩曰:「胡轉予于恤,靡所止居。」日暮無所止,以配酉也;〈采芑〉之詩曰:「如霆如雷。」雷霆興雨而陽謝,以配午也;〈大明〉之詩曰:「有命自天,命此文王。」以殷周革命配亥也。[60]

按:漢儒之說詩,率「斷章取義」,於一詩中有一二句,則皆藉以申說其所謂之「微言大義」,誠如糜氏所言也。又齊詩五際所以用十二辰者,《漢書·翼奉傳》載:「上以奉為中郎,召問奉:『來者以善日邪時,孰與邪日善時?』奉對曰:『師法用辰不用日。辰為客,時為主人。……』」在此對中,「時」即「日」,「辰」即十二辰[61];故知其占法實以十二辰為主也。然則,「五際」之以一日十二辰,以說明陰陽終始之際會,寧非自然之事乎?

然則,齊詩五際,詩篇則僅舉其四,曰「卯,〈天保〉也。酉,〈祈父〉也。午,〈采芑〉也。亥,〈大明〉也。」[62]是也。前述迮氏謂《詩緯》改《齊詩內傳》之「戌際」為「辰際」,若以十二地

---

60 見糜文開、裴普賢合著《詩經欣賞與研究》(二),〈齊詩學的五際六情〉,頁491,三民書局。迮鶴壽云:「日行一晝夜,分為十二時。亥、子在夜半,水也。寅、卯在昧爽,木也。巳、午在日中,火也。申、酉在日昃,金也。皆一陰一陽相配。辰、戌、丑、未閒於木、火、金、水之間,土也。」頁4708,〈戌丑屬陽解〉。據十二辰之分,以言陰陽終始之際,糜氏說是也。

61 《左傳》襄公二十七年:「十一月、乙亥、朔,日有食之。辰在申,司曆過也。再失閏矣。」孔《疏》云:「斗建從甲至癸十者,謂之日。從子至亥十二者,謂之辰。」頁650,東昇出版事業公司。

62 見〈國風·關雎〉孔《疏》,與王應麟《困學紀聞》卷三。

支配十二月，則〈十月之交〉正當戌、亥之交，為戌之終，亥之始，乃大變改之際也。[63]故據翼氏言「聞五際之要，〈十月之交〉篇」，則戌當為一際明矣。鄭《箋》注〈十月之交〉篇亦云：「日月交會而日食，陰侵陽，臣侵君之象。」而〈十月之交〉詩曰：「百川沸騰，山冢崒崩。高岸為谷，深谷為陵」者，蓋言時處困阨之際，天將有非常之變也。[64]故迮鶴壽〈戌際為十月之交解〉云：

> 緯書出於哀、平之世。卯、酉、午、亥四際襲用齊詩舊說，獨土行一際則改戌為辰，故不云戌際為某篇也。然則戌際究係何篇？嘗據「四始」、「五際」之部分推之[65]，酉為〈祈父〉，自〈祈父〉至〈沔水〉百有十篇。以大數除之，又加小數十篇，方滿酉際一部之數。然酉為陰金，戌為陽土，以陰乘陽，則退一數，自〈鶴鳴〉至〈正月〉止九篇，而其下〈十月之交〉即為戌際也。元帝初元二年，地震。翼奉奏封事曰：「竊學齊詩，聞五際之要，〈十月之交〉篇。」今按：初元二年歲在甲戌，而翼氏引〈十月之交〉，則是篇為戌際明矣。是年二月戊午，地大震於隴西郡，毀落太上廟殿壁木飾，壞敗豲道城郭、官寺、及民室屋，厭殺人眾，山崩地裂，水泉湧出。七月己酉，地復震。《詩》曰：「百川沸騰，山冢崒崩。」此之謂也。[66]

今以翼氏十二支陰陽圖觀之，土周流於木、火、金、水之間，辰、

63　《詩推度災》云：「戌者，滅也，殺也；九月殺極，物皆滅也。亥者，核也，閡也；十月閉藏，萬物皆入核閡。」又云：「戌者滅也，物至是而衰滅也。…亥者荄也，既滅既盡，將復又有始者也。」頁 475-6，《緯書集成》，河北人民出版社。

64　孔穎達《毛詩正義》云：「〈周語〉曰：『幽王三年，西周三川皆震。伯陽父曰：周將亡矣。昔伊洛竭而夏亡，河竭而商亡。今周若二代之季，其川源必塞必竭。夫國必依山川，山崩川竭，亡國之徵。』」又云：「〈推度災〉曰：『百川沸騰，眾陰進；山冢崒崩，人無仰。高岸為谷，賢者退；深谷為陵，小人臨。』是也。」頁 406，東昇出版事業公司。

65　見迮鶴壽〈四始五際分部例〉、〈八部詩篇循環圖〉，頁 4693-5，漢京文化事業公司。

66　〈戌際為十月之交解〉，頁 4692，漢京文化事業公司。

未、戌、丑四者皆居土位，而戌土獨爲一際者。或說「五際」皆以陽始，以陽終；亥爲陽水，故爲始，戌爲陽土，故爲終。然翼氏既以戌、丑屬陽土，而丑亦爲陽土，何以不爲一際乎？迮氏云：

> 今案：五際始於亥，亥為陽水，其際為革命。丑為陽土，去革命之時甚近，子為陰水，受制於陽土，不能起而間之，則丑土之於亥水，一氣相承，安得別為一際？唯戌為陽土，居向晦之時，陰氣蒙之，極陰生陽，故獨為一際也。至於辰為陰土，居陰木之後，未為陰土，居陰火之後，以陰承陰，無所變革，其不為際無疑矣。[67]

要之，齊詩以詩篇配歷，藉言災異之應，而存諷諫之微言，此即班固所謂「假經立誼」之意也。齊詩「四始」、「五際」之說，當據翼奉封事之說；至於《詩緯》，則變齊詩舊說，改戌際爲辰際，已失《齊詩內傳》之旨。「五際」以亥始者，「天以一生水」，爲天道之始也；以戌際終者，戌者滅也、殺也，九月殺極，物皆滅也，[68]此乃循環終始必有之理也。《詩緯》舉始而忘終，則失陰陽終始之義矣。故迮氏綜「四始」、「五際」之義云：

> 「五際」必兼「四始」言之。蓋「四始」為之綱，「五際」為之紀也。……四始皆陽，木、火、金、水分布四方，故為「四始」也。土獨無始者，土為五行之君，周流於四者之間，循環無端也。「五際」始終皆陽，中間皆陰，自亥至寅，漸入陽剛；亥為陽水，以一陽起群陰之中，君子所以經綸草昧，開國承家，故亥為一際也。自寅至酉，正在光明，卯為陰木，午為陰火，酉為陰金，其象暗昧，國家於此當有變改之政，故卯、午、酉各為一際也。自酉至戌，漸入陰柔，戌為陽土，以一陽陷群陰

---

67 〈戌土獨爲一際解〉，頁 4692，漢京文化事業公司。
68 見《詩推度災》，頁 475，《緯書集成》，河北人民出版社。

之內，國家於此必有災異之應，故戌為一際也。「四始」起於
亥，天一生水也；「五際」止於戌，天五生土也。[69]

「四始」、「五際」，誠如迕氏所言，乃齊詩學者藉陰陽、五行、
十二支推國家災祥之說也。故《漢書》孟康注「五際」，曰：「陰
陽終始際會之歲，於此則有變改之政也。」而《後漢書》郎顗上書
言「五際之阨」，引《詩緯·氾歷樞》曰：「司候帝王興衰得失，
厥善則昌，厥惡則亡。」蓋天之垂象，則王政符應，如影響然，所
以譴告人君，使責躬修德，正機平衡，而流化以興仁政也。

附圖（五）　翼氏陰陽圖與《詩緯》陰陽圖之比較

A、翼氏陰陽圖

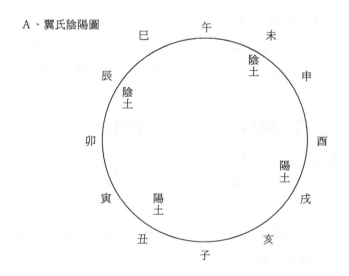

B、《詩緯》陰陽圖

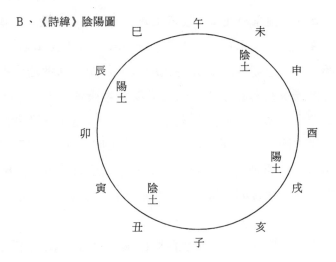

說明：翼氏陰陽圖，土為五行之尊，周流於木、火、金、水之間，其
中亥為陽水，子為陰水，丑為陽土，寅為陽木，卯為陰木，辰為陰
土，巳為陽火，午為陰火，未為陰土，申為陽金，酉為陰金，戌為陽
土；《詩緯》改辰為陽土，而以辰為一際。

四、齊詩之「五性」、「六情」

翼奉之上〈封事〉曰：

> 故《詩》之為學，情性而已。五性不相害，六情更興廢。觀性
> 以歷，觀情以律，明主所宜獨用，難與二人共也。故曰：「顯
> 諸仁，藏諸用。」露之則不神，獨行則自然矣。唯奉能用之，
> 學者莫能行。

據此可見，翼氏「五性」、「六情」之《詩》學，實為祕術，非當
時學者所能盡知也[70]。「五性」，據《漢書》張晏〈注〉云：「性，

---

[70] 蒙文通《經學抉原·內學》云：「漢師傳經，雖並傳災異五行之說，經則遍授弟子，
災變實不以遍授弟子。故仲舒箸論，呂步舒不知其師書，以為大愚，此固內學之名所
由立也。翼奉好律曆陰陽，同門之匡衡、蕭望之，不必曉律曆陰陽。李尋獨好『洪範

謂五行也。歷，謂日也。」而晉灼曰：「翼氏『五性』：肝性靜，靜行仁，甲己主之；心性躁，躁行禮，丙辛主之；脾性力，力行信，戊癸主之；肺性堅，堅行義，乙庚主之；腎性智，智行敬，丁壬主之。」「六情」者，張晏云：「情謂六情，廉貞、寬大、公正、姦邪、陰賊、貪狼也。律，十二律也。」知翼氏所謂「五性」、「六情」，皆陰陽歷律之學也。

　　今按：翼奉以「聽言」爲君主知下之術，實陰陽家之舊說。《呂氏春秋・序意》篇云：

> 凡十二紀者，所以紀治亂存亡也，所以知壽夭吉凶也。上揆之天，下驗之地，中審之人，若此則是非、可不可，無所遁矣。

> 天曰順，順維生；地曰固，固維寧；人曰信，信維聽。

言人主之治人，在於「聽言」也。同書〈聽言〉篇亦云：

> 聽言不可不察，不察則善、不善不分；善、不善不分，亂莫大焉。

而〈謹聽〉篇則云：

> 故人主之性，莫過乎所疑，而過於其所不疑；不過乎所不知，而過於其所以知。故雖不疑，雖已知，必察之以法，揆之以量，驗之以數，若此則是非無所失，而舉措無所過矣。

《呂氏春秋》所言，即古代數術家之「聽言之術」；而翼氏之詩學，亦不過就此而發揮而已。故曰：「治道之要務，在知下之邪正。人誠鄉正，雖愚爲用；若乃懷邪，知益爲害。知下之術，在於六情十二律而已。」於此可得翼氏詩學之淵源。又翼氏云：「故《詩》之爲學，情性而已。五性不相害，六情更興廢；觀性以歷，觀情以律。」《漢書》張晏注云：「性謂五行也。歷謂日也。」則其「觀性以歷」

　　五行』，同門之鄭寬中不必傳『洪範五行』。蓋災變章句之說，雖一師傳之，而道究未嘗混也。」頁44-5，臺灣商務印書館。

者，謂以五行配歷，而觀五行於四時、十二月間之消息也。《禮記‧月令》篇以五行配四時，云：

> 春盛德在木，其音角；夏盛德在火，其音徵；秋盛德在金，其音商；冬盛德在水，其音羽；中央土，其音宮。

五行除與四時相配之外，亦與五音相配。而《漢書‧歷律志》所載「推歷生律」之法，則更足以說明「觀情以律」之說，乃是以「十二律配十二月」；「歷」之與「律」乃一體結構之兩面也。蓋自天地言，有「上、下、北、東、南、西」之「六合」[71]；陰陽五行，則有「陽、陰、水、木、火、金」與之相配；自人情言，亦有「好、惡、喜、怒、哀、樂」之「六情」與之相配。以此，五性、六情相配，與其更迭而興廢，就陰陽家之學說言之，乃自然不過之事矣。此一「觀性以歷，觀情以律」之聽言之術，在陰陽家說者言，乃是為人主而設計者。其中「仁」與「義」，屬陰陽說，與先秦儒學言仁義者不同。董仲舒《春秋繁露‧陰陽義》篇云：

> 天亦有喜怒之氣，哀樂之心，與人相副；以類合之，天人一也。春，喜氣也，故生；秋，怒氣也，故殺；夏，樂氣也，故養；冬，哀氣也，故藏。四者，天人同有之，有其理而一用之。與天同者大治，與天異者大亂。故人主之道，莫明於在身之與天同者而用之，使喜怒必當義而出，如寒暑之必當其時乃發也。使德之厚於刑也，如陽之多於陰也。

〈同類相動〉篇則云：

> 天有陰陽，人亦有陰陽。天地之陰氣起，而人之陰氣應之而起；人之陰氣起，而天地之陰氣亦宜應之而起，其道一也。

---

[71] 《山海經》卷六云：「地之所載，六合之間，四海之內，照之以明，經之以星辰，紀之以四時，要之以太歲，神靈所生，其物異形，或夭或壽，唯聖人能通其道。」與翼氏詩學思想類似。臺灣中華書局。

然則，陰陽家所謂「仁義」者，即「陰陽」之謂也。唯有人主「與天同者」，能與天同氣，乃能治天下；若其「與天異者」，則大亂於天下也。《春秋繁露・王道》篇故云：

> 人主之大守，在於謹藏而禁內，使好、惡、喜、怒必當義乃出而未嘗差，如春、秋、冬、夏之未嘗過，可謂參天矣。

此與翼奉所云「明主所宜獨用，難以二人共也。」二者同指也。林金泉先生云：

> 觀情以律，即觀情以十二律也。十二律者：黃鐘、太族、姑洗、蕤賓、夷則、無射六者為陽；大呂、夾鐘、中呂、林鐘、南呂、應鐘六者為陰。陽六為律，陰六為呂，陰陽各六，合為十二。言律不言呂者，陰統於陽，舉六律即賅六呂矣！《五行大義》卷四〈論情性〉，引翼奉曰：「五行在人為性，六律在人為情。」是翼氏以六律應六情也。[72]

由此可知，翼氏之「五性」、「六情」即「五行」、「六律」；而「五行」、「六律」，乃五行十二支相配之學也。「歷」之與「律」在陰陽家說中，實同為一事。

　　由陰陽家學說，以五音、十二律與五行、十二支之相配，於焉有「休王」（消息）之觀念。蓋五行既以循環復始之方式消長，如翼氏「師法用辰不用日」之法言，十二支（辰）即是推五行消長之依據也。《淮南子・天文訓》論五行十二支相刑之說，云：

> 木生於亥，壯於卯，死於未；三辰皆木也。火生於寅，壯於午，死於戌；三辰皆火也。土生於午，壯於戌，死於寅；三辰皆土也。金生於巳，壯於酉，死於丑；三辰皆金也。水生於申，壯於子，死於辰；三辰皆水也。

---

72 見林金泉〈齊詩之三基四始五際六情說探微〉，「六情說探微」一節，成功大學學報第二十卷。

謂五行皆有其「生、壯、死」之歷程也。而《五行大義》論十天干、十二地支之相刑,則曰:

> 日辰支、干之刑,亦有三種; 故天、地、人之刑,其揆一也。三種者:一、支自相刑;二、支刑在干;三、干刑在支。支自相刑者;子刑在卯,卯刑在子;丑刑在戌,戌刑在未,未刑在丑;寅刑在巳,巳刑在申,申刑在寅;辰、午、酉、亥各自刑。《漢書》翼奉奏封事曰:「木落歸本。」,故亥、卯、未,木之位,刑在北方。亥自刑。卯刑在子,未刑在丑,水流向末,故申、子、辰,水之位,刑在東方。申刑在寅,子刑在卯,辰自刑,金剛火強,各還其鄉,故巳、酉、丑,金之位,刑在西方。巳刑在申,酉自刑。丑刑在戌,寅、午、戌,火之位,刑在南方。寅刑在巳,午自刑,戌刑在未。干刑支者,寅刑在庚,卯刑在辛,辰刑在甲,巳刑在癸,午刑在壬,未刑在乙,酉刑在丁,戌刑在甲,亥刑在己,子刑在戊,丑刑在乙。支刑干者:甲刑在申,乙刑在酉,丙刑在子,丁刑在亥,戊刑在寅,己刑在卯,庚刑在午,辛刑在巳,壬刑在辰、戌,癸刑在丑、未。此並以所勝為刑也。凡卜筮所用,遇刑非善;然所求之事,非刑不獲。

此言就五行「相勝」義言,天干與地支,有「干刑支」者、有「支刑干」者、亦有「支自刑」者三種。而翼氏「五性」、「六性」之說,即此「五行」與「十二支」相刑之理論。《漢書》翼氏之〈封事〉曰:

> 知下之術,在於六情、十二律而已。[73]北方之情,好也;好行

---

[73] 《左傳》昭公二十五年,子大叔對趙簡子之問禮,云:「民有好、惡、喜、怒、哀、樂,生于六氣,是故審則宜類,以制六志。……哀樂不失,乃能協于天地之性,是以長久。」則翼氏 「六情」之說即此「六志」也。頁891,東昇出版事業公司。

貪狼，申、子主之。東方之情，怒也；怒行陰賊，亥、卯主之。貪狼必待陰賊而後動，陰賊必待貪狼而後用，二陰並行，是以王者忌子、卯也。《禮經》避之，《春秋》譏焉。南方之情，惡也；惡行廉貞，寅、午主之。西方之情，喜也；喜行寬大，巳、酉主之。二陽並行，是以王者吉午、酉也。《詩》曰：「吉日庚午。」上方之情，樂也；樂行姦邪，辰、未主之。下方之情，哀也；哀行公正，戌、丑主之。辰、未屬陰，戌、丑屬陽，萬物各以其類應。今陛下明聖，虛靜以待物至，萬事雖眾，何聞而不諭？豈況乎執十二律而御六情！於以知下參實，亦甚優矣，萬不失一，自然之道也。乃正月癸未日加申，有暴風從西南來。未主姦邪，申主貪狼，風以大陰下抵建前，是人主左右邪臣之氣也。平昌侯比三來見臣，皆以正辰加邪時。辰為客，時為主人。以律知人情，王者之祕道也，愚臣誠不敢以語邪人。

由上所引，知翼氏「觀性以歷，觀情以律」之《詩》學，則「五行」、「十二支」相刑之說也。《漢書》孟康注「北方之情，好也」句，云：

北方水，水生於申，盛於子。水性觸地而行，觸物而潤，故多好；好則貪而無厭，故曰貪狼也。

按：《尚書·洪範》篇云：「五行：一曰水。……水曰潤下。」即孟康「水性觸地而行，觸物而潤」所本。觀《漢書·五行志》所載，漢儒論「五行」之性，皆用「推跡」之法，學者固可由《漢書·五行志》得悉究竟也。

「東方之情，怒也」者，孟康云：

東方木，木生於亥，盛於卯。木性受水而生，貫地而出，故曰怒；以陰氣賊害物，故為陰賊。

「南方之情，惡也」者，孟氏云：

> 南方火，火生於寅，盛於午。火性炎猛，無所加受，故為惡；
> 其氣精專嚴整，故為廉貞。

「西方之情，喜也」者，孟氏曰：

> 西方金，金生於巳，盛於酉。金之為物，喜以利刃加於萬物，
> 故為喜；利刃所加，無不寬大，故曰寬大也。

就上所述，與「五行」「十二支」相刑之說相合。又謂「上方之情，樂也」者，孟氏云：

> 上方，謂北與東也。陽氣所萌生，故為上。辰，窮水也；未，
> 窮木也。

並引《翼氏風角》云：

> 木落歸本，水流歸末。故木利在亥，水利在辰，盛衰各得其所，
> 故樂也。水窮，則無隙不入；木上出，窮則旁行，故為姦邪。

以此見「推跡」法，乃《呂氏春秋·應同》篇之同類相應，所謂「理有必至，情所同然」者是也。今以「辰為窮水」一句說，五行與十二支之相刑，「水生於申，壯於子，死於辰」，故辰為窮水也。而「未為窮木」者，以「木生於亥，壯於卯，死於未」，故未為窮木也。蓋由北之東，即由亥之卯，木氣漸盛，水氣漸衰，故曰「盛衰各得其所。」義則瞭然矣。

又「下方之情，哀也」者，孟氏云：

> 下方，謂南與西也。陰氣所萌生，故為下。戌，窮火也；丑，
> 窮金也。

並引《翼氏風角》曰：

> 金剛火強，各歸其鄉（嚮），故火刑於午，金刑於酉；酉、午，
> 金、火之盛也。盛時而受刑，至窮無所歸，故曰哀也。火性無
> 所私，金性方剛，故曰公正。

蓋方位之南與西，於五行為火與金，於四時為夏與秋；夏、秋之際

陰氣始生，故受陰之刑。火以死於戌，故爲窮火；金則死於丑，故爲窮金。火盛於午，金盛於酉，皆以盛時而受刑，至窮無所歸，故爲「哀」也。

由此更可證，翼氏「觀性以歷，觀情以律」說，所謂之「性」者，乃五行之性也，以五行配在四時、十二月，故曰「觀性以歷」；而其所謂之「情」，則是「五行十二支相刑」之謂也。因「五行」、「十二律」之情猶如人之情，天、人一也，故推五行、十二律之情，可以知人之情；而知人之情，即是「知下之術」。故翼氏〈封事〉云：「今陛下明聖，虛靜以待物至。萬事雖眾，何聞而不諭？豈況乎執十二律而御六情！於以知下參實，亦甚優矣，萬不失一，自然之道也。」之言，得以瞭然無隱矣。

　　然而，翼氏〈封事〉言：「以律知人情，王者之秘道。」又謂：「明主所宜獨用，難與二人共也。……露之則不神，獨行則自然。」乃謂人主可藉陰陽歷律之學，得「知下之術」；唯此術人主獨得而用之，不得使臣下者知悉，故是一「祕術」。此一祕術與燕、齊方士說秦始皇者爲同類；然此術當時僅翼氏一人能用，學者皆莫能行也。

關於翼氏「情性」之說，陳喬樅云：

> 樅謂：人爲陰陽之精；情性者，人所稟天地、陰陽之氣也。觀性以歷，歷居陽而治陰；觀情以律，律居陰而治陽。律歷相迭而治也，其間不容髮。此聖人所以統天地之心，著善惡之歸，明吉凶之分，通人道之正也。[74]

此對於翼氏「觀性以歷，觀情以律」之說，言者是矣。然則，據翼氏說，此知下之術既爲人主所爲獨用，其術之效應如何，則宜予評

---

74 見《齊詩翼氏學疏證》卷一，頁 4711，《皇清經解續編》卷千百七十六，漢京文化事業公司。

驗也。《漢書·眭、兩夏侯、京、翼、李傳》，班固〈贊〉云：

> 漢興，推陰陽、言災異者，孝武時有董仲舒、夏侯始昌，昭、
> 宣時則眭孟、夏侯勝，元、成則京房、翼奉、劉向、谷永，哀、
> 平則李尋、田終術。此其納說時君著明者也。察其所言，仿佛
> 一端。假經設誼，依託象類，或不免乎「億則屢中」。

顏師古注「億則屢中」句，云：

> 言仲舒等億度，所言既多，故時有中者耳，非必道術皆通明也。

顏說是矣。漢儒推陰陽、言災異，即是其「通經致用」之一端，然
能否得其「效驗」，則與其理論爲不同之事。本章之目的僅在抉出
其學說之真象，與論述其理論而已；對於其「效驗性」，則不能決
斷其果爲如何也。然則，言翼氏之《詩》學，必歸至陰陽歷律，「三
期」、「四始」、「五際」、「六情」皆然。故若以儒者之舊說，
而不論以陰陽，則必失其本旨。如糜文開先生云：

> 詩含五際、六情者，興、觀、群、怨之謂也。觀與群，所以察
> 風俗而正人倫，故五際即五倫也；興與怨，所以抒哀怨而正性
> 情，故六情乃喜、怒、哀、樂、好、惡，析情為六，欲其發而
> 皆中節也。齊詩則六情亦與十二支相配，更轉為廉貞、寬大、
> 公正、姦邪、陰賊、貪狼六德。

此說僅得其彷彿，卻不言其所以然之故也。既如前所述，翼奉所謂
「性」者，必爲「五行之德」之義，與儒家「五倫」無關；而其所
謂「六情」者，謂以「十二律」亦即「十二支」以推陰陽五行終始
循環之理，乃是樸素之「機械論」[75]（Mechanism）思想，而非「抒

---

[75]「機械論」爲哲學上論宇宙現象及其歸趨之一種學說。此種學說之流派有二：一則以
宇宙間有惟一之目的，萬物皆向此目的而活動，此是「目的論」之一派，如古希臘哲
人蘇格拉底、柏拉圖及亞里斯多德，及近代德國哲人萊布尼茲及黑格爾等人所主張
者。二則以因果之機械關係說明宇宙之變化現象，並不認爲變化之發生具有任何之目
的，此是「機械論」之一派，主張此說者有斯賓諾莎諸人。《劍橋哲學辭典》解釋「目
的論」（teleology）一條云：「哲學的學說，主張自然界的所有事物，或者至少是有

哀怨而正性情一語」可解釋也。糜先生據〈毛詩大序〉解齊詩「情性」之學，不免有張冠李戴之訛，恐已失齊詩之義矣。

意向性的行爲（intentional agents），是目的取向的（goal-directed），或是在功能上是有組織的。柏拉圖首先提出，自然界的結構可以通過這樣的方式去理解，也就是把它比擬爲一個有意向性的行爲者之行爲，即『外在的目的論』（external teleology）。亞里斯多德賦予自然本身以目的，即『內在的目的論』（internal teleology），每種東西具有它自身的最終原因，而實體（entities）是如此地構成，以至於它們傾向於實現這個目標。……達爾文以非目的論的方式，去解釋生物的目的論特徵；演化過程本身並非有目的的，它導致了有機的組織系統和有目的的行爲者。」則柏拉圖、亞里斯多德屬於主張「目的論」者，達爾文則爲「機械論」者也。見《劍橋哲學辭典》，英文版羅伯特·奧迪（Robert Audi）主編，中文版審訂召集人林正弘，貓頭鷹出版社。陰陽家以天地之發生本於元，分爲陰陽，列於四時，布於五行，終始而循環，就陰陽之消息，五德之轉移言之，宇宙一切現象之變化，皆陰陽五行之應，終始而循環之，雖不言其目的爲何，近乎「機械論」之一種；然而司馬遷《史記·孟荀列傳》言鄒衍之學，「其要歸於仁義、節儉」，既有所歸，則是近於「目的論」也。

附圖（六）　翼氏詩說五性六情圖

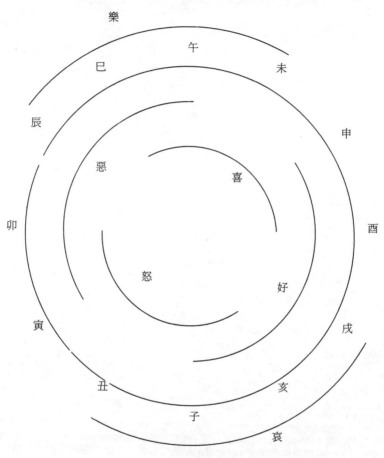

北方之情好也，申子主之。
東方之情怒也，亥卯主之。
南方之情惡也，寅午主之。
西方之情惡也，巳酉主之。
上方之情喜也，辰未主之。
下方之情樂也，戌丑主之。

第三節 齊詩之詩篇配律及其他問題

　　齊《詩》之篇名、章數、句數等與今本《毛詩》微有差異。如〈齊風·還〉篇，齊詩作〈營〉，《漢書·地理志》云：「臨甾名營丘，故《齊詩》曰：『子之營兮，遭我乎嶩之間兮。』又曰：『俟我於著乎而。』此亦其舒緩之體也。」[76]〈小雅·都人士〉首章「狐裘黃黃」句，《禮記》鄭《注》、《左傳》杜《注》皆稱其爲佚詩；而〈周頌·般〉「於繹思」句，亦齊《詩》所無。此因鄭玄注《禮》，在箋《詩》之前；而杜預注《左傳》，所能見者唯《毛詩》耳。又宋王應麟《困學紀聞》引曹粹中《詩說》，以爲齊《詩》國風先〈采蘋〉而後〈草蟲〉；[77]而大、小二故〈雅〉，齊《詩》亦無六篇「笙詩」，皆可證三家詩與今本毛詩之異，故前漢儒者之言《詩經》，皆以三百零五篇爲定本也。此外，鄭箋《毛詩》，以〈十月之交〉、〈雨無正〉、〈小旻〉、〈小宛〉爲屬王時詩，故主張移其次第於〈六月〉之前，蓋因據齊本而有是說也。[78]迮鶴壽云：

> 嘗以「四始」、「五際」之部分核之，若移〈十月之交〉四篇於〈六月〉之前，則〈采芑〉不得爲午際，而〈十月之交〉不得爲戌際矣。若無「笙詩」六篇，則二〈雅〉止百有五篇，亦不滿天地之倍數百有十矣。

迮氏因此主張齊《詩》之篇第與毛詩相同[79]。阮元則謂〈十月之交〉

---

76 見《漢書》卷二十八下，頁 1658，鼎文書局。
77 《困學紀聞》卷三，云：「《詩正義》曰：『《儀禮》歌〈召南〉三篇，越〈草蟲〉而取〈采蘋〉。』蓋〈采蘋〉舊在〈草蟲〉之前。曹氏《詩說》謂齊《詩》先〈采蘋〉而後〈草蟲〉。」臺灣中華書局。
78 詳見迮鶴壽《齊詩翼氏學》卷二，〈齊詩篇第說〉，與拙著《陳壽祺父子三家詩遺說研究》第六章，第五節「以翼氏說考齊詩之次第」；第九章，第三節「〈十月之交〉四篇屬王說」，師大國文研究所集刊第三十號。
79 見《齊詩翼氏學》卷二，〈四始五際分部例〉，頁 4693，漢京文化事業公司。

四篇屬屬王不合者有四，以屬之幽王合者有四。云：

> 兩漢《毛詩》晚出，其說甚孤，公卿大儒多從魯說。今考《毛詩》之合者有四，魯說之不合者有四，試說之：《詩》言：「十月之交，朔月辛卯，日有食之。」交食至梁、隋而漸密；至元而愈精。梁虞廣、隋張冑元、唐傅仁均、一行、元郭守敬，並推定此日食在周幽王六年十月建酉辛卯朔，日入食限，載在史志。今以雍正癸卯上推之，幽王六年十月辛卯朔，正入食限，此合者一也。若屬王在位，有十月辛卯朔日食，緣何自古術家無一人言及？此不合者一也。《詩》：「百川沸騰，山冢崒崩，高岸為谷，深谷為陵。」此災異之大者。《國語》幽王二年，西周三川皆震，岐山崩，十一年幽王乃滅；《史記‧周本紀》載幽王二年事正相同，此合者二也。若屬王在位，殊無此變，《詩》不應誣言百川沸騰諸事，此不合者二也。豔妻實褒姒也。《毛傳》曰：「豔妻，褒姒。美色曰豔。」此受子夏之說，故毅然斷之如此。曰妻者，此詩作於幽王六年未廢申后以前，褒姒尚在御妻之列。且〈正月〉篇曰：「褒姒滅之。」揆之煽處，正復同時；證之《國語》、《史記》、〈大雅〉時事，更眽然可案，其合者三也。若屬王時，惟聞弭謗專利而已；使有豔姓之妻為內寵熾盛如此，《詩‧大雅‧板》、〈蕩〉以及《國語》、周秦諸子史中，不容無一語及之者，此不合者三也。皇父卿士乃南仲之裔孫，周宣王時卿士，命征淮徐者，故〈大雅‧常武〉曰：「王命卿士，南仲大祖，大師皇父。」皇父為老臣，幽王不用之，任尹士為大師卿士，任虢石父為卿，廢申后、去太子宜臼，故詩人雖頌皇父之聖，實怨其安於退居。是尹士、虢石父不在卿士、皇父司徒番諸休退老臣之列，此合者四也。若屬王時，用為卿士專利者，榮夷公也；其為正臣諫王者，召公芮

良夫也，皇父等七人，考之彼時無一驗者，其不合者四也。[80]
阮元所考，一則以日食之事在幽王時，載在史志；二則地震之災在
幽王二年，亦史有明文；三則〈十月之交〉作在申后未廢之前，褒
姒尚在豔妻之列；四則辨幽王之時卿士司徒爲番，四者皆有碻證，
故不許鄭以〈十月之交〉爲厲王時詩，與迋氏之說可爲相互證也。

　　今按：三家詩以三百零五篇爲《詩經》定本，《史記》、《漢書》
所載，皆斑斑可考，六篇「笙詩」皆不在三百篇之中。如《史記‧
孔子世家》云：「三百五篇，孔子皆絃歌之。」太史公所習爲魯詩，
則魯詩以三百五篇爲定本也。《漢書‧藝文志》云：「孔子純取周
詩，上采殷，下取魯，凡三百五篇。」班氏於《詩經》尊崇三家，
是前漢以迄後漢班氏著書，《詩》皆僅三百五篇也。鄭玄注《禮》
在箋《詩》之前，未得《毛傳》，故鄭注〈鄉飲酒禮〉於「奏南陔」
一段之下，云：「奏〈南陔〉、〈白華〉、〈華黍〉，皆〈小雅〉
篇也。今亡，其義未聞。」又云：「〈由庚〉、〈崇丘〉、〈由儀〉，
其義未聞。」是鄭注《儀禮》、《禮記》皆未知六篇「笙詩」之義
也。故《鄭志》答炅模云：「爲《記》注時執就盧君，先師亦然。
然得《毛公傳》既古，書義又宜；然《記》注已行，不復改之。」
是則鄭注《儀禮》、《禮記》二書，所以未聞六篇「笙詩」之義，
可證三家詩原皆無三百十一篇之說也。今更以齊《詩》與禮學之淵
源考之，六篇「笙詩」或因禮家說詩羼入，而爲《毛詩》所採也。
故姚際恆《詩經通論》論此云：

　　　六「笙詩」本不在三百篇中，係作〈序〉者所妄入；既無其詩，
　　　第存其篇名於詩中。古之作樂者取三百篇以爲歌；用其施於鉋
　　　竹諸器者，則準諸律呂別製爲詩，猶漢以下一代皆有樂章也。

<hr/>

80 詳見阮元《揅經室集》一集卷四，〈詩十月之交四篇屬幽王說〉，頁 73，臺灣商務
　印書館。

此六詩者，樂中用以吹笙者也。《儀禮》本文，以〈鹿鳴〉諸詩曰「歌」，以〈南陔〉諸詩曰「樂」；於〈魚麗〉諸詩曰「歌」，以〈由庚〉諸詩曰「笙」，皆可驗。〈郊特牲〉云：「歌者在上，匏竹在下，貴人聲也」，樂以人聲為貴，匏竹為賤；以堂上為貴，堂下為賤。故歌於堂上，用三百篇之詩；笙於堂下，用此六詩。既取其協於律呂以為樂章，且亦不敢襄用三百篇之意也。〈南陔〉三篇則獨奏之，〈由庚〉三篇則閒歌奏之，此《儀禮》用詩之大略也。

姚氏之說，雖未能確證；然六「笙詩」獨存其義於毛氏一家，實為漢代《詩經》學之一異數也。若以齊《詩》與禮學同出之淵源考之，以六篇「笙詩」入《詩經》，姚氏因此疑其出於說禮之家，而為作〈序〉者所採也。姚氏云：

自序詩者又出《儀禮》之後，見《儀禮》此文，遂以為三百篇中所遺者，於是妄以六篇之名入於詩中。見《儀禮》以〈南陔〉、〈白華〉、〈華黍〉於〈鹿鳴〉三篇之後，故以之共為〈鹿鳴之什〉；見《儀禮》間歌，以〈由庚〉、〈崇丘〉、〈由儀〉於〈魚麗〉、〈南有嘉魚〉、〈南山有臺〉之中，故附之於後；既不見笙詩之辭，第據其名妄解其義，以示序存而詩亡。

然則，以六「笙詩」入三百篇零五篇，或禮家用樂說《詩》之故，而終為《毛詩》所採也。故迮鶴壽氏論《齊詩》之篇第云：

至其詩篇之次弟，則與《毛詩》略同。鄭康成謂：「〈十月之交〉、〈雨無正〉、〈小旻〉、〈小宛〉四篇刺屬王詩，漢興之初，師移其弟。」孔穎達謂：「漢世毛學不行。齊、魯、韓三家不知〈笙詩〉六篇亡失，謂唯有三百五篇。」今案：鄭、

孔之說非也。嘗以「四始」、「五際」之部分核之，[81]若移〈十月之交〉四篇於〈六月〉之前，則〈采芑〉不得為午際，而〈十月之交〉不得為戌際矣。若無〈笙詩〉六篇，則二〈雅〉止百有五篇，亦不滿天地之數百有十矣。[82]

迮氏以二〈雅〉詩之篇第，所以配陰陽五行之終始際會，有大數、有小數、有進數、有退數、有奇數，求詩篇之法，核之可得，其「分部」則據《毛詩》篇第，而謂《齊詩》篇第與毛同也。如「凡部內滿大數，百有十篇即除之」條，云：

> 寅、卯、巳、午、申、酉六部是也。「四始」、「五際」配陰陽，陰陽莫大乎天地。天數二十又五，地數三十。凡天地之數五十有五，倍之得百有十。〈大雅〉三十一篇，〈小雅〉八十篇，「四始」、「五際」從〈大明〉起，除〈文王〉一篇。自〈大明〉至〈何草不黃〉，凡百有十篇。此《詩》之篇一大終之數，合天地倍數者也。

按：《易·繫辭上》第九章云：

> 天一，地二；天三，地四；天五，地六；天七，地八；天九，地十。

又云：

> 天數二十有五，地數三十。凡天地之數五十有五，此所以成變化而行鬼神也。……乾之策二百一十有六；坤之策，百四十有四。凡三百有六十，當期之日。二篇之策，萬有一千五百二十，當萬物之數也。

此迮氏所用也。《齊詩》之以《詩》篇配律，其實乃倣《易》家以

---

81 迮氏「四始、五際分部例」見《齊詩翼氏學》卷二，《皇清經解續編》卷八百四十九，漢京文化事業公司。
82 《齊詩翼氏學》卷二，〈齊詩篇第說〉，頁 4693，漢京文化事業公司。

六十四卦值日之法也。《漢書·京房傳》孟康《注》云：

> 分卦直日之法，一爻主一日，六十四卦為三百六十日。餘四卦，
> 〈震〉、〈離〉、〈兌〉、〈坎〉，為方伯監司之官。所以用
> 〈震〉、〈離〉、〈兌〉、〈坎〉者，是二至二分用事之日，
> 又是四時專王之氣。各卦主時，其占法各以其日觀其善惡也。
> 83

據迮氏之說，則齊詩「四始」、「五際」以陰陽之終始際會推度國
家之吉凶休咎；二〈雅〉皆述王者之命運政教，故專用其詩篇，[84]〈風〉
與〈頌〉則不與乎其中也。[85]魯、齊、韓三家與毛篇數不同者，唯「笙
詩」六篇；而此六篇「笙詩」則在二雅之中，則見翼氏與《詩緯》
所用詩篇次第，略同《毛詩》三百十一篇之數，亦以當期之日以占
休咎，其「四始」「五際」八部之濟會，如〈震〉、〈離〉、〈兌〉、
〈坎〉之用事也。

結　語

前漢在武、宣之後，元、成之間，外戚專擅，國庫空虛，時人漸
有厭漢之心，學者常引災異說以儆示漢廷；翼氏亦遂有此充滿陰陽
災異之詩經學也。《詩緯·推度災》云：「卯、酉之際為改正，午、
亥之際為革命」者，蓋謂其時當卯、酉之際，由陽入陰，盛極而衰，
王者所宜自審慎，改政以應天道也。至哀、平之世，緯書繁出。其
時國運之衰已至極，《尚書》學者如李尋、夏賀良之徒，皆藉「漢
曆中衰，當更受命」進說，蓋以午、亥之際，由陽漸入極陰，國勢

---

83 《漢書》卷七十五，頁 843，鼎文書局。
84 《齊詩翼氏學》卷一，〈詩篇專用二雅解〉，頁 4691，漢京文化事業公司。
85 迮氏云：「或謂以全詩三百十一篇入八部內，其大數以三百十篇除之，亦可覼算。此
　　說非也。『四始』、『五際』之詩篇見於《詩緯》者，止有二〈雅〉，不及〈風〉與
　　〈頌〉；即謂三百十篇取全詩之數，亦於陰陽際會之義無涉。」迮氏之說是也。

頹廢，災異薦臻，故言當有新受命之君以承天運也。可見五經之說
雖微有不同，而其言皆相彷彿一端，《詩經》與《尙書》災異之經
說，如出同轍也。[86]顧頡剛謂此時人多造緯說，求漢讓國者是矣。[87]
而王莽適出於其間，遂持符命之言，以行其代漢之謀。則此等陰陽
災異之經學，乃有推波助瀾之力也。

---

86 李尋、夏賀良爲「洪範咎徵」之《尙書》災異學；翼奉爲「四始之缺」、「五際之厄」
　　之《詩經》災異學。迮鶴壽《齊詩翼氏學》卷三，云：「凡遇寅、申、巳、亥爲缺限，
　　郎顗所謂『四始之缺』是也。亥部〈大明〉三十一篇，值三十九歲；寅部〈四牡〉百
　　十五篇，值百二十一歲；巳部〈嘉魚〉百二十篇，值百二十一歲；申部〈鴻雁〉百十
　　五篇，值百二十一歲，其部首皆爲缺限。」又云：「凡遇卯、酉、午、戌、亥爲厄會，
　　郎顗所謂『五際之厄』是也。亥部見上；卯部〈天保〉百二十篇，值百二十二歲；午
　　部〈采芑〉百十四篇，值百二十二歲；酉部〈祈父〉百十九篇，值百二十一歲；戌部
　　〈十月之交〉四十二篇，值四十九歲，其部首皆爲厄會。」頁 4700-4701，漢京文化
　　事業公司
87 見顧頡剛《漢代學術史略》第七章〈災異說和西漢的國運〉頁 29，天山出版社；或
　　同書署名顧銘堅著《秦漢的方士與儒生》頁 29，里仁書局。

附圖（七） 二〈雅〉「八部」詩篇循環圖

抑	蕩	板	民勞	卷阿	泂酌	公劉	假樂	鳧鷖	既醉	行葦	生民	文王有聲	下武	靈臺	皇矣	思齊	旱麓	棫樸	綿	亥部起	大明
吉日	車攻	午部起	采芑	巳部止	六月	菁菁者莪	彤弓	湛露	蓼蕭	由儀	南山有臺	崇邱	巳部起	南有嘉魚	卯部止	由庚	魚麗	華黍	白華	南陔	杕杜
頍弁	鴛鴦	桑扈	裳裳者華	瞻彼洛矣	大田	甫田	信南山	楚茨	鼓鐘	小明	無將大車	北山	四月	大東	蓼莪	谷風	巷伯	何人斯	巧言	小弁	小宛

出車	采薇	卯部起	天保	寅部止	伐木	常棣	皇皇者華	寅部起	四牡	亥部止	鹿鳴	召旻	瞻卬	常武	江漢	韓奕	烝民	崧高	雲漢	桑柔
小旻	雨無正	戍部起	十月之交	酉部止	正月	節南山	無羊	斯干	我行其野	黃鳥	白駒	祈父	鶴鳴	沔水	庭燎	申部起	鴻雁	午部止		
		文王	戍部止	何草不黃	苕之華	漸漸之石	瓠葉	緜蠻	白華	隰桑	黍苗	采綠	都人士	菀柳	角弓	采菽	魚藻	賓之初筵	青蠅	車舝

—— 錄自迮鶴壽《齊詩翼氏學》卷二

說明：1、此圖三層橫列。

2、二〈雅〉之詩百十一篇，分為八部，各從其部首次第循環，數之各滿其部之篇數，以下即為別部。

3、八部推求之法：欲求某部，即從其部首某篇起，次第數之，周歷三層，至其部末某篇止（唯亥部止上上一層，戍部止中、下二層）；亥部得三十一篇，寅、申二部得百十五篇，卯、巳二部得百二十篇，午部得百十四篇，酉部得百十九篇，戍部得四十二篇。

第五章　鄭康成毛詩譜探究

前　言

范曄《後漢書・鄭玄傳・論》云：

> 自秦焚六經，聖文埃滅。漢興，諸儒頗修藝文；及東京，學者
> 亦各名家。而守文之徒，滯固所稟，異端紛紜，互相詭激，遂
> 令經有數家，家有數說，章句多者或乃百餘萬言，學徒勞而少
> 功，後生疑而莫正。鄭玄括囊大典，網羅眾家，刪裁繁誣，刊
> 改漏失，自是學者略知所歸。

范氏於兩京學術繁誣不振之際，推贊鄭玄通經之功，以為孔門弟子
亦無以過者，所論誠中肯綮。蓋兩漢經學由興而盛而衰，與國勢互
為偃仰。自孔壁發藏之後，即有今古文經學之爭，與國祚並其長久。
今古文學者，各自為森嚴之壁壘，並為利祿之爭執，儼然有不並存
之意。因各發奇論，既導學術於迷途，勞瘁學子之精神，弊患逐深
重而難返矣。迨鄭玄出，始旁通六藝，兼綜諸家，不囿於門戶之痼
習，唯真理是尚；一生之中，懷不仕之貞，述先聖之意。遂能整百
家之不齊，使學者知所歸趨，鄭氏之於學術，其勳績由此可見也。

第一節　鄭氏作《毛詩譜》之用意

　　鄭玄生當漢季，其時經學已由盛而衰，學者多不滿經說之細碎，
乃道術既為天下裂之時期；然亦頗有學者碻碻以傳經為業。鄭氏先
則師事京兆第五元先，通《京氏易》、《公羊春秋》、《三統歷》、

九章算術之學；繼而從東郡張恭祖，受《周官》、《禮記》[1]、《左氏春秋》、《韓詩》、《古文尚書》。今觀《後漢書》所錄鄭玄之師承，元先、恭祖[2]，皆今古文同治之學者，然所好者各有所偏，第五元先近於今文之學，張恭祖則精擅於古文，鄭玄皆從之學，求其藝而盡得其所授。至是，覺山東無足問者，乃西入關，事扶風馬融。融頗以古文教授，玄在其門下，三年不得見，唯使高業弟子轉授。玄日夜尋誦，盡得其學；至辭歸之日，融有吾道東去之歎。由是可見，鄭氏之學本不固滯於門戶之見，轉益多師，兼治旁通，得以成其大家也。就《詩經》而言，鄭氏初從張恭祖受韓詩之學，間治魯齊詩之說[3]，後因見毛學審備，為之作《箋》。《六藝論》云：「注詩宗毛為主。毛義若隱略，則更表明；如有不同，更下己意，使可識別也。」[4]由此可知，鄭氏治《詩經》之學，博徵而約言，旁問以廣見，但求詩義之精當，不拘於一家之成言；其注《毛詩》，並非以《毛詩》為古學而特尊，但以其詩義精好故也。其治學態度廓然大公，擇說謹嚴，因此得學者之遵奉，鄭《箋》行而三家之說遂廢矣。

---

1 《鄭學錄》云：「禮，《儀禮》也；記，小戴《記》也。非今稱禮記是一書。」皮錫瑞《經學通論》三，「三禮」云：「三禮之名，起於漢末，在漢初但曰禮而已。漢所謂禮，即今十七篇之《儀禮》，而漢不名『儀禮』，專主經言，則曰《禮經》，合記而言，則曰《禮記》。許慎、盧植所稱《禮記》，皆即《儀禮》與篇中之〈記〉，非今四十九篇之《禮記》也。」意指漢人稱「禮記」者，是合經之《儀禮》與《儀禮》各篇所附之〈記〉，並非今人稱大、小戴《禮記》。

2 《鄭學錄》又云：「元先、恭祖皆其字。二人不專一經，皆通儒也。」

3 陳喬樅《魯詩遺說考》卷一，引《列女傳》一：「《詩》曰：『窈窕淑女，君子好仇』言賢女能為君子和好眾妾也」，云：「此義與《毛傳》異。鄭君《詩箋》云：『言善女能為君子和好眾妾之怨者。』說即本魯詩。據此，知鄭箋《詩》多用魯義，范史特言從張恭祖受《韓詩》，而不知其兼通三家也。」漢京文化事業公司，《皇清經解續編》頁4128。《齊詩遺說考》卷一，「案《詩緯》，……篇目曰『推度災』、曰『氾歷樞』、曰『含神霧』，漢儒翼奉、郎顗之說多出於此，蓋齊詩之學也。鄭君箋《詩》如〈十月之交〉篇，即用其說。」陳奐〈鄭氏箋《詩》徵〉亦云：「鄭康成習《韓詩》，兼通齊、魯，最後治《毛詩》。」見《詩毛氏傳疏》，頁1087，學生書局。

4 《六藝論》已佚，清人有輯本。見王謨《漢魏遺書鈔》，大化書局，頁3816。此據陸德明《經典釋文》引。學海出版社，頁53。

　　鄭康成既爲《毛詩》作《箋》，以爲詩教關繫政治風化，詩之教訓，可復見行於當代也。蓋鄭氏生在漢季國祚將傾、政治紊亂之際，心中恆存惻怛之痛。學術之發闡顯用，求濟世也。因此尙論古人行事，別其善惡，臧之、否之，以作世人之昭鑒。故《詩譜·序》云：

　　　　（孔子）以爲勤民恤功，昭事上帝，則受頌聲，弘福如彼；若
　　　　違而弗用，則被劫殺，大禍如此。吉凶之所由，憂娛之萌漸，
　　　　昭昭在斯，足作後王之鑒，於是止矣。[5]

　　鄭玄之作《毛詩譜》，上推孔子刪正之意，以爲詩有懲勸之用，可以作爲政治之指導。故列敘各詩，繫其世次，闡明大旨，要在其詩之時世與史事結合，藉此臧否人物善惡，作爲教訓，俾後世之昭鑒也。又當時說詩博士務爲怪異詭誕之言，詩義既未精審，研覈之間，又鮮睹終始，多作破碎之語，侈陳之論，講於鄉庠，不能明晰；陳於朝廷，又無煥炳之用。鄭玄痛見此弊，以爲時儒未能深體孔子詩教之義，故述《詩》三百篇，國土之分，世代之次，列其風土與人物史跡交織之脈絡，而作成此《毛詩譜》。

第二節　《毛詩譜》之理論根據

　　鄭氏作《毛詩譜》，制定詩譜之綱理，並發明詩學之理論，其詳見於〈詩譜序〉。《禮記·經解》載孔子曰：「入其國，其教可知也。」[6]言人君爲政之道，須按民之天性，施以六經之教，《詩》教爲溫柔敦厚，《書》教則疏通知遠，《樂》教乃廣博易良，《易》

---

5 《毛詩正義》孔《疏》云：「庶今之明君良臣，欲崇德政治，克稽古於先代，視成敗
　於成事。」是也。
6 《禮記正義》引鄭《目錄》云：「名曰『經解』者，以其記六藝政教之得失也。」又
　云：「孔子曰：『入其國，其教可知也』者，言人君以六經之道，各隨其民教之；民
　從上教，各從六經之性，觀民風俗，則知其教，故云：其教可知也。」頁 845，東昇
　出版事業公司。

教致絜靜精微，《禮》教成恭儉莊敬，《春秋》教可屬辭比事是也。人君能以六經教民，人民從其上教，則成其特殊之風俗；觀其風俗，則知其政治教化之良窳，端視治國者如何施教，以造就其民之政治性格耳。故「魏有儉嗇之俗，唐有殺禮之風，齊有太公之化，衛有康叔之烈」（《毛詩譜・序》）者，皆民服從上教，所造成之風俗也。

　　按：《漢書・地理志》云：「凡民函五常之性，而其剛柔緩急，音聲不同，繫水土之風氣，故謂之風；好惡取舍，動靜亡常，隨君上之情欲，故謂之俗。孔子曰：『移風易俗，莫善於樂。』言聖王在上，統理人倫，必移其本而易其末。此混同天下，一之虖中和，然後王教成也。」班固以為，所謂「風」者，乃人民之天性，與其所處地域攸關；所謂「俗」者，則取決於人君之政治性格。「風」與「俗」交織，乃形成此地之政治環境。故為治者若欲移風易俗，宜行禮樂之教，使民性趨於敦朴，致之中和之道，而後王教乃成也。

　　鄭玄即承此論風俗之意，為〈毛詩譜〉之綱理。云：

　　　欲知源流清濁之所處，則循其上下而省之；欲知風化芳臭氣澤
　　　之所及，則傍行而觀之。此詩之大綱也。

　　鄭玄詩譜之綱理，亦即其治《詩》之方法也。所謂「循其上下而省之」者，即歷史研究法也。故〈毛詩譜〉在十五國風譜，皆顯揚其始封之君，闡明其所造就之人民性格，然後敘有重大影響於其國之繼位之君。如此，讀詩者省其歷史，乃源流清晰，政治教化之道，風俗之清濁，可以明鑒而評騭，於是可得詩之美刺所由。讀詩者若引之為教訓，則詩之教化功能，得以發揮也。所謂「傍行而觀之」者，即地理之研究法也。其法以探論地域間水土之美惡，與其風俗之淳漓關係，以為人君施教，皆須因地定宜，若能探討地理與風俗之關係，則能確定施政治民所遵循之方向，省事而倍功也。

　　鄭玄〈詩譜序〉以爲詩爲言志之作，其所言之志，非個人之囈語，乃是民情反應於政治教化之群體心聲。故「詩言志」者，即《漢書・地理志》所謂，人民秉其剛柔緩急之性，遭遇政治良窳，民生苦樂之情，發爲謳歌吟詠，以反應政教情形也。

　　因此，鄭氏作《毛詩譜》，結合歷史與地理之探討，訂爲詩譜製作之綱理。首則顯其始封之主，次述其繼位之君，所以研究政治與文學之關係；並述各國土地之宜，風俗之美惡，所以探討地理與民情之關係。以此二者交互探究《詩》三百篇，然後見文學爲風化得失之反應，於是其政教決定理論得到照應也。以下析論之。

一、「詩言志」說

　　《毛詩譜・序》云：「〈虞書〉曰：『詩言志，歌永言，聲依永，律和聲。』然則，詩之道放於此乎！」

此處所引「虞書」，指今〈舜典〉。鄭玄自注〈舜典〉此數語云：「詩所以言人之志意也。永，長也。歌又所以長言詩之意，聲之曲折，又長言而爲之。聲中律，乃爲和。」「詩言志」說，爲詩源起之定說，如《莊子・天下》篇云：「詩以道志。」[7]《荀子・儒效》篇云：「詩言是，其志也。」〈樂論〉云：「君子以鐘鼓道志。」[8]是也。即以造字言，「詩」與「志」亦有音近假借之關係，許慎《說文解字》，則徑以「志」字釋「詩」字[9]，其在先秦典籍中，已不乏

7　《莊子・天下》篇：「其於《詩》、《書》、《禮》、《樂》者，鄒魯之士、搢紳先生，多能明之。《詩》以道志，《書》以道事，《禮》以道行，《樂》以道和，《易》以道陰陽，《春秋》以道名分。」《莊子集釋》頁 1067，華正書局。

8　《荀子・儒效》篇：「故《詩》、《書》、《禮》、《樂》之歸是矣。《詩》言是，其志也；《書》言是，其事也；《禮》言是，其行也；《樂》言是，其和也；《春秋》言是，其微也。」《荀子集解》頁 282，藝文印書館。

9　《說文解字》「言部」曰：「詩，志也。」段《注》云：「〈毛詩序〉曰：『詩者，志之所之也。在心爲志，發言爲詩。』」按：許不云『志之所之』，徑云『志也』者，〈序〉析言之，許渾言之也。所以多渾言之者，欲使人因屬以求別也。」頁 91，廣文書局。

其例。又如《左傳》昭公十六年，韓宣子言：「賦不出鄭志」，實即「賦不出鄭詩」之意也。[10]由是可見，「詩」、「志」二文互訓，其義相通。故《毛詩正義》，孔《疏》云：「名為詩者，〈內則〉說負子之禮，云：『詩負之。』《注》云：『詩之言，承也。』《春秋說題辭》云：『在事為詩，未發為謀，恬澹為心，思慮為志。詩之為言，志也。』《詩緯‧含神霧》云：『詩者，持也。』然則，詩有三訓：承也、志也、持也。作者承君政之善惡，述己志而作詩，為詩所以持人之行，使不失墜，故一名而三訓也。」古者作詩，皆當事而作，不務虛誕之言，故詩所以承載政教風化，所謂「持人之行，使不失墜」是也。

按：〈毛詩序〉云：「詩者，志之所之也。在心為志，發言為詩。情動於中，而形於言；言之不足，故嗟嘆之；嗟歎之不足，故永歌之；永歌之不足，不知手之舞之，足之蹈之也。」此論詩起源之理論可謂全備，而於「詩言志」，則未盡其詳。《國語‧周語》邵公之言，則可補充〈大序〉之說：

> 是故為川者決之使導，為民者宣之使言。故天子聽政，使公卿至於列士獻詩，瞽獻曲，史獻書，師箴，瞍賦，矇誦，百工諫，庶人傳語，近臣盡規，親戚補察，瞽、史教誨，耆、艾修之，而後王斟酌焉。是以事行而不悖。[11]

由邵公之言，知「言志」並非指言者苦樂之心，而在疏導民情，補察時政之用，務期達到「君子於是語，於是道古，修身及家，平均天下。」[12]之目的也。《國語‧楚語》則載左史倚相之言，云：

> 昔衛武公年數九十有五矣，猶箴儆於國，曰：「自卿以下至於

---

10 《左傳》宣公十六年，「夏四月，鄭六卿餞宣子於郊。宣子曰：『二三君子，請皆賦，起亦以知鄭志。』……」杜《注》：「詩言志也。」頁828，東昇出版公司。
11 《國語》卷一，「邵公諫厲王弭謗」頁9，宏業書局。
12 《禮記‧樂記》，子夏對魏文侯問樂。見《禮記正義》，頁686，東昇出版事業公司。

師長士，苟在朝者，無謂我老耄而舍我，必恭恪於朝，朝夕以交戒我；聞一二之言，必誦志而納之，以訓導我。」在輿有旅賁之規，位宁有官師之典，倚几有誦訓之諫，居寢有褻御之箴，臨事有瞽史之導，宴居有師工之誦。史不失書，矇不失誦，以訓御之。於是乎作〈懿〉戒以自儆也。[13]

故「詩言志」說，所言之志，非個體苦樂之心，乃群體共通之意。《詩大序》所謂：「上以風化下，下以風刺上。主文而譎諫，言之者無罪，聞之者足以戒。」作詩規箴，以致政教之美，乃爲其目的也。故是《詩》三百篇原爲文學作品，經此致用之解釋，乃發展成爲經學矣。鄭玄爲兩漢經學之集成者，其《詩》學與政教結合，〈詩譜序〉云：「論功頌德，所以將順其美；刺過譏失，所以匡救其惡。各於其黨，則爲法者彰顯，爲戒者著明。」既可見其理論之淵源，亦見其總結前人論詩之意也。

二、審樂可以知政

《左傳》襄公廿九年，載吳公子札觀周樂事。云：

吳公子札來聘。……請觀於周樂。使工爲之歌〈周南〉、〈召南〉。曰：「美哉！始基之矣！猶未也，然勤而不怨。」爲之歌〈邶〉、〈鄘〉、〈衛〉。曰：「美哉！淵乎！憂而不困者也。吾聞衛康叔武公之德如是，是其衛風乎？」爲之歌〈王〉。曰：「美哉！思而不懼，其周之東乎！」爲之歌〈鄭〉。曰：「美哉！其細已甚，民弗堪也。是其先亡乎！」爲之歌〈齊〉。曰：「美哉！泱泱乎大風也哉！表東海者其大公乎？國未可量也。」爲之歌〈豳〉。曰：「美哉！蕩乎！樂而不淫，其周公之東乎！」爲之歌〈秦〉。曰：「此之謂夏聲。夫能夏則大，

13　《國語》卷十七，頁551，宏業書局。

大之至也，其周之舊乎！」為之歌〈魏〉。曰：「美哉！渢渢
乎！大而婉，險而易行。以德輔此，則明主也。」為之歌〈唐〉。
曰：「思深哉！其有陶唐氏之遺民乎？不然，何憂之遠也？非
令德之後，誰能若是？」為之歌〈陳〉。曰：「國無主，其能
久乎？」自鄶以下無譏焉。

季札為吳之賢公子。吳自春秋以來，始與中原來往。今札自吳國遠
來，而能聞諸國之詩，即知其國之政，其事殊可怪焉。若吳國備有
諸國之樂，札幼聽習而熟，故能聞樂知政，則何待聘魯而請觀周樂
乎？況周朝之制，諸侯國唯魯以周公故，而有天子與諸侯國之樂，
他國則無此也。因此，或者季札在吳已熟習諸國之詩，而未能聆其
樂；今得際會，故得聆聽諸國之樂，以證驗所習乎？孔《疏》云：

> 詩人觀時政善惡而發憤作詩。其所作文辭，皆準其樂音，令宮
> 商相和使成歌曲；樂人采其詩辭以為樂章，述其詩之本音以為
> 樂之定聲。其聲既定，其法可傳，雖多歷年世，而其音不改。
> 今此為季札歌者，各依其本國歌所常用聲曲也。由其各有聲
> 曲，故季札聽而識之。言本國者，變風諸國之音各異也。

孔氏之意，以為季札歌者，皆取各國所常用聲曲以歌詩，即取各國
歌謠腔調，剛柔緩急之間，皆留有原國地域風味。故季札觀周樂，
在樂工歌樂之後，即能準確言其國人民性格與政治情操，即因其人
民性格之表現於謳歌，亦能準確無誤也。今以季札觀樂，能以音聲
度各國之政德，亦有可說也。如其美〈周南〉、〈召南〉，曰：「始
基之矣！」蓋以二〈南〉為周樂之始，作於文、武之際，然猶未得
天下而立政，故有「勤而不怨」之德也。〈邶〉、〈鄘〉、〈衛〉
詩多憂患之辭，樂音深沉，故謂其憂而不困也，此與衛康叔始封，
承三監之亂之政符合。〈王〉風憂國之思，與王室東遷若符其節。
鄭介於晉、楚之間，小國而事大國，動輒得咎，若無明輔，則民將

致散亡，有先亡之兆也。齊處富庶之境，有泱泱大國之風。豳爲周
公舊封，久沐教化，故其詩廣大雍容，康樂而不荒。秦在宗周舊地，
雜以胡俗，民尙勇健，樂音有大夏之度。魏處西河之地，君以節儉
爲德，故樂風儉嗇刻削。唐爲堯舜古國，其民計慮深遠，詩有憂深
之語。總其所述，則季札觀樂之時，皆就樂音論各國政治民情，而
總言之也[14]。是故樂與政合，二者互爲決定，審樂可知政，聲音之道
與政相通也。《禮記・樂記》云：

> 樂者，音之所由生也。其本在人心之感於物也，是故其哀心感
> 者，其聲噍以殺；其樂心感者，其聲嘽以緩；其喜心感者，其
> 聲發以散；其怒心感者，其聲麤以厲；其敬心感者，其聲直以
> 廉；其愛心感者，其聲柔以和。六者非性也，感於物而后動。
> 是故先王愼所以感之者。故禮以道其志，樂以和其聲，政以一
> 其行，刑以防其姦；禮樂刑政，其極一也，所以同出民心，而
> 出治道也。[15]

此言樂由音生，音由人心感哀、樂、喜、怒、敬、愛諸情而生；而
哀、樂、喜、怒、敬、愛乃生於政教之結果也。故云：

> 是故審聲以知音，審音以知樂，審樂以知政，而治道備矣。

由於樂可感人心，人心既感，將發爲行事而顯其作用，故古聖先王
皆愼其所感，以利於施政教化。其施教步驟，則取「禮」、「樂」、
「刑」、「政」並行，故云：「禮以道其志，樂以和其聲，政以一
其行，刑以防其姦。」四者並行，而治道備矣。故〈詩大序〉云：

---

14 《左傳》季札觀周樂，屢歎「美哉！」杜《注》云：「美其聲。」孔《疏》云：「先
　儒以爲季札所言，觀其詩辭而知，故杜顯而異之。季札所云美哉者，皆美其聲也。〈詩
　序〉稱：詩者，志之所之也。在心爲志，發言爲詩。情動於中，而形於言；言之不足，
　故嗟歎之；長歌以中意也。及其八音俱作，取詩爲章，則人之情意更復發見於樂之音
　聲。出言爲詩，各述己情；聲能寫情，情皆可見。聽音而知治亂，觀樂而曉盛衰，神
　瞽、大賢，師曠、季札之徒，其當有以知其趣也。」《左傳正義》頁668，東昇出版
　事業公司。
15 《史記・樂書》所引，與〈樂記〉文同。見頁307，鼎文書局。

> 情發於聲，聲成文，謂之音。治世之音安以樂，其政和；亂世
> 之音怨以怒，其政乖；亡國之音哀以思，其民困。……先王以
> 是經夫婦，成孝敬，厚人倫，美教化，移風俗。

以「審樂而知政」，知聲音之道，與政相通。爲政者慎民所感之外，
當檢束行爲，慎其治道；否則將政散民流，誣上行私，則有「亂世
之音」、「亡國之音」出現，而亂彌流而不可止矣。故鄭玄申〈毛
詩序〉之說，云：

> 文、武之德，光熙前緒，以集大命於厥身，遂為天下父母，使
> 民有政、有居。其時詩〈風〉有〈周南〉、〈召南〉，〈雅〉
> 有〈鹿鳴〉、〈文王〉之屬。及成王、周公，致太平，制禮作
> 樂，而有〈頌〉聲興焉，盛之至也。

又云：

> 自是而下，厲也，幽也，政教尤衰，周室大壞。〈十月之交〉、
> 〈民勞〉、〈板〉、〈蕩〉，勃爾俱作，眾國紛然，刺怨相尋。

凡此，皆以國之興盛，則頌聲作；政衰民流，則刺怨之詩出。「詩
與政通」，皆可徵諸史也。是故，鄭玄之注「六義」，皆以政教釋
之，而云：「風，言賢聖治道之遺化。」「賦之言鋪，鋪陳今之政
教善惡。」「比，見今之失，不敢斥言，取比類以言之。」「興，
見今之美，嫌於媚諛，取善事以喻勸之。」興、比爲政教美惡之評
騭；興爲美政之善喻，比爲失政之斥語也。至於「雅，正也。言今
之正，以爲後世法。」以「雅」、「政」爲同義；「頌之言誦也、
容也。誦今之德，廣以美之。」[16]則以雅、頌言政德也。由此可見鄭
氏之服膺「審樂知政」之說也。

---

16 見《周禮·大師職》鄭《注》。

三、知人論世

《孟子‧萬章下》篇云：

> 以友天下之善士為未足，又尚論古之人。頌其詩，讀其書，不
> 知其人可乎？是以論其世也，是尚友也。

「知人論世」者，謂取善法乎古今也。趙岐《注》云：「頌其詩，
詩歌國近，故曰頌。讀其書者，猶恐未知古人高下，故論其世以別
之也。在三皇之世為上，在五帝之世為次，在三王之世為下，是為
好上友之人。」孟子以論世為知人之法，知人者謂知其言，而取其
善以為法；頌詩、讀書，所以求善道，故不可以不知人；欲知其人，
則不可不論其世。孟子亦肯定環境支配於人之力量，故云：「富歲
子弟多賴，凶歲子弟多暴。」[17]故頌詩、讀書，須探討作者之時環境
與討論其性格，以為本源之依據，然後決定作品之可信性也。孟子
亦以身說法，云：「盡信書，則不如無書。吾於〈武成〉，取二三
策而已矣。仁人無敵於天下；以至仁伐至不仁，而何其血之流杵也？」
[18]是也。

按：班固作〈漢書古今人表〉，以「九品」評騭古今人物。文、
武以降，除孔子之外，無列於上上品者；其時代愈降，則品第愈下。
蓋以為上古樸質，人物多聖故也。雖其所論，不能無偏頗之弊；然
亦取法孟子尚友古人，以作今鑒之意。以今論之，則「知人論世」
者，乃歷史與社會之分析批評法也。漢儒治經，以「知人論世」設
為頌詩、讀書之法，必論其人所處時代與其行事，取其善者為法，
而以惡者為鑒也。

鄭玄作〈毛詩譜〉，即本此「知人論世」之理，以「歷史分期」

---

17 皆見《孟子‧告子上》篇。
18 見《孟子‧盡心》篇。程子曰：「載事之辭，容有重稱而過其實者，學者當識其義而
   已。苟執其辭，則時或有害於義，不如無書之愈也。」頁 346，啟明書局。

爲讀《詩》之法,故治《詩》亦如治史也。〈詩譜序〉云:

> 詩之興也,諒不於上皇之世。大庭、軒轅,逮於高辛,其時有
> 亡載籍,亦蔑云焉。〈虞書〉曰:「詩言志,歌永言,聲依永,
> 律和聲。」然則,詩之道放於此乎!有夏承之,篇章泯棄,靡
> 有孑遺。邇及商王,不風不雅。何者?論功頌德,所以將順其
> 美;刺過譏失,所以匡救其惡。各於其黨,則爲法者彰顯,爲
> 戒者著明。

鄭玄論詩之發生,完全據其篇章之有無爲斷。謂大庭、軒轅,逮
於高辛之時,已漸進於文明之歷史階段,故疑其時已有詩,然以載
籍蔑云,不可得知。但若據《六藝論》之言,則鄭氏應斷以爲此時
未有詩也。何以故?《六藝論》云:「今詩所用,誦美譏過,故以
制禮爲限。」鄭氏既以詩皆「誦美譏過」,而以「制禮爲限」;亦
即必待政治體制之成立,君臣上下有交感之時,方才有作詩之必要
也。如此則舉凡抒情之歌詠、野老之吟、童子之謳,既不具箴諫之
功能,則其不爲詩,爲可知矣。依鄭氏之觀點,詩皆爲「言志」之
作,所以引〈虞書〉,以爲詩之始於唐虞之世者,孔《疏》云:「謂
今誦美譏過之詩,其道始於此;非初作謳歌始於此也。」是也。

鄭氏既認爲詩之始於唐虞之世,而夏朝並無詩存於世,遂徑以「有
夏承之,篇章泯棄,靡有孑遺」釋之。謂商之有詩矣,但商詩有頌
而無風雅,鄭氏則以政教之觀點,以爲〈風〉、〈雅〉爲「刺過譏
失」,周代商而王,不用其風雅之詩,故刪之不錄也。

周朝之詩,〈風〉、〈雅〉、〈頌〉三體皆備,鄭玄對其詩分期
之理論,亦由此展開。大抵而言,鄭氏對詩之歷史分期,仍依篇章
之有無,爲其歷史分期之依據。如〈大雅〉有〈生民〉,則以周詩
之始創自后稷,故〈詩譜序〉云:「周自后稷,播種百穀,黎民阻
飢,茲時乃粒,自傳於此名也。」如此以篇章之有無,作爲詩有無

發生之論斷；則常取後人追述之文，即作當時人所著之篇[19]，難免於
虛空放言，所據未實之病也。鄭氏由於嚴守歷史詩學之觀念，其詩
之分期即據此而定，故如有〈生民〉之詩，則述后稷始傳之名；有
〈公劉〉之篇，即據以公劉爲一期；有〈文王〉、〈下武〉之篇，
亦據以言文、武下及周公爲一分期。鄭玄所以對詩進行此類之「歷
史分期」者，旨在言各期之政教也；而其所以言政教者，其實即取
孟子「知人論世」之意也。

四、「風雅正變」說

　　論詩主於政教之說，則政道方隆之時，以詩樂化民，皆馴馴致善，
美政善俗，可爲歌詠；詩樂爲美政之引導，同時收穫其結果。故〈毛
詩大序〉云：「上以風化下，下以風刺上。主文而譎諫，言之者無
罪，聞之者足以戒。」此時詩人之作爲歌詩也，文之以宮商，主之
以溫柔之譬喻，不須逞言直諫，亦不須直接指斥，僅論功誦德，已
可達到匡正之目的，故上下和樂，會通於心，聞詩而喻，是爲詩之
「正風」、「正雅」。若國家之禮義崩廢，上下攜離；政教既變，
詩歌亦隨政道而改矣。〈毛詩大序〉云：「至王道衰，禮義廢，政
教失，國異政，家殊俗，而『變風』、『變雅』作矣。」其所謂「變」
者，是就當前之攜離對比其前上下之共體而言也。就詩而言，詩人
見政教失理，心有憤激，故作爲文辭，乃無溫柔和熙之風，而頗雜
刺譏之意，此亦謂之「變」[20]，〈風〉、〈雅〉因此而有「正」、「變」
也。鄭玄亦承此正變觀念，〈詩譜序〉云：

---

19 如〈生民〉之詩，〈詩序〉云：「〈生民〉，尊祖也。后稷生於姜嫄，文、武之功起
　　於后稷，故推以配天焉。」《詩》辭亦云：「卬盛于豆，于豆于登，其香始升。上帝
　　居歆，胡臭亶時！后稷肇祀，庶無罪悔，以迄于今。」說明此詩實爲後人追述，不出
　　於后稷當時之作也。
20 孔《疏》云：「以道衰乃作者，名之曰變。」是「變」據「正」而言也。《毛詩正義》
　　頁5，東昇出版事業公司。

> 文、武之德，光熙前緒，以集大命於厥身，遂為天下父母，使
> 民有政、有居。其時詩〈風〉有〈周南〉、〈召南〉，〈雅〉
> 有〈鹿鳴〉、〈文王〉之屬。及成王、周公致太平，制禮作樂，
> 而有〈頌〉聲興焉，盛之至也。本之由此〈風〉、〈雅〉而來，
> 故皆錄之，謂之詩之「正經」。[21]

此言〈二南〉、〈鹿鳴〉、〈文王〉諸詩篇，皆述文、武之政教，
而〈頌〉之出，其時在後，亦本〈風〉、〈雅〉而來，皆太平之詩
樂，故謂之「正經」也。有正者必有變；變者，據正而為言也。〈詩
譜序〉繼云：

> 後王稍更陵遲，懿王始受譖，亨齊哀公，夷身失禮。之後，邶
> 不尊賢。自是而下，厲也、幽也，政教尤衰，周室大壞，〈十
> 月之交〉、〈民勞〉、〈板〉、〈蕩〉，勃爾俱作。眾國紛然，
> 刺怨相尋。五霸之末，上無天子，下無方伯，善者誰賞？惡者
> 誰罰？紀綱絕矣！故孔子錄懿王、夷王時詩，訖於陳靈公淫亂
> 之事，謂之「變風」、「變雅」。

鄭氏據周之變亂始於懿王，故變風以〈邶風〉為始。然而，如此則
置昭、穆、恭諸王之時代不言，豈其時無詩乎？抑其詩非正非變，
故孔子不錄乎？於此鄭皆無說焉。按「風雅正變」說，實本於〈毛
詩大序〉。〈大序〉言「變風」、「變雅」，僅言其始於「王道衰」
之時，未言其何王何代也。鄭氏據時繫詩，勉強以詩篇派分其所作
之時期，以致有此罅隙也。南宋葉適即批評「風雅正變」之說為非
是，云：

> 論〈風〉、〈雅〉者必明「正變」，尚矣。夫自上正下為正，
> 固也。上失其道，則自下而正上矣。自下正上，雖變，亦正也。

---

21 孔《疏》云：「以〈周南〉、〈召南〉之〈風〉，是王化之基；本〈鹿鳴〉、〈文王〉
之〈雅〉，初興之政教，今有〈頌〉之成。」

〈小序〉謂「政教失而變風發乎情」。審如其言，則是不足以自正，豈能正人哉？今之所存者，取其感激陳義而能正人，非謂怨憤妄發而不能自正也。[22]

　　按：「正變」之說，如〈毛詩序〉，是就政教之得失說，非自作者說也。若自作者說正變，則是作者已不能自爲正，其何以正人乎？故孔穎達云：「然則，變風、變雅之作，皆王道始衰，政教初失，尚可匡而革之，追而復之，故執彼舊章，繩此新失，覬望自悔其心，更遵正道，所以變詩作也。以其變改正法，故謂之變焉。」所謂變改正法者，即非主文而譎諫，乃慷慨陳辭，如葉適之言是矣。蓋變風作者之心，亦皆出於正，冀王者之復歸於正也。若「太平則無所更美，道絕則無所復譏。」[23]見變風、變雅作者之心亦出於正，乃本諸人情之常也。故葉適又云：

　　言《詩》者自〈邶〉、〈鄘〉而下皆爲變風，其正者二〈南〉而已。二〈南〉，王者所以正天下。教則當然，未必其風之然也。〈行露〉之不從，〈野有死麕〉之惡，雖正於此而變於彼矣。若是，則詩無非變，將何以存？季札聽詩，論其得失，未嘗及變。孔子教小子以可群、可怨，亦未嘗及變。夫爲言之旨，其發也殊，要以歸於正爾。美而非諂，刺而非訐，怨而非憤，哀而非私，何不正之有？後之學詩者，不順其義之所出，而於性情輕別之；不極其志之所至，而於正變強分之。守虛會而迷實得，以薄意而疑雅言，則有蔽而無獲矣。[24]

鄭氏之「風雅正變」雖有所本，而其對《詩》三百篇作歷史之分期，欲以正變說彌綸爲完整之系統；由於其系統不周密，致矛盾之處叢

---

22 見葉適《習學記言》卷六，頁42，上海古籍出版社。
23 見孔《疏》，《毛詩正義》，頁17，東昇出版事業公司。
24 《習學記言》卷六，頁44，上海古籍出版社。

出。例如〈鄭譜〉云：「武公又作卿士，國人宜之，鄭之變風又作。」
〈秦譜〉云：「至曾孫秦仲，宣王又命作大夫，始有車馬、禮樂、
侍御之好，國人美之，翳之變風始作。」若「正風」爲美詩，則「變
風」應爲怨刺之詩無疑也。鄭氏在此，竟以「宜之」、「美之」之
詩爲變風，則正變之說何謂邪？又如〈小、大雅譜〉云：「〈大雅·
民勞〉，〈小雅·六月〉之後，皆謂之『變雅』。美惡各以其時，
亦顯善懲過，正之次也。」所謂「美惡各以其時」者，實無異承認
雖在文、武之後，其政教亦有美惡互出參雜之時。是以雖非文、武
太平之世，而美詩與刺詩亦有迭出之時，則其「正之次」者何謂耶？
若以刺詩盡爲變，理無不可；而美詩亦爲變者，僅因其非作於文武
之世，此何所宜哉？宜乎葉適云：「若是，則詩無非變，將何以存？」
故「風雅正變」之論，宜僅如〈詩大序〉之泛言；鄭氏則未免於拘
泥也。

五、顯善懲惡之「美刺」說

　　《詩》之「美刺說」，非創於鄭玄，亦源自〈詩序〉。〈詩序〉
於〈周〉、〈召〉二南皆美而無刺，「刺」始於〈邶風〉。「刺」
常以「怨」爲之，故「刺」、「怨」爲同義也。以政教說詩，則詩
爲政教之反應；政教之失，則刺怨之詩出矣。鄭玄〈詩譜序〉云：

　　　　自是而下，厲也，幽也，政教尤衰，周室大壞。〈十月之交〉、
　　　　〈民勞〉、〈板〉、〈蕩〉，勃爾俱作。眾國紛然，刺怨相尋。

　　以「刺」、「怨」連言。孔《疏》云：「〈擊鼓〉，〈序〉云：
『怨州吁。』怨亦刺之類，故連言之。」是也。

　　今按：《論語·陽貨》篇，子曰：「小子！何莫學夫《詩》？《詩》
可以興，可以觀，可以群，可以怨。」孔安國《注》云：「怨，怨
刺上政。」是以「美刺說」之「美」者，謂頌美上政；「刺」者，

刺怨上政之謂也。〈詩序〉之政教觀，乃主於「美」、「刺」而立言。〈風〉、〈雅〉各篇明言「美」者有二十八，言「刺」者一百二十九，二者共計一百五十七，居〈風〉、〈雅〉全數詩篇之百分之六十。[25]「美刺」實即「諷頌」之意，〈詩大序〉所謂：「上以風化下，下以風刺上」是也。「上以風化下」者，言風化之美，意與「頌者，美盛德之形容」，雖有上化、下頌之別，其同為頌美政教也。「下以風刺上」之「風」，則為諷刺之意，與「國史明乎得失之跡，傷人倫之廢，哀刑政之苛，吟詠情性以風其上」之「風」，雖有輕重之殊，其「諷刺」之意則無別也。詩以言志，言則不外諷與頌；捨此，則亦無志可言也。

　　案：「美刺」之概念，若溯其源始，則當是〈詩序〉採自春秋家之說也。《公羊傳》、《穀梁傳》之解經，多用「褒貶」、「美惡」之詞，如《公羊》隱七年，《傳》云：

　　滕侯卒。何以不名？微國也。微國則其稱侯何？不嫌也。春秋貴賤不嫌同號，美惡不嫌同辭。

　　又，僖公十年：「晉殺其大夫里克」，《傳》云：

　　桓公之享國也長，美見乎天下，故不為之諱本惡也。

《傳》以美、惡對舉，是同於獎懲、褒貶之意，故有時逕用「褒貶」一詞。今所以謂〈詩序〉之「美刺」有採於春秋家者，考孟子曰：「王者之況熄而《詩》亡；《詩》亡，然後《春秋》作。晉之《乘》，楚之《檮杌》，魯之《春秋》，一也。其事則齊桓、晉文，其文則史。孔子曰：其義，則丘竊取之矣。」[26]推孟子之意，以《春秋》為

25 朱自清云：「依〈毛詩小序〉，刺詩的數量遠過於美詩（刺詩一百二十九篇，美詩二十八篇）－所以『變風變雅』也比『風雅正經』多得多（變詩二百零六篇，正詩五十九篇）。」見《詩言志辨》，頁144，漢京文化事業公司。又見《朱自清古典文學論文集》頁330，源流出版社。
26 《孟子‧離婁下》，頁146，《十三經注疏》，東昇出版事業公司。

三百篇以後之史。然則，先儒以《詩》三百篇為史，理則然也[27]。蓋《詩》與《春秋》，皆載往事，為後人之鑒，其中皆有「義」在焉。孔子獨取魯史，作《春秋》以立說，寓褒貶大義於其中，太史公所謂：「《春秋》采善貶惡，推三代之德，褒周室，非獨刺譏而已。」[28]此言孔子藉《詩》與《春秋》以為教，非獨「刺譏」也，亦即非獨「褒貶」而已也。故〈詩序〉采春秋家之法，用《詩》以明政教；鄭玄說《詩》特揭「美刺」，實乃效法孔子「褒貶」之意也。

鄭氏據〈詩序〉之附麗史事，為詩篇分期，而與「正變」相應。既以〈邶〉以下皆為變風，則十三國風〈譜〉必皆言其為「變」，如：「檜之變風始作。」「翳之變風始作。」「大師大述其志，主意於豳公之事，故別其事以為豳國變風焉。」是也。然則，豳詩果為周公作，則其時代在文、武之際，其詩顯然為美周公者，以其在〈周〉、〈召〉二南之外，故鄭亦以為變風也[29]。則其「正變」與「美刺」未能調適適當，致矛盾叢出矣。鄭氏亦自知有此矛盾，欲自圓其說。故如〈周南、召南譜〉云：

> 問者曰：「〈周南〉、〈召南〉之詩為風之正經，則然矣；自此之後，南國諸侯政之興衰，何以無變風？」答曰：「陳諸國之詩者，將以知其缺失，省方設教為黜陟。時徐及吳、楚僭號稱王，不承天子之風，今棄其詩，夷狄之也。

---

27 司馬遷云：「幽、厲之後，王道缺，禮樂衰，孔子脩舊起廢，論《詩》、《書》，作《春秋》，則學者至今則之。」以《春秋》所以繼《詩》、《書》，說與孟子同。見《史記·太史公自序》頁 894，鼎文書局。

28 見〈太史公自序〉，頁 1338，《史記會注》。

29 《鄭志》，張逸問：「〈豳·七月〉專詠周公之德，宜在〈雅〉。今在〈風〉何？」答曰：「以周公專為一國，上冠先公之業，亦為優矣。所以在〈風〉下，次於〈雅〉前，在於〈雅〉分，周公不得專之。」見《鄭志疏證》卷三，頁 24，世界書局。鄭玄以〈豳風〉在十五〈國風〉之後，〈雅〉之前者，言周公之德高於諸侯，事同於王政，處諸侯之後，不與諸侯為倫，所以優周公也。然而，季札之觀周樂，〈豳風〉之次於〈齊風〉之後，在〈秦風〉、〈魏風〉、〈唐風〉、〈陳風〉之前，與鄭所論者異。則是編《詩》之時，並無鄭所論優周公之意；〈豳風〉仍是變風也。

又云：

> 其餘江、黃、六蓼之屬，既驅陷於彼俗，又亦小國，猶邾、滕、
> 紀、莒之等夷，其詩蔑而不得列於此。

今按：〈周〉、〈召〉二南之為正經，皆美而無刺。實則「二南」
地兼吳、楚，孟子所謂「南蠻鴃舌之人」，魯頌云「荊舒是懲」者，
若其有詩，於理當列「變風」，不當為「正經」。鄭氏所以特設為
問答，以為棄吳楚之詩，蔑而不得列於「二南」者，正見「正變說」
與「美刺說」之未能圓融，故曲而求全，以為此說也。

六、總之為「政教決定」之理論

由上所述「詩言志」、「審樂知政」、「知人論世」、「風雅正
變」、「美刺」各端，鄭玄統合組織為一體，為〈毛詩譜〉之理論，
吾人於此可稱之為「政教決定理論」。[30]所以謂之「政教決定理論」
者，蓋言其主張「文學為社會、政治之反應，同時亦為其目的」之
理論也。清朝汪琬嘗闡明此教化之決定理論，云：

> 當其盛也，人主勵精於上，宰臣百執事盡言於下，政清刑簡，
> 人氣和平；故其發之於詩，皆從容而爾雅，讀者以為正，作者
> 不自知其為正也。及其既衰，在朝則朋黨之相訐，在野則戎馬
> 之交訌，政繁刑苛，人氣愁苦；故其所發，又哀思促節者為多，
> 最下則浮且靡矣！雖有賢人君子，亦嘗博大其學，掀決其氣，
> 以求篇什之昌，而卒不能進及於前；讀者以為變，作者亦不知
> 其為變也。故正變之所形，國家治亂繫焉；人才之消長，風俗
> 之隆污繫焉。[31]

---

30 劉若愚《中國文學理論》第三章「決定理論與表現理論」云：「有些中國文學理論，
闡明文學是當代政治和社會現況不自覺與不可避免的反映或顯示，這種概念。」頁
129，聯經出版事業公司。本文以為，〈毛詩序〉與鄭玄〈詩譜序〉之決定論主要內
容為「政教」，故稱為「政教決定理論」。
31 見清汪琬《唐詩正‧序》。

由此可知，鄭氏以國家治亂、風俗隆污皆繫於詩，故苦心建構此詩學理論，以表其感時憂國之心也。

<h2 style="text-align:center">第三節　《毛詩譜》之形式</h2>

鄭玄《詩譜》為《詩》三百篇之總敘。〈國風〉分國皆列譜，大、小〈雅〉為合譜，三〈頌〉分譜；《譜》前為〈序〉，即〈詩譜序〉。鄭玄作《詩譜》，在箋詩之後，本與《箋》各自為書別行。唐孔穎達作《毛詩正義》，始拆散之，置於各〈國風〉、二〈雅〉、三〈頌〉之前。其名之為《詩譜》者，《正義》云：

> 鄭於《三禮》、《論語》，為之作〈序〉。此《譜》亦是〈序〉類，避子夏〈序〉名。以其列諸侯世及詩之次，故名《譜》也。《易》有〈序卦〉，《書》有孔子作〈序〉，故鄭避之，謂之為〈贊〉。贊，明也。明己為註之意。此《詩》不謂之贊，而謂之譜。譜者，普也。註序世數，事得周普，故《史記》謂之〈譜牒〉是也。

《詩譜》為《詩》之〈序〉，鄭為避〈毛詩序〉之名，故名《詩譜》。二者有不同者，〈毛詩序〉各篇主美刺之人，而發其事跡，及作篇之意；《詩譜》則以〈國風〉各別分譜，述其國歷史、地理與其詩也。《詩譜》為鄭氏所先創，以發明《詩》三百篇者，其〈詩譜序〉乃揭治《詩》之綱領，使學者知所從。〈詩譜序〉云：

> 欲知源流清濁之所處，則循其上下而省之；欲知風化、芳臭、氣澤之所及，則傍行而觀之，此詩之大綱也。舉一綱而萬目張，解一卷而眾篇明。於力則鮮，於思則寡。其諸君子，亦有樂於是與！

孔《疏》申之，云：

此又總言為〈譜〉之理也。若魏有儉嗇之俗，唐有殺禮之風，齊有太公之化，衛有康叔之烈。述其土地之宜，顯其始封之主，省其上下，知其眾源所出，識其清濁也。屬其美刺之詩，各當其君；君之化，傍觀其詩，知其風化得失，識其芳臭，皆以喻善惡耳。哀公十四年，《公羊傳》說孔子制《春秋》之義，以俟後聖。以君子之為，亦有樂乎？此鄭取彼意也。

故《詩譜》可謂鄭玄治《詩》之總結。兩漢經學之集其成於鄭氏，而《詩譜》則鄭治四家詩學之總結也。茲以〈周南、召南譜〉為例，闡明其形式，以觀其梗概焉。

一、先揭一國地理之宜

「周、召者，〈禹貢〉雍州岐山之陽地名，今屬右扶風美陽縣。地形險阻，而原田肥美。」

按：《漢書‧地理志》云：

凡民函五常之性，而其剛柔緩急，音聲不同，繫水土之風氣，故謂之「風」。好惡取舍，動靜亡常，隨君上之情欲，故謂之「俗」。[32]

此言民生之繫於水土，故視其地宜，而知其「風」；其生活之好惡、性情之或動或靜，則取決於人君之教化，則稱之為「俗」。前者可謂自然環境所加諸人之影響，後者則其生活習俗之養成也。故《詩譜》述各國分譜，皆先定其地理之宜，欲以闡發其民性也。故秦、

---

32 《漢書‧地理志》之「風俗論」，隱然涵有「決定論」（determinism）之思想基礎。「決定論」者之觀點認為，任何事物或事態，皆是由其前之事態及其宰制力量所形成。因此，「如果我們有所有現在事物狀態的知識，以及宰制這個世界的因果定律的知識，我們就可以絕對精確地預測世界將來的狀態。」見《劍橋哲學辭典》，英文版 Robert Audi 主編，中文版審訂召集人林正弘，貓頭鷹出版公司。〈地理志〉之「風俗論」目的在為「教化論」提供其基礎條件。故云：「孔子曰：『移風易俗，莫善於樂。』言聖王在上，統理人倫，必移其本，而易其末，此混同天下一之乎中和，然後王教成也。」見《漢書》卷二十八，頁 1640，鼎文書局。

豳之地宜於稼穡，詩多言農桑之務也；唐承遺教，有儉嗇之節，生死之慮；陳尊貴婦人，好巫鬼祭祀；鄭土狹山險，山居谷汲，男女亟會而好淫；衛有桑間濮上，繁於聲色……。由其詩風所呈現者，鄭乃以其地宜可獲得解釋，故《譜》先揭地理於首。

二、次顯該國始封之君

「周之先公曰大王者，避狄難，自豳始遷焉，而脩德建王業。商王帝乙之初，命其子王季為西伯；至紂又命文王典治南國江、漢、汝旁之諸侯。」

《詩譜》於各國分譜，皆先顯揚其立國之君者，蓋國之始建，初行政教，民化之而成俗，乃視其君上之德如何也。觀《左傳》季札之論，〈齊風〉泱泱大度，繫於太公望之始表式於東海；〈豳風〉廣大，樂而不淫，則由於周公之故；而唐慮患憂深，乃受帝堯令德之教。皆是民隨上欲，化以成俗也。

三、再論其國盛衰，與其詩上下之情

「於時三分天下有其二，以服事殷。故雍、梁、荊、豫、徐、揚之人，咸被其德而從之。」「文王受命，作邑於豐，乃分岐邦周、召之地，為周公旦、召公奭之采地，施先公之教於己所職之國。」「武王伐紂，定天下，巡守述職，陳誦諸國之詩，以觀民風俗，六州者得二公之德教尤純，故獨錄之，屬之大師，分而國之。」「其得聖人之化者，謂之〈周南〉；得賢人之化者，謂之〈召南〉。言二公之德教，自岐而行於南國也。」「乃棄其餘，謂此為風之正經。」[33]

---

33 〈周南、召南譜〉：問者曰：「〈周南〉、〈召南〉之詩為〈風〉之正經則然矣。自此之後，南國諸侯，政之興衰，何以無變風？」答曰：「陳諸國之詩者，將以知其缺失，省方設教，為黜陟時，徐及吳、楚僭號稱王，不承天子之風，今棄其詩，夷狄之也。」《毛詩正義》頁10，東昇出版事業公司。

　　按：此言二〈南〉受二公之化在先，迨天下治平而陳詩觀風俗。國勢之盛衰，與詩相爲上下，故大師采詩以觀政，以爲評騭也。「乃棄其餘」者，《正義》云：「武王徧陳諸國之詩，今唯二〈南〉在矣，是棄其餘也。」是則鄭氏以爲武王命大師采詩以觀民風，其時有諸國之詩，然非純美，故獨錄二〈南〉也。

四、標舉其國典型之詩篇

「初，古公亶父，聿來胥宇，爰及姜女。其後大任，思媚周姜，大似嗣徽音，歷世有賢妃之助，以致其治」「文王刑于寡妻，至於兄弟，以御於家邦。是故二國之詩，以后妃夫人之德爲首，終以〈麟趾〉、〈騶虞〉。言后妃夫人有斯德，興助其君子，皆可以成功，至于獲嘉瑞。」

　　按：此段擷取詩篇，爲教化成功之典型也。〈毛詩序〉逐篇證史，言某詩爲某事而作；《詩譜》分譜則提綱挈領，爲各〈國風〉之簡史。庶幾解卷而明，以爲讀《詩》之助也。[34]

五、論其國之詩教

風之始，所以風化天下，而正夫婦焉。故周公作樂，用之鄉人焉，用之邦國焉。或謂之房中之樂者，后妃夫人侍御於其君子，女史歌之，以節義序故耳。射禮，天子以〈騶虞〉，諸侯以〈貍首〉，大夫以〈采蘋〉，士以〈采蘩〉爲節。今無〈貍首〉，周衰，諸侯並僭而去之，孔子錄詩不得也。爲禮樂之記者，從後存之，遂不得其次序。

　　按：此段承〈毛詩序〉，論風始之故，並論用樂之節。用樂之節，由鄉樂至於邦樂，乃由遠及近也；由房中樂至於射儀者，由近而遠

---

34 鄭玄〈詩譜序〉云：「舉一綱而萬目張，解一卷而眾篇明，於力則鮮，於思則寡。」則作《詩譜》所以爲讀詩者之助也。

也。房中樂所以齊家，射禮所以序位，蓋由內而外，爲治事之序也。

六、分譜作結

「周公封魯，死，諡曰文公；召公封燕，死，諡曰康公。元子
世之。」「其次子亦世守采地，在王官，春秋時周公、召公是
也。」

按：此〈周南、召南譜〉結語。鄭氏爲《詩譜》，言始封之主，
以定風俗，而不贅其嗣君者，乃原始要終之意也。[35]

結　　語

《詩譜》爲鄭氏治《詩》之敍錄，由此而可論其詩學之得失。漢
儒說《詩》，率斷章取義，章句繁多，未見終始之論。《鄭志》，
答炅模云：「爲《記》注時，執就盧君，先師亦然。後乃得毛公《傳》
既古，書義又宜；然《記》注已行，不復改之。」由此可見，鄭玄
注三《禮》時，其《注》皆本三家之說；及其得《毛詩》，見其詩
義精好，故於箋《毛詩》之後，更作《詩譜》以統其緒，意在成一
家之學，導引學者使之有指歸也。今觀《詩譜》，體系完整，理論
明晰；然大醇小疵，故不揣庸陋，試爲提揭焉。

一、「詩言志」之政教觀，有違詩歌發生之史實

《文心雕龍·明詩》篇云：「人稟七情，應物斯感，感物吟志，
莫非自然。」詩歌之吟詠，本於人情自然之抒發，故「人喜則斯陶，
陶斯猶，猶斯詠，詠斯舞。」昔者葛天氏之樂，三人操牛尾，投足
以歌八闋，其情樂也，其聲暢也，非皆爲教化之用也。詩歌之反應
政治，僅爲詩歌表現之一端。〈詩大序〉云：「詩者，志之所之也。

---

35 《正義》云：「此因詩繫二公，故終言之。其君世〈世家〉亡滅，且非此所須故也。」

在心爲志，發言爲詩。情動於中而形於言，言之不足，故嗟歎之；嗟歎之不足，故永歌之；永歌之不足，不知手之舞之，足之蹈之也。」亦是就詩歌發生之事實，言人情之表現。鄭氏之「言志」，則窄化言志之範圍，僅強調「頌美譏過」之功能，其注〈詩序〉「四始」、「六義」之文，亦皆落在政教之興衰立說[36]，此則昧於詩歌產生之事實也。

二、「以史證詩，以詩言史」，混詩史爲一，缺乏根據

研究「詩之歷史」與研究「歷史之詩」，二者不同。蓋前者爲詩文學之歷史，其目的在闡明詩之發展歷程；而後者乃歷史之研究，詩僅爲歷史之佐證材料。鄭氏則混同詩與史，且據史爲詩之分期，以證詩與政教興衰之關係。今按：治《詩》之學，爲研究「詩之歷史」。詩之發展歷程，文體由樸質而繁麗，寫作技術由簡單而豐富，乃詩歌文學發展之規律。《詩譜》以某詩之詠某人某事，即定此詩爲某時所作，如此則昧於詩作品發展之事實。故如鄭氏作〈詩譜序〉，謂〈生民〉之篇作於后稷之時，並未慮及此詩爲後人祀祖之追述，其中之誤謬，爲顯然可見矣。又如以〈虞書〉之文，謂詩之始於唐、虞之際；夏代並無詩篇，無從解釋，乃以「篇章泯棄」搪塞之；商有〈頌〉而無〈風〉、〈雅〉，則以爲周代有意之刪棄。如若此之類，皆緣於鄭氏之混言詩史爲一，以致所言缺乏根據也。

三、「風雅正變」理論之罅隙

鄭氏在箋《毛詩》之後，欲樹立《詩》學之體系，乃就〈詩序〉之「風雅正變」說組織其理論。〈風〉、〈雅〉詩篇之分「正」、

---

36 《鄭志》，答張逸云：「〈風〉也，〈小雅〉也，〈大雅〉也，〈頌〉也，此四者，人君行之則爲興，廢之則爲衰。」又鄭《箋》注〈詩序〉「是謂四始，詩之至也。」云：「始者，王道興衰之所由。」皆以政教興衰說四始之義。

「變」，鄭氏其實並非就各別詩篇內容進行探討，乃就前人已編就之篇卷進行分期之論述，以致忽略作品寫作之早晚問題，故編詩者以地域而組編其詩，而鄭氏則以歷史分期而論其「正變」，以致迷竇叢生。因此〈國風〉除二〈南〉之外，全屬變風；〈小雅〉、〈大雅〉，則除文武以外，全爲變雅。宜乎葉適之非議也。

四、以美刺說《詩》，顛倒事實

漢儒說《詩》，好言美刺，《詩》三百篇，非美即刺，此固是受《春秋》學家之影響。然而，《詩》言實亦有無關乎美刺者，說者必以爲「陳古以刺今」，甚則言美刺與事實矛盾，而說者固安之若素也。鄭氏以爲「今詩之用，頌美譏過」，全爲政教興衰而立言，於是美刺之外，不復有詩矣。此則與詩歌創作原理相違，而悖於事實也。

綜合以上四端，雖不免有以今人之見規範古人之意，而議論其偏失也。若論鄭氏之功績，則見其能刪汰繁誣，鎔裁今古之學，振衰而起敝，不唯爲孔氏之功臣，亦百代之經師也。

第六章　小雅燕饗詩析論

前　言

〈毛詩序〉曰：「雅者，正也。言王政之所由廢興也。」鄭玄《詩譜·小、大雅譜》云：「文王受命，武王遂定天下，盛德之隆。〈大雅〉之初，起自〈文王〉，至於〈文王有聲〉，據盛隆而推原天命，上述祖考之美。」「〈小雅〉自〈鹿鳴〉至於〈魚麗〉，先其文，所以治內；後其武，所以治外。」蓋據〈詩序〉以立義，以「政之大小」爲大、小〈雅〉之區分也。鄭氏《詩譜》又云：「故〈大雅〉十八篇，〈小雅〉十六篇爲正經。」「其用於樂，國君以〈小雅〉，天子以〈大雅〉；然而饗賓或上取，燕或下就。」「天子、諸侯燕群臣及聘問之賓，皆歌〈鹿鳴〉，合鄉樂。」此又據「用樂」一端而分小、大〈雅〉，謂〈小雅〉爲諸侯之樂，〈大雅〉爲天子之樂，亦爲「政之小大」之義也。其後，孔《疏》從之而不違。迄宋代，朱熹作《詩集傳》，則云：「正〈小雅〉，燕饗之樂。」「正〈大雅〉，朝會之樂，受釐陳戒之辭。」雖間亦有以「政之小大」而分小、大〈雅〉之文，而乃著重以「用樂」一端以論小、大〈雅〉之不同體類，其說與漢、唐以來之舊說不同。二者之間得失之情頗有可論者也。本章擬就《詩經·小雅》篇中，有舊說爲燕饗之詩者，或由詩辭自身所顯現爲燕饗性質之詩者，二端並論，以探析《詩經·小雅》燕饗詩篇之實際。

第一節 〈小雅〉詩篇之性質

《詩經》雅詩之分有小、大,其淵源甚早。《左傳》襄公二十九年,吳公子季札來聘,使工爲之歌,「爲之歌〈小雅〉。曰:『美哉!思而不貳,怨而不言,其周德之衰乎?猶有先王之遺民焉!』爲之歌〈大雅〉。曰:『廣哉!熙熙乎!曲而有直體,其文王之德乎?』」可見《詩經》編著之初,〈雅〉詩即分有小、大也。《禮記‧樂記》載子貢問樂一章,言子貢見師乙而問焉,曰:「賜聞聲歌各有宜也。如賜者,宜何歌也?」師乙曰:「乙賤工也,何足以問所宜?請誦其所聞,而吾子自執焉。……寬而靜,柔而正者,宜歌〈頌〉;廣大而靜,疏達而信者,宜歌〈大雅〉;恭儉而好禮者,宜歌〈小雅〉;正直而靜,廉而謙者,宜歌〈風〉。」云云,皆見《詩》之分三體,而〈雅〉之分有小、大,與其詩所表現之「政德」相關,如季札所論者是也;而其歌者之性情亦有相宜之配合者,則師乙所言者是矣。〈詩大序〉云:「言天下之事,形四方之風,謂之雅。雅者,正也。言王政之所由廢興也。政有小大,故有〈小雅〉焉,有〈大雅〉焉。」其本於先秦之詩論,亦自有歷史依據也。

東漢鄭玄爲三百篇作《詩譜》,乃承此詩論,發爲「政教」之觀念。〈詩譜序〉云:

> 文、武之德,光熙前緒,以集大命於厥身,遂爲天下父母,使民有政、有居。其時詩〈風〉有〈周南〉、〈召南〉,〈雅〉有〈鹿鳴〉、〈文王〉之屬。及成王、周公致大平、制禮作樂,而有〈頌〉聲興焉,盛之至也。本之由此〈風〉、〈雅〉而來,故皆錄之,謂之《詩》之正經。後王稍更陵遲,懿王始受譖,亨齊哀公,夷身失禮,之後邶不尊賢。自是而下,屬也、幽也,政教尤衰,周室大壞,〈十月之交〉、〈民勞〉、〈板〉、〈蕩〉,

勃爾俱作，眾國紛然，刺怨相尋。五霸之末，上無天子，下無
方伯，善者誰賞？惡者誰罰？紀綱絕矣！故孔子錄懿王、夷王
時詩，訖於陳靈公淫亂之事，謂之〈變風〉、〈變雅〉。

　　鄭玄謂〈風〉、〈雅〉皆有正變，即本於〈詩大序〉之說。〈大
序〉曰：「至於王道衰，禮義廢，政教失，國異政，家殊俗，而〈變
風〉、〈變雅〉作矣！」此乃鄭玄正變之論所本也。唯〈大序〉僅
泛言〈風〉、〈雅〉有正變；鄭則據時代之隆汙，以著明《詩》三
百篇所以有正變之故。然則，《詩》有正變之分，乃據「政教」之
興衰而定。以「雅者，正也。言王政之所由廢興也。」觀之，持《詩》
之「政教觀」者，其所重視者皆在〈雅〉，而〈風〉則以正〈雅〉
者也。故〈詩大序〉云：「國史明乎得失之跡，傷人倫之廢，哀刑
政之苛，吟詠情性，以風其上，達於事變，而懷其舊俗者也。」此即
政教之義；《毛傳》、《鄭箋》、《孔疏》，說皆同類也。

　　至宋代，獨立說《詩》之風氣興起，學者不滿純以「政教」說詩，
故頗改舊言，而欲以意逆志，直探詩恉；朱子之《詩》說，為其中
之代表。朱子論《詩》分有「作詩」與「詩教」二端。《詩集傳・
序》云：

　　或有問於予曰：「詩可為而作也？」予應之曰：「『人生而靜，
　　天之性也；感於物而動，性之欲也。』夫既有欲矣，則不能無
　　思；既有思矣，則不能無言；既有言矣，則言之所不能盡，而
　　發於咨嗟詠歎之餘音者，必有自然之音響節族而不能已焉。此
　　《詩》之所以作也。」曰：「然則其所以教者何也？」曰：「《詩》
　　者，人心之感物，而形於言之餘也。心之所感有邪正，故言之
　　所形有是非。惟聖人在上，則其所感者無不正，而其言皆足以
　　為教；其或感之之雜，而所發不能無可擇者，則上之人必思所
　　以自反，而因有以勸懲之，是亦所以為教也。」

　　朱子論《詩》，所異於漢儒者，在於其能體悟《詩》之所以作，乃出於人心之感物，而發乎思、形於言，以致咨嗟詠歎不能自已也。朱子就發生原理論詩之所以作，實較漢儒政教之說爲切近矣。蓋謂《詩》之作，出於自然之音響節奏者，乃謂詩爲文藝也；而謂《詩》之「所以爲教」，特出於聖人之討論去取[1]，以從簡約而示久遠，則言《詩》爲「經」之故也。朱子之論《詩經》，有此二端，故對〈風〉、〈雅〉、〈頌〉三體之定義，皆與先儒不同。《詩集傳・序》又云：

> 凡詩之所謂風者，多出於里巷歌謠之作，所謂男女相與詠歌，各言其情者也。惟〈周南〉、〈召南〉親被文王之化以成德，而人皆有以得其性情之正。故其發於言者，樂而不過於淫，哀而不及於傷，是以二篇獨爲風詩之正經。自〈邶〉而下，則其國之治亂不同，人之賢否亦異；其所感發者，有邪正、是非之不齊，而所謂先王之風者，於此焉變矣。若夫〈雅〉、〈頌〉之篇，則皆成、周之世，朝廷郊廟樂歌之辭，其語和而莊，其義寬而密，其作者往往聖人之徒，固所以爲萬世法程，而不可易者也。至於〈雅〉之變者，亦皆一時賢人君子閔時病俗之所爲，而聖人取之。其忠厚惻怛之心，陳善閉邪之意，尤非後世能言之士所能及之。此《詩》之所以爲經，所以人事浹於下，天道備於上，而無一理之不具也。

　　朱子論詩之所以作，以爲其出於人心之感物，咨嗟詠歎而不能自已，而發爲自然節奏者，唯〈風〉之體而已；至於〈雅〉、〈頌〉之篇，以其皆涵「忠厚惻怛之心，陳善閉邪之意」，則非聖人之徒、賢人君子不能作也。故朱子並不以爲〈雅〉、〈頌〉之篇爲文藝之

---

1 此處聖人是指孔子。《詩集傳・序》云：「孔子生於其時，既不得位，無以行勸懲黜陟之政，於是特舉其籍而討論之，去其重複，正其紛亂；而其善之不足以爲法，惡之不足以爲戒者，則刊而去之，以簡約示久遠。」朱子蓋謂孔子之於《詩經》，亦如《春秋》之筆削也。

作也。若更就〈風〉與〈雅〉、〈頌〉之所以作者論之，其間亦有別也。蓋〈風〉則出於自然之音響節奏，〈雅〉、〈頌〉則聖賢有爲之作，故爲「經」也。

〈雅〉、〈頌〉之篇既爲聖賢之徒所作之「經」，其所以爲教者，則使用之爲朝廷、宗廟之樂歌。朱子於《詩集傳》〈小雅〉之篇首，云：

> 雅者，正也。正樂之歌也。其篇本有大、小之殊，而先儒說又各有正變之別。以今考之，正〈小雅〉，燕饗之樂也；正〈大雅〉，會朝之樂，受釐陳戒之辭也。故或歡欣和說，以盡群下之情；或恭敬齊莊，以發先王之德。辭氣不同，音節亦異，多周公制作時所定也。

按：朱子謂「正〈小雅〉皆燕饗之樂；正〈大雅〉爲會朝之樂，受釐陳戒之辭。」其中所謂之「正大、小〈雅〉」者，未見其指明爲何篇。若朱子所據者是「先儒」之說，則其篇章則可以定也。鄭玄《毛詩譜・小大雅譜》云：

> 〈小雅〉自〈鹿鳴〉至於〈魚麗〉，先其文，所以治內；後其武，所以治外。……《傳》曰：「文王基之，武王鑿之，周公納之。」謂其道同，終始相成，比而合之。故〈大雅〉十八篇，〈小雅〉十六篇，為正經。[2]

陸德明《經典釋文》釋正大、小〈雅〉篇數，則云：

> 從〈鹿鳴〉至〈菁菁者莪〉，凡二十二篇，皆正〈小雅〉。六篇亡，今唯十六篇。從此（按：〈鹿鳴〉）至〈魚麗〉十篇，是文、武之小雅。先其文王，以治內；後其武王，以治外。宴勞嘉賓、親睦九族，事非隆重，故為〈小雅〉；皆聖人之跡，

---

2 見《毛詩正義》頁307，東昇出版事業公司。

故為正。[3]

又云：

> 自此（按：〈文王〉）以下至〈卷阿〉十八篇，是文王、武王、
> 成王、周公之正〈大雅〉。據盛隆之時，而推序天命，上述祖
> 考之美，皆國之大事，故為正〈大雅〉焉。〈文王〉至〈靈臺〉
> 是文王之〈大雅〉；〈下武〉、〈文王有聲〉二篇，是武王之
> 〈大雅〉。[4]

今按：朱子謂「正〈小雅〉，燕饗之樂也」、「正〈大雅〉，會
朝之樂，受釐、陳戒之辭」，二者皆有概括之性質，亦即今人所謂
「下定義」之意。大凡為「定義」者，必求其所下定義之周延、嚴
密也。朱子既創此新說，後世治《詩經》之學者多遵之而不疑，鮮
有驗其說之究竟者。本章因此擬分析〈小雅〉之篇，以驗朱子之說
為然否也。

第二節　〈小雅〉詩篇中舊說為燕饗諸詩析論

據上節所述，而考《詩經》正〈小雅〉十六篇，其中確有為燕饗
之詩者。如〈鹿鳴〉篇，〈毛詩序〉云：「〈鹿鳴〉，燕群臣嘉賓
也。既飲食之，又實幣帛筐篚，以將其厚意，然後忠臣嘉賓得盡其
心矣。」其經文首章云：

> 呦呦鹿鳴，食野之苹。我有嘉賓，鼓瑟吹笙。吹笙鼓簧，承筐
> 是將。人之好我，示我周行。

此詩是藉鹿群食萍，呦呦相呼，以興主人待客懇誠發乎其中，而樂
嘉賓之來燕也。次章則云「我有旨酒，嘉賓式燕以敖。」三章又云

---

3 見陸德明《經典釋文》頁74，學海出版社。
4 見前註，頁90。

「我有旨酒，以燕樂嘉賓之心。」通篇文辭，在燕飲之餘，琴瑟笙簧並作，一片和樂之景象。此詩之文辭既爲敘述燕饗，於禮亦用爲燕饗之樂，是詩辭與用樂爲相合者。如《儀禮·燕禮》述用樂，云：「工歌〈鹿鳴〉、〈四牡〉、〈皇皇者華〉。」鄭《注》云：「三者皆〈小雅〉篇也。〈鹿鳴〉，君與臣下及四方之賓宴，講道脩政之樂歌也。此采其已有旨酒以召嘉賓，嘉賓既來，示我以善道；又樂嘉賓有孔昭之明德，可則傚也。」[5]鄭注《三禮》與箋《詩》異時，注《禮》在箋《詩》之前，尚未得《毛傳》，[6]此詩禮家與《毛序》之說相同也。

　　按：歌詩之法，皆三篇連用。〈鄉飲酒義〉，「升歌三終」、「笙入三終」、「間歌三終」、「合樂三終」，孔《疏》云：「升歌三終者，謂升堂歌〈鹿鳴〉、〈四牡〉、〈皇皇者華〉，每一篇而一終也。」「笙入三終者，謂吹笙之人，入於堂下，奏〈南陔〉、〈白華〉、〈華黍〉，每一篇一終也。」其他「間歌」、「合樂」之節，亦皆三篇連用[7]，則〈鹿鳴〉、〈四牡〉、〈皇皇者華〉三篇連用，乃先秦用樂之慣例也。而〈四牡〉詩云：

　　　四牡騑騑，周道倭遲。豈不懷歸，王事靡盬，我心傷悲。

　　　四牡騑騑，嘽嘽駱馬。豈不懷歸，王事靡盬，不遑啟處。

　　　． ． ．　　　　　　　　． ． ． ．

　　　駕彼四牡，載驟駸駸。豈不懷歸，是用作歌，將母來諗。

此詩之首章曰「豈不懷歸，王事靡盬，我心傷悲」，次章曰「王事靡盬，不遑啟處」，三章曰「不遑將父」，四章曰「不遑將母」，

---

5 《儀禮·燕禮》卷六，頁705，新文豐出版公司。
6 鄭《志》答炅模云：「爲《記》注時執就盧君，先師亦然。後乃得毛公《傳》既古，書義又宜；然《記》注已行，不復改之。」盧君，指盧植，鄭玄嘗從之學，後又同師事馬融；先師，即指馬融。見《鄭志疏證》卷三，世界書局。
7 見《禮記正義》卷六十一，頁1007，東昇出版事業公司。

終章乃曰「是用作歌，將母來諗」。若以詩辭觀之，則此詩乃征夫行役而念其父母之辭，殊無燕饗之意也。〈詩序〉云：「〈四牡〉，勞使臣之來也。有功而見知則說矣。」鄭注《儀禮》則云：「〈四牡〉，君勞使臣之來樂歌也。此采其勤苦王事，念將父母，懷歸傷悲，忠孝之至，以勞賓也。」然則，觀此詩辭，「勤苦王事，念將父母，懷歸傷悲」，則是矣，而並無勞來燕饗之意也。朱子《集傳》故曲為之解云：

> 此勞使臣之詩也。夫君之使臣、臣之事君，禮也。故為臣者奔
> 走於王事，特以盡其職分之所當為而已，何敢自以為勞哉？然
> 君之心則不敢以是而自安也。故燕饗之際，敘其情以閔其勞。[8]

則朱子以為此詩並非使臣自作，乃是君為代敘之辭也。嚴粲《詩緝》則更輾轉為釋，云：

> 使臣既還，文王燕饗以勞之，而歌是詩焉。述其在途之情，而
> 設為使臣自道之辭。

由此足見朱子、嚴粲二家，皆讀〈四牡〉之辭，見其中並無燕饗之實；然對舊說亦不敢輒改，故如此曲折作解也。又〈皇皇者華〉詩云：

> 皇皇者華，于彼原隰。駪駪征夫，每懷靡及。
>
> 我馬維駒，六轡如濡。載馳載驅，周爰咨諏。
>
> 我馬維騏，六轡如絲。載馳載驅，周爰咨謀。
>
> 我馬維駱，六轡沃若。載馳載驅，周爰咨度。
>
> 我馬維駰，六轡既均，載馳載驅，周爰咨詢。

〈詩序〉曰：「〈皇皇者華〉，君遣使臣也。送之以禮樂，言遠而有光華也。」然詩辭中絕不見有「送之以禮樂」之言，此詩與〈四

---

8 《詩經集註》卷四，頁79，群玉堂出版公司。

牡〉同為征夫行役之辭，而與「燕饗」無關聯。朱子則從〈詩序〉
之說，亦迂迴申說之，云：

> 此遣使臣之詩也。君之使臣，固欲其宣上德而達下情；而臣之
> 受命，亦惟恐其無以副君之意也。故先王之遣使臣也，美其行
> 道之勤，而述其心之所懷，曰：彼煌煌之華，則于彼原隰矣；
> 此駪駪然之征夫，則其所懷思常若有所不及矣。蓋亦因以為戒。

朱子謂〈皇皇者華〉為君「遣使臣之詩」，以合詩辭「載馳載驅，
周爰咨諏」之句，然此固使臣征途中自敘其事，而與「燕饗」並無
涉也。故朱子亦嘗對此有疑，不敢自安，而云：

> 按〈序〉以此詩為君遣使臣。《春秋》內、外《傳》皆云「君
> 教使臣」，其說已見前篇，《儀禮》亦見〈鹿鳴〉。疑亦本為
> 遣使臣而作，其後乃移以它用也。然叔孫穆子所謂「君教使臣
> 曰：每懷靡及，諏謀度詢，必咨於周，敢不拜教。」可謂得詩
> 意矣。

可見朱子亦以〈皇皇者華〉所以用為燕饗者，乃「其後乃移為它用」
之故，並非作詩之本意也。嚴粲《詩緝》則引曹氏之說云：「說者
以為使臣被君之光寵以出，遠近高下皆有光華，此為使臣之辭則可，
以為君遣之辭則不可。」則此詩固為使臣自道其行役之勞，並非君
遣之辭也，遑論燕饗之云？

以上就〈鹿鳴〉、〈四牡〉、〈皇皇者華〉三篇舊說為燕饗詩者
分析之，唯〈鹿鳴〉之文辭合於燕饗之實，〈四牡〉、〈皇皇者華〉
二篇之詩辭皆與燕饗無涉。諸如此類，詩辭與舊說不合之情形，陳
啟源《毛詩稽古編》曾論云：

> 詩篇皆樂章也。然詩與樂實分二教，〈經解〉云：「詩之教，
> 溫柔敦厚；樂之教，廣博易良。」是教詩、教樂，其旨不同也。
> 〈王制〉云：「樂正立四教以造士：春秋教以禮樂，冬夏教以

詩書。」是教詩、教樂，其時不同也。故敘詩者止言作詩之意，
其用為何樂，則弗及矣。即〈鹿鳴〉燕群臣，〈清廟〉祀文王
之類，亦指詩之意而言；其言奏之為樂，偶與作詩之意同耳，
敘自言詩，不言樂也。意歌詩之法自載於《樂經》，元無煩敘
詩者之贅及；《樂經》今亡不存，則亦無可考矣。

陳說是也。蓋作詩與用樂不同，作詩者有作詩之意，用樂則有不同
之場所。就作詩一端言，有讀其詩辭而詩義自明者，有略藉疏通詩
辭而詩義亦自明者，則敘詩者自可言此詩之何爲而作也，如〈鹿鳴〉
一詩是矣。詩之用於樂者則不同。或有援其詩而入於樂者，或有因
其樂而作詩者；而此樂則可使用於不同場所，有用之於燕饗者、有
用之於鄉射者、有用之於朝會者，則吾人不可謂其詩爲「燕饗之詩」、
爲「鄉射之詩」、爲「朝會之詩」，蓋作詩之本意並非如此也。[9]是
故，朱子云「正小雅，燕饗之樂也。」「正大雅，會朝之樂，受釐
陳戒之辭也。」實誤蹈「以樂論詩」之病[10]，宜乎陳啓源《稽古編》
非之也。茲舉〈楚茨〉一詩，以證朱子「以樂言詩」之爲弊病也。
其詩云：

> 楚楚者茨，言抽其棘。自昔何為？我藝黍稷。我黍與與，我稷
> 翼翼。我倉既盈，我庾維億。以為酒食，以享以祀。以妥以侑，
> 以介景福。
>
> 濟濟蹌蹌，絜爾牛羊，以往烝嘗。或剝或亨，或肆或將。祝祭
> 于祊，祀事孔明。先祖是皇，神保是饗。孝孫有慶，報以介福，

9　例如〈燕禮〉：「工歌〈鹿鳴〉、〈四牡〉、〈皇皇者華〉」謂〈鹿鳴〉等爲「燕饗
之樂」；而〈鄉飲酒禮〉：「工歌〈鹿鳴〉、〈四牡〉、〈皇皇者華〉」亦可謂此等
爲「鄉飲酒之樂」乎？由此可知朱子「以樂論詩」之誤謬也。

10　姚際恆《詩經通論》卷前「《詩經》論旨」云：「人謂鄭康成長於《禮》，《詩》
非其所長，多以《三禮》釋《詩》，故不得《詩》之意。予謂康成《詩》固非長，《禮》
亦何長之有？苟使真長於《禮》，必不以《禮》釋《詩》矣。」又云：「說《詩》必
不可據《禮》，《集傳》常蹈此病。」故以禮、樂說詩，常不得詩義，鄭玄之據《禮》
論《詩》，朱子則據樂而言，其弊病相同也。

萬壽無疆。

執爨踖踖，為俎孔碩。或燔或炙，君婦莫莫。為豆孔庶，為賓
為客，獻酬交錯，禮儀卒度，笑語卒獲。神保是格，報以介福，
萬壽攸酢。

我孔熯矣！式禮莫愆。工祝致告，徂賚孝孫。苾芬孝祀，神嗜
飲食，卜爾百福。如幾如式。既齊既稷，既匡既敕，永錫爾極，
時萬時億。

禮儀既備，鍾鼓既戒。孝孫徂位，工祝致告。神具醉止，皇尸
載起。鼓鍾送尸，神保聿歸。諸宰君婦，廢徹不遲。諸父兄弟，
備言燕私。

樂具入奏，以綏後祿。爾殽既將，莫怨具慶。既醉既飽，小大
稽首。神嗜飲食，使君壽考。孔惠孔時，維其盡之。子子孫孫，
勿替引之。

此詩之內容，為敘述祭祀，而後行燕饗之禮。首章由藝黍稷而致倉
庾充盈，因此作為酒食以祭祀求福；次章則言備牲以祭祀；三章寫
祭祀中為爨之狀，與迎賓獻酢歡忻之情；四章為祭祀禱告之辭；五
章言祭祀已畢，送尸廢徹，燕私之狀；卒章則述樂具而客飽醉，主
人送客，而客酬答祝頌之辭。全詩乃祭祀而遂行燕饗之詩也[11]，為〈小
雅〉詩篇中最典型之燕饗詩。而禮家之論行禮用樂，則經常與詩之
本意無關。如《禮記·玉藻篇》云：「趨以〈采齊〉」，鄭《注》
云：「路門外之樂節也。門外謂之趨。齊當為〈楚薺〉之薺。」陸
德明《經典釋文》引〈玉藻〉，即作〈采薺〉；而賈公彥《周禮疏》
引〈玉藻〉作〈楚茨〉。又《大戴禮記·保傅篇》云：「步中〈采
茨〉」，〈采茨〉即〈采薺〉，亦即〈楚茨〉也。然而，就〈楚茨〉

---

11 〈毛詩序〉云：「〈楚茨〉刺幽王也。政煩賦重，田萊多荒，饑饉降喪，民卒流亡，
祭祀不饗，故君子思古焉。」謂古者祭祀燕饗如此，刺幽王時不然也。

之詩辭觀之，其爲祭祀燕饗之詩則無疑，其後〈楚茨〉用爲步趨之樂，吾人若逕謂「〈楚茨〉，步趨之樂也。」則其謬之至，固明顯可知也。由此而言之，「作詩之意」與「用樂」不同，其理甚明；若以用樂之情形，以爲即作詩之意，則方鑿圓枘，爲可能乎？朱子即是常蹈此病也。

是故，《禮儀》〈鄉飲酒禮〉、〈鄉射禮〉之歌二〈南〉之詩，不可謂二〈南〉乃鄉、射之詩；兩君之相見，而奏〈文王〉、〈清廟〉之詩，亦不可即謂此二詩乃兩君相見之詩也。又如，天子送迎之樂用〈肆夏〉、饗元侯之樂則金奏〈肆夏〉、〈繁〉、〈遏〉、〈渠〉，皆本於用樂之習慣，尤非所以敘詩而論其旨者也。是則，《集傳》以正〈小雅〉爲「燕饗之樂」，豈能無置疑其間乎？既以正〈小雅〉並非如朱子所言，盡爲「燕饗之樂」；而以此概括性之言語，亦不能盡〈小雅〉之所有詩篇。由此可知，朱子所謂「正〈小雅〉，燕饗之樂也」，其所下定義並不周延也。

第三節　正〈小雅〉詩篇中燕饗詩內容析論

《禮記·禮運》篇云：「夫禮之初，始諸飲食。其燔黍捭豚，汙尊而抔飲，蕢桴而土鼓，猶若可以致其敬於鬼神。」蓋以「飲食之禮」合宗族、鄉人而燕之，乃先民所以團結宗族與方國之禮。故「卜辭」有「唯多生鄉」、「鄉多生」、「盧伯潫其延呼鄉」之遺文。夫「鄉」即「饗」之初文也。殷、周之王室之宴來朝之諸侯，與諸侯之相朝，諸侯之於其來聘之大夫，以「饗禮」待之，其事例見之於先秦古籍中者頗多。此種饗禮之見於《詩經》中，最明白可見者，如〈行葦〉之詩，云：「戚戚兄弟，莫遠具爾。或肆之筵，或授之几。」言其爲燕同宗兄弟及耆老之詩也；「或獻或酢，洗爵奠斝，

醓醢以薦。或燔或炙，嘉殽脾臄，或歌或咢。」言其飲食獻酬，歌樂之盛也；「敦弓既堅，四鍭既鈞。舍矢既均，序賓以賢。」則謂燕饗之後，而行賓射之禮也。[12]又如〈鳧鷖〉之詩曰：「鳧鷖在潨，公尸來燕來宗。既燕于宗，福祿攸降。公尸燕飲，福祿來崇。」此既祭之明日，繹而賓尸之燕飲也[13]。其詩既曰「來燕來宗」、「既燕于宗」，則其在宗廟燕饗爲可知也。〈魯頌・有駜〉之詩曰：「有駜有駜，駜彼乘黃。夙夜在公，在公載燕。自今以始，歲其有。君子有穀，詒孫子。于胥樂兮！」此亦爲燕飲而賓頌禱之詩也。故燕饗之詩篇，其實遍在〈雅〉、〈頌〉之篇，不獨〈小雅〉有之耳。朱子乃以「正〈小雅〉，燕饗之樂也。」欲概括正〈小雅〉之詩，既不能盡其詩篇之內容，況其可爲〈小雅〉之定義乎？

　　然而，若取〈小雅〉與〈大雅〉、〈頌〉諸詩相較觀之，〈小雅〉燕饗詩數量最多，亦是事實；故朱子概括之言，亦可以代表〈小雅〉詩篇之特徵也。今就〈小雅〉諸篇考之，藉由詩辭可知其爲敍燕饗之事者，除〈鹿鳴〉外，尚有〈常棣〉、〈伐木〉、〈魚麗〉、〈南有嘉魚〉、〈蓼蕭〉、〈湛露〉、〈楚茨〉等篇皆是也。

　　如〈常棣〉之詩，〈毛詩序〉云：「燕兄弟也。閔管、蔡之失道，故作〈常棣〉焉。」鄭《箋》云：「周公弔二叔之不咸，而使兄弟

---

12 《禮記・射義》云：「古者諸侯之射也，必先行燕禮；卿大夫之射也，必行鄉飲酒之禮。」可見燕饗之後，皆行射禮以娛賓也。〈投壺〉亦云：「投壺之禮，主人奉矢，司射奉中，使人執壺。主人請曰：『某有枉矢哨壺，請以樂賓。』賓曰：『子有旨酒嘉肴，某既賜矣。又重以樂。敢辭。』」鄭《注》云：「燕飲酒，既脫屨升坐，請投壺；否則或射，所謂燕射也。」可見燕飲酒之後，或行投壺之禮，或行射禮，其義一也。《禮記正義》卷十九，頁1101，新文豐出版公司。

13 《儀禮・鄉飲酒禮》云：「明日，賓鄉服以拜賜；主人如賓服以拜辱。主人釋服，乃息司正。無介，不殺，徵唯所欲，以告於先生君子可也。賓介不與，鄉樂唯欲。」見行燕饗之禮，其次日，賓須回謝於主人，主人設饋食、鄉樂以侑賓，兼慰勞司正等執事者。鄉飲酒禮如此，雖《儀禮・燕禮》未明文記載，推燕禮亦當如此。此繹而賓尸之禮，史書有載之。如《春秋》宣公八年，《傳》云：「壬午猶繹。」《注》云：「繹，又祭。陳昨日之禮，所以賓尸也。」《公羊春秋》宣八年《傳》亦云：「繹者何？祭之明日也。」可以爲證。

之恩疏，召公爲作此詩而歌以親之。」朱子亦以爲：「此燕兄弟之樂歌。」今觀〈常棣〉詩辭，既曰：「儐爾籩豆，飲酒之飫。兄弟既具，和樂且孺。」又曰：「妻子好合，如鼓琴瑟。兄弟既翕，和樂且湛。」是其詩之所以作也，諸家之說無異詞。

〈伐木〉之詩，〈序〉云：「燕朋友故舊也。」此詩三章[14]，皆藉伐木起興；首章以鳥鳴以求友聲，隱喻人之不可無友也；次章云：「既有肥羜，以速諸父。寧適不來，微我弗顧。於粲洒埽，陳饋八簋。既有肥牡，以速諸舅。寧適不來，微我有咎。」乃言燕饗，宜遍及同姓、異姓之友也；三章云：「伐木于阪，釃酒有衍。籩豆有踐，兄弟無遠。民之失德，乾餱以愆。」則謂民之所以失其朋友之義者，非必有大故，但以乾餱之薄而不予分人耳，故我於朋友，不計有無，但及閑暇，則飲酒以相樂也。[15]

〈魚麗〉詩，〈序〉曰：「美萬物盛多，能備禮也。」《集傳》以爲：「此燕饗通用之樂歌。即燕饗所薦之羞，而極道其美且多，見主人禮意之勤，以優賓也。」《儀禮》之〈燕禮〉、〈鄉飲酒禮〉於升歌「〈鹿鳴〉三終」後，皆笙〈南陔〉、〈白華〉、〈華黍〉；繼而間歌〈魚麗〉、笙〈由庚〉，歌〈南有嘉魚〉、笙〈崇丘〉，歌〈南山有臺〉、笙〈由儀〉。〈南陔〉、〈白華〉、〈華黍〉、〈由庚〉、〈崇丘〉、〈由儀〉六篇爲「笙詩」，鄭注《儀禮》、《禮記》於六笙詩云：「皆〈小雅〉篇也。其義未聞。」注〈魚麗〉、〈南有嘉魚〉、〈南山有臺〉三篇，則云：「〈魚麗〉，言太平年豐物多也。此采其物多酒旨，所以優賓也。」「〈南有嘉魚〉，言太平，君子有酒，樂與賢者共之也。此采其能以禮下賢者，賢者累

---

14 〈伐木〉之詩，舊本分爲六章，朱熹《詩集傳》改爲三章，引劉氏云：「此詩每章首輒云『伐木』，凡三云『伐木』故知當爲三章。舊作六章，誤矣。」茲從其說。
15 見《詩集傳》語。

蔓而歸之，與之宴樂也。」「〈南山有臺〉，言太平之治，以賢者
爲本也。此采其愛友賢者，爲邦家之基、民之父母，既欲其身之壽
考，又欲明德之長也。」鄭《注》所本，乃禮家之說，與〈毛詩序〉
合，蓋此三篇爲燕饗之通用樂歌，用諸鄉飲與朝廷燕禮者也。

鄭玄《詩譜·小大雅譜》云：「〈小雅〉十六篇爲正經」「〈小
雅·六月〉之後，皆謂之變雅。」[16]據是，則〈蓼蕭〉、〈湛露〉、
〈彤弓〉、〈菁菁者莪〉四篇當亦爲燕饗之詩也。

〈蓼蕭〉之詩，〈序〉云：「澤及四海也。」其辭云：「蓼彼蕭
斯，零露湑兮。既見君子，我心寫兮。燕笑語兮，是以有譽處兮。」
《箋》云：「天子與之燕而笑語，則遠國之君，各得其所，是以稱
揚德美，使聲譽常處天子。」此說與〈序〉、《傳》合；朱子亦云：
「諸侯朝于天子，天子與之燕，以示慈惠，故歌此詩。」可見此詩
爲天子與諸侯燕饗之詩也。

〈湛露〉詩，〈序〉云：「天子燕諸侯也。」此詩之二章云：「湛
湛露斯，在彼豐草。厭厭夜飲，在宗載考。」則其所燕者，爲同姓
之諸侯也。其他如〈彤弓〉之〈序〉云：「天子錫有功諸侯也。」
朱子亦云：「此天子燕有功諸侯，而錫以弓矢之樂歌也。」〈菁菁
者莪〉，《集傳》云：「此亦燕飲賓客之詩。」尋繹詩辭，皆近是。
唯上述〈蓼蕭〉等四篇，禮書未見其用樂之場合耳。

以上據正〈小雅〉十六篇，或由舊說其用爲「燕饗之樂」者，或
以詩辭分析知其爲「燕饗之詩」者，大致尚能符合朱子「燕饗之樂」

16 陸德明《經典釋文》〈節南山之什〉第十九，下云：「從此（按：〈節南山〉）至〈何
草不黃〉，凡四十四篇，前儒申毛，皆以爲幽王之變小雅。鄭以〈十月之交〉以下四
篇是屬王之變小雅。漢興之初，師移其篇次，毛爲詁訓，因改其第焉。」鄭玄以〈十
月之交〉以下四篇屬屬王，與毛〈序〉不合，蓋出於齊魯之說。阮元《揅經室集》卷
四，〈詩十月之交四篇屬幽王說〉一文，據曆詳考，毛說合者有四，魯說不合者亦有
四；迮鶴壽《齊詩翼氏學·齊詩篇第說》亦不從鄭說。詳拙著《陳壽祺父子三家詩遺
說研究》第九章〈鄭康成之詩經學〉、第三節〈十月之交四篇屬屬王說〉頁182－184，
臺灣師大國文研究所集刊第三十期。

之說。唯是,謂正〈小雅〉為「燕饗之樂」,則不如言其為「燕饗之詩」之切中也。

第四節　正〈小雅〉十六篇以外燕饗詩析論

以上所述,正〈小雅〉之燕饗詩,皆由作詩者在宴飲之時稱頌主君之辭,可稱之為「第一人稱敘述」之燕饗詩篇。此類燕饗詩,除正〈小雅〉十六篇之外,尚有〈桑扈〉、〈鴛鴦〉、〈頍弁〉等篇皆屬之[17]。而在〈小雅〉之中,亦實有以「第三人稱敘述」,以備述燕饗之禮儀者,則如前述〈楚茨〉與〈賓之初筵〉是也。唯〈楚茨〉乃祭祀而後行燕饗之禮,〈賓之初筵〉則在大射後行之,二者微有不同耳。[18]〈賓之初筵〉云:

> 賓之初筵,左右秩秩。籩豆有楚,殽核維旅。酒既和旨,飲酒孔偕。鍾鼓既設,舉酬逸逸。大侯既抗,弓矢既張。射夫既同,獻爾發功。發彼有的,以祈爾爵。
>
> 籥舞笙鼓,樂既和奏。烝衎烈祖,以洽百禮。百禮既至,有壬有林。錫爾純嘏,子孫其湛。其湛曰樂,各奏爾能。賓載手仇,室人入又。酌彼康爵,以奏爾時。
>
> 賓之初筵,溫溫其恭。其未醉止,威儀反反。曰既醉止,威儀

---

17 〈桑扈〉,〈序〉云:「刺幽王也。君臣上下動無禮焉。」然觀其辭並無有如〈序〉意者,故舊說皆以為「陳古以刺今。」《集傳》云:「此亦天子燕諸侯之詩。」據詩辭:「兕觥其觓,旨酒思柔。彼交匪敖,萬福來求。」《集傳》之說甚是,蓋亦臣頌其主君之德也。〈鴛鴦〉,《集傳》云:「此諸侯所以答〈桑扈〉也。」〈有頍者弁〉,《集傳》云:「此亦燕兄弟親戚之詩。」據詩辭考之,並無不合者,故皆為燕饗之詩篇也。

18 燕禮與射禮,孰先孰後?禮家之說不同。《儀禮‧燕禮》,於燕禮始行,君臣各就位次,「命賓」、「納賓」,由射人主之,「升歌」、「笙奏」、「間歌」、「合鄉樂」之後,樂正告以樂備,「射人自阼階下,請立司正;射人自為司正。」乃見其先行射禮,後行燕饗之禮也,與〈賓之初筵〉之程序符合。而《禮記‧射義》云:「古者諸侯之射也,必先行燕禮;卿、大夫、士之射也,必先行鄉飲酒之禮。」其程序則與燕禮相反。

幡幡。舍其坐遷，屢舞僊僊。其未醉止，威儀抑抑。曰既醉止，
威儀怭怭。是曰既醉，不知其秩。

賓既醉止，載號載呶。亂我籩豆，屢舞僛僛。是曰既醉，不知
其郵。側弁之俄，屢舞傞傞。既醉而出，並受其福。醉而不出，
是謂伐德。飲酒孔嘉，維其令儀。

凡此飲酒，或醉或否。既立之監，或佐之史。彼醉不臧，不醉
反恥。式勿從謂，無俾大怠。匪言勿言，匪由勿語。由醉之言，
俾出童羖。三爵不識，矧敢多又。

按：〈毛詩序〉云：「〈賓之初筵〉，衛武公刺時也。幽王荒廢，
媟近小人，飲酒無度，天下化之，君臣上下，沈湎淫液，武公既入，
而作是詩也。」諸家皆從〈序〉說，以此詩爲衛武公刺時之作；然
亦有以爲武公飲酒自悔過之詩者。[19]若撇去「醉酒失儀」不言，此實
敍燕饗最詳備之詩。《集傳》於首章云：「此章言因射而飲者，初
筵禮儀之盛。」次章云：「此言因祭而飲者，始時禮樂之盛如此也。」
三章云：「此章極言醉者之狀，因言賓醉而出，則與主人俱有美譽；
醉至若此，是害其德也。」終章云：「言飲酒者或醉或不醉，故既
立監而佐之以史，則彼醉者所爲不善而不自知，使不醉者反爲之羞
愧也。安得從而告之，使勿至於大怠乎？」則此詩敍燕饗飲酒之狀
也。此詩與前述因燕饗而賓頌主人之辭，或主人樂與賓共飲之詩爲
異；蓋一爲燕飲之頌詩，一爲敍述燕飲之詩也。〈小雅〉燕饗之詩
篇，當有此二類也。

---

19 《國語》卷十七，〈楚語〉上，左史倚相曰：「昔衛武公年數九十又五矣，猶箴儆於
國，曰：『自卿以下，至於師長士，苟在朝者，無謂我老耄而舍我，必恭恪於朝，朝
夕以交戒我：聞一二之言，必誦志而納之，以訓導我。』在輿有旅賁之規，位宁有官
師之典，倚几有誦訓之諫，居寢有褻御之箴，臨事有瞽史之導，宴居有師工之誦；史
不我書，矇不失誦，以訓御之，於是乎作〈懿戒〉以自儆也。」〈抑〉詩在〈大雅〉。
《韓詩序》於〈賓之初筵〉云：「衛武公飲酒悔過也。」《韓詩翼要》云：「衛武公
刺王室，亦以自戒。」朱子《集傳》云：「按此詩意，與〈大雅·抑戒〉相類，必武
公自悔之作，**從韓義**」。

結　語

　　綜上述各節之分析，朱子「正〈小雅〉，燕饗之樂也」之言，雅有不安。蓋說詩有說「作詩之意」，有說「用詩之意」[20]，皆當就詩辭之本文而說之；朱子則以用樂而言詩，殊非所以論詩之法也。據禮書所載，行禮之歌樂多採〈小雅〉詩篇，如「升歌三終」之用〈鹿鳴〉、〈四牡〉、〈皇皇者華〉；「間歌」用〈魚麗〉、〈南有嘉魚〉、〈南山有臺〉；而「笙詩」六篇，亦〈小雅〉之篇，故知〈小雅〉乃用樂之本也。但就說詩一端言，應據「作詩之意」而言，不當據「用詩之意」也。故如〈四牡〉、〈皇皇者華〉二篇，其詩辭本無燕饗之意，必藉《春秋傳》使臣之賦詩、與〈序〉、《傳》之申說，方知其為「燕勞使臣」，而為燕饗之詩者，明其非詩之本義，故不得謂此類之詩為「燕饗之詩」也；又禮書雖不載其用於燕饗之場合，如〈常棣〉、〈伐木〉、〈天保〉、〈蓼蕭〉、〈湛露〉、〈彤弓〉、〈菁菁者莪〉諸篇，則藉由詩辭本文，即可意會其為燕兄弟、朋友之詩，為燕饗頌禱之詞者，則反當謂其為「燕饗之詩」也。又經上述之分析，燕饗詩有以「第一人稱敘述」，為賓主相酬者；又有以「第三人稱敘述」，以敘述燕饗之禮儀者，《詩經‧小雅》中之「燕饗之詩」，實具是二類也。

---

20 皮錫瑞《經學通論》卷二，〈論《詩》比他經尤難明，其難明者有八〉一條云：「就詩而論，有作詩之意，有賦詩之意。鄭君云：『賦者，或造篇，或述古。』故詩有正義、有旁義、有斷章取義。以旁義為正義則誤，以斷章取義為本義尤誤。」朱子之誤在以禮家用樂之節為詩之本義，此已由陳啟源、姚際恆辨之矣。

第七章　敘事詩之文學類型
及其發展述論

前　言

　　本章擬以「文學類型」之文學批評觀點，討論存在於《詩經》一書中之敘事詩篇之藝術成果，及其對後世同類型文學之發展與影響。

　　「文學類型」乃趨向於形式主義之文學批評法。不同之文學類型，以其具備不同之組織形式，因而產生其結構之理論。敘事詩在中國詩歌文學中，作品份量較少；對於其結構之理論更是付之缺如。是故，本篇對於西哲亞里士多德《詩學》一書中之敘事詩結構理論多有所借重。既然從嚴密之理論檢驗結果觀察，先秦時代所產生之敘事詩作品乃是合乎理論標準者，其作品份量雖少，則言中國敘事詩在文學根源時期之成果已屬豐碩，其誰曰不宜？由此可知，胡適之先生將中國敘事詩產生之時代推定在東漢之末，確是有疏忽之處。對於《詩經》中敘事詩作品之藝術成就，及其對後世同類型文體發展之影響，本章尤其致予完全之肯定與歎賞。

第一節　論敘事詩之文學類型及
《詩經》之前有無敘事詩

　　「文學類型」之產生，乃是將文學以文學上之特殊組織或結構分類，而非以時代或地域分類；類型之觀念，是趨向形式主義者。Rene

& Wellek 二人在合著之《文學理論》一書中，關於「文學類型」一術語，即傾向於此種解釋。二氏云：

> 我們以為，文學類型應該是對文學作品的一種劃分，且在理論
> 上，這種劃分是根據外在形式（特殊的格律和結構）和內在形
> 式（態度、語調、效用－或稍為粗略一點，題材和讀者觀眾）。[1]

對於西方詩體之理論，亞里士多德與賀瑞斯(Horace)之觀點，乃是學者討論文學類型原理之古典範本。亞氏將詩基本區分為「抒情詩」、「史詩」、「戲劇」三大類型，且根據「模倣之方式」（manner of imitation）加以區別，認為：抒情詩乃詩人本身之外射人格；在史詩中，詩人則一面現身說法，作為一個敘述者，一面又使其角色直接說話（即混合敘述－mixed narrative）；而在戲劇中，詩人則隱藏於其角色陣容之後。[2]關於西方詩之分類，王夢鷗先生則認為：

> 過去關於詩之一般的分類，大別為三：抒情詩、敘事詩、劇詩
> （戲曲）。並且在這排列的順序上，還隱含有詩之歷史的演進
> 情形；也就是說：由抒情的歌謠演進為敘事的詩歌，敘事的詩
> 歌與舞蹈相合而有戲曲。[3]

倘若以詩體之創作，組織結構由簡單形式而趨向複雜，內容由個體之單純抒情演為繁雜之敘事，說明抒情詩之出現遠早於敘事詩，理論上或誠如是者。然就中國最早之文學總集－《詩經》加以觀察，十五〈國風〉之作品內容大抵為短章之抒情詩；而〈大雅〉則儘多史詩性質之敘事詩。若據以言〈國風〉作品皆早於〈大雅〉，事實上即多所不合。此乃中、西文學類型與發展歷程之差異，因此以上

---

1 見《THEORY OF LITERATURE》 by Rene & WELLEK 梁伯傑譯，大林學術叢刊，頁 371。
2 同前註頁 365。
3 見王夢鷗著《文學概論》，頁 163，「敘事」。

之觀點並非爲鐵則定律。[4]

　　本章之重點在討論《詩經》中之敘事詩。中國文學中敘事詩之數量，在總體詩歌之比率上所占極微。因此，胡適之先生在著《白話文學史》時，即認爲故事詩（Epic）在中國之興起甚遲，云：「所以我們很可以說中國古代民族沒有故事詩，僅有簡單的祀神歌與風謠而已。」[5]胡先生爲提倡白話文學，因此對列於典雅文學之《詩經》三百篇中〈生民〉、〈玄鳥〉等作品，僅認爲此等詩篇「很可以作故事詩的題目，然終於沒有故事詩出來。」在態度上可謂有意予以忽略。然而，事實是否如此？此乃本章所關注之問題也。

　　再則，中國敘事詩一向不發達，不如西方文學之以敘事詩取勝。一般認爲，由於中國史學發達，詩之「敘事」功能已爲史書所取代。因此，從來討論詩之功能者，皆界定在「抒情」之範圍。如《尚書·堯典》云：「詩言志，歌永言，聲依永，律和聲；八音克諧，無相奪倫，神人以和。」即是將詩界定爲「言志」；而最早產生之詩論作品〈毛詩大序〉則云：「詩者，志之所之也。在心爲志，發言爲詩。情動於中，而形於言；言之不足，故嗟歎之；嗟歎之不足，故永歌之；永歌之不足，不知手之舞之，足之蹈之也。」更是將詩限定在「言志」之範圍；「詩言志」乃成爲中國詩之抒情傳統。迨夫劉勰著《文心雕龍·明詩篇》，則云：「大舜云：『詩言志，歌永言。』聖謨所析，義已明矣。是以在心爲志，發言爲詩，舒文載實，其在茲乎！詩者，持也，持人情性。」如是云云，尤其總結歸納前

4　《詩經》中大部份作品之年代皆無從查考。然一般認爲，在《詩經》三百零五篇中，最早產生之作品爲〈周頌〉，乃屬於成、周時代之作品；〈大雅〉亦有多篇周初之作。〈小雅〉多產生在西周中葉以後。至於短篇之十五〈國風〉，最早之作品作於西周末年；最晚之作品如〈陳風·株林〉、〈曹風·下泉〉等篇，則在春秋中葉以後。故是王夢鷗先生云：「由抒情的歌謠演進爲敘事的詩歌，敘事的詩歌與舞蹈相合而有戲曲。」之演進，與《詩經》產生之次序由〈頌〉最早，〈大雅〉、〈小雅〉、〈國風〉居後之情形不合。

5　見胡適《白話文學史》第六章，〈中國古代民族沒有故事詩〉一節。

人之理論矣。即使是在詩之「六義」中，最有可能發展爲敘事詩之「賦」，劉勰乃云：「賦者，鋪也。鋪采摛文，體物寫志也。」而漢代盛行之賦體，則僅表現其鋪張文采之功能，偏重於「寫志」之一面，並不展現賦之特性。故此，詩之功能既然受限定在「言志」一端，則大篇幅之敘事詩難以出現，乃可以理解者也。

然而，詩原本皆具有敘事之功能，即如抒情詩之類之作品，亦須藉助敘事以言志，否則詩豈非成喃喃之語，使人莫知所云乎？嚴格言之，所有之詩皆必須是敘事者。[6]是故，在《詩經》作品集結之後，說詩之家皆在詩中探求詩之「事義」，此乃春秋時代士大夫折衝樽俎之際常「賦詩道志」之原理根據。設使一首詩在文辭之外若無眾所週悉之「事義」，則一方既賦此詩，另一方如何得悉賦詩者之「志」乎？又如孔子教導弟子，及弟子之「引詩喻志」，或孟子、荀子著作中之「引詩說理」；以至於漢代四家詩（特別是「毛詩」）所成就之〈詩序〉，皆在「即詩以求其本義」。「本義」者，即此詩何爲而作也，亦即「其事爲如何？」之意。故一切之詩篇，皆兼涵抒情與敘事兩種功能也。

詩歌之產生，乃本於人類感情之自然流露。詩既兼具有「抒情」、「敘事」兩重功能，因此在未有文字記載之前，可能已有敘事詩之存在。何休《公羊傳・注》云：「男女有所怨恨，相從而歌，飢者歌其食，勞者歌其事。」先民朴質，好耽幻想，歌謠乃表達情感與寄託想像之工具，當時可能已有敘事詩，惜乎其未曾流傳。沈德潛著《古詩源》，錄有《左傳》中魏莊子對晉侯所述，昔羊甲之爲太

---

6 王夢鷗先生云：「凡屬文學作品－無論是近代的或古代的，必然帶有抒情詩的血統。捨此之外的，它們是否可冒充爲文學作品，都值得檢討。」王先生之說與本章之主張可互爲表裏。大凡詩皆含有抒情之成份，此乃詩與散文最大之區別，因此即使是敘事詩亦必有抒情之性質；其相同情況，即使是抒情詩亦必含有敘事之功能。事義之與情感，乃是交互呈現之狀態，兩者無法孤立而存在。王先生之說見《文學概論》。

史，命百官箴王之闕。其虞人之〈箴〉云：「芒芒禹跡，畫爲九州，經啓九道。民有寢廟，獸有茂草。各有悠處，德用不擾。在帝夷羿，冒于原獸。忘其國恤，而思其麀牡。武不可重，用不恢于夏家。獸臣司原，敢告僕夫。」此當已屬敘事史詩矣！然其文辭頗類《詩經》四言之體，而其內容則爲述古之作，似非后羿當時之人道當時之事者；況孤章僅存，不足爲證。故是，討論先秦時代之敘事詩，仍不得不據《詩》三百篇，以探究其中「敘事詩類型」之詩篇也。

第二節　敘事詩之形式及其理論

如前節所述，中國之敘事詩篇在整體詩作品中所佔比率極少，不似西方文學以敘事詩取勝。亞里士多德著《詩學》討論之「詩」，所特指者乃敘事詩與悲劇作品；而古西臘之盲詩人荷馬所創作之《伊里亞德》與《奧德賽》兩篇史詩，爲探討西方文學源頭必讀之鉅著，在世界文學史中佔有極重要之地位。由於敘事詩是西方文學之主要題材，相應於此等文學題材之理論因之而起，故是亞氏所討論之對象－「詩」之理論，即是集中在敘事詩之設計方面，其所著《詩學》即在討論敘事詩。吾人在討論敘事詩時，頗須借重其理論。亞氏云：

> 吾人之對象為詩。我所要提出說明者非僅屬一般的詩藝，而且關於詩的類型以及詩的諸種機能；關於形成一首好詩的情節結構；關於構成一首詩的數量與性質；以及以同樣的研究方式來處理其他的問題。[7]

亞氏開章明義說明其所處理者並非一般之詩藝；所謂之「一般詩藝」，即泛指無情節結構之短詩而言。關於敘事詩與戲劇，亞氏認

---

7 本篇使用之《詩學》爲臺灣中華書局印行，姚一葦先生譯注本；兼參考陳中梅譯注本，北京商務印書館印行。

定二者所事從者,皆是「動作之模擬」。其言云:

> 敘事詩與悲劇、以及喜劇、酒神頌、和大部的豎笛樂和豎琴樂,
> 大體言之,均屬模擬之模式。但同時它們在三方面有所區別:
> 或為不同種類的媒介物,或為不同的對象,或為不同的模擬的
> 樣式。

同書第四章,又云:

> 大體言之,詩的產生基於兩個因素,每一因素皆出於人之天
> 性。模擬自孩提時代即為人之天性;人之優於動物,即因為人
> 為世界上最善模擬之生物;人類的最初之知識即自模擬中得
> 來。再者,自模擬中獲得快感亦屬人之天性。

在亞氏藝術理論中,首先提出「模擬」之重要概念。「模擬」一概念當然是承襲柏拉圖之說;但亞氏所不同於柏拉圖者在於:柏拉圖之藝術之形上基礎乃是建立在「理念論」上,其藝術教育之最高境界在臻於「善之理念」。依柏拉圖之見,真實世界存在於「理念世界」中,現象世界則為理念世界之幻影,亦即現象世界乃理念世界之「模擬」;而藝術更屬於對現象界之模擬,故為「模擬之模擬」,其去理念世界尤為遙遠。故柏拉圖對於藝術並不肯定其存在之必要性,在其「理想國」第十卷即主張將藝術家逐出理想國之外。亞里士多德則不然。彼以為模擬乃出於人類之天性,人類之知識自模擬中得來;而藝術即立在此模擬天性上。彼肯定由模擬中可獲得快感,而且是人類之天性,因此轉而對於藝術給予肯定。[8]

藝術既是藉由「動作之模擬」產生,亞里士多德因此就模擬之媒介物種類區分藝術為不同之類型。在模擬活動中,媒介物乃模擬者之工具,使用在對象上,而表現為不同之樣式。關於「媒介物」,

---

8 關於亞里士多德之藝術理論,見楊深坑《柏拉圖美育思想研究》,及姚一葦《詩學箋註》第四章,頁 54—55。

亞氏以為：

> 正如有人或出於藝術，或出於經驗，以顏色與形狀作為媒介物
> 模擬與描繪出多種事物，而有人則利用聲音。（《詩學》第一
> 章）

此處亞氏所討論者，實包涵一切之藝術活動。例如：以顏色作為
媒介物者，即繪畫之藝術；而以形狀作為媒介物者，即雕刻與建築
之藝術。亞里士多德在《詩學》一書中，所欲討論之對象為「詩」，
詩與音樂相同者，在於兩者皆屬於「聲音」之藝術。故亞氏云：

> 大體言之，所用媒介物不外韻律、語言與諧音，無論其為單獨
> 運用或作某種的結合。諧音與韻律之結合是為豎琴樂與豎琴樂
> 之媒介。……僅有韻律而無諧音是為舞蹈之模擬媒介物。……
> 更有一種藝術僅以語言作為模擬媒介物，或以散文，或以韻
> 文，而無諧音。

由媒介物之不同，亞氏區分聲音之藝術為不同之類型，分別為「音
樂」、「舞蹈」與「文學」。當然音樂、舞蹈與文學，有時自亦可
以結合成為另外不同之藝術型態。因此，亞氏又云：

> 最後有種藝術混用上列全部媒介物─韻律、旋律與韻文，是為
> 酒神頌與頌歌，以及悲劇與喜劇；其間的區別為：前者此三種
> 媒介物係併合使用，而後者係分別使用，更迭出現。

無可置疑者，敘事詩為屬於「聲音」之藝術類型，其使用之媒介物
為「語言」、「韻律」與「諧音」（此處特指音樂），三者乃「分
別使用」與「更迭出現」之狀態。再者，構成敘事詩之第二個條件，
則是必須有模擬之對象。亞氏云：

> 模擬的對象表現為動作中的人，這種人當然是或善或惡。蓋複
> 雜的人類的性格往往自此一基本的區別中派生，故善惡之界分
> 足以區分整個人類。從而這些人物所表現的；或較吾人為善，

> 或較吾人為惡，或與吾人相同。[9]

而在戲劇中模擬對象則是：

> 喜劇較今日之一般人為惡；悲劇則較一般人為善。

按：以模擬對象人物之善惡爲悲、喜劇善惡之區別，並非是亞氏所創，柏拉圖在「理想國」中即有就人物之倫理或道德之優劣，爲判別藝術優劣之標準；此一劃分，係爲西臘人普遍之觀念，故亦爲亞氏藝術精神之所寄託。[10]又依亞氏之模擬理論，藝術之構成條件，則是「模擬之表現方式」。《詩學》第三章云：

> 藝術第三方面之區別為諸種對象被表現的樣式。當給與之模擬媒介物與對象相同時，詩人可以採取：（一）有時以作者口吻敘述，有時通過一個假托藝術第三方面之區別為諸種對象被表現的樣式。當給與之模擬媒介物與對象的人物言說出來，如荷馬所從事的；或為(二)全篇以一貫之方式敘述，沒有變化；或為(三)由模擬者將整個故事戲劇地照所描述的實際表演出來。

按：此段是談論「敘述觀點」問題。所謂之「敘述觀點」，乃是作爲故事情節受觀察及被敘述之寫作設計，按其敘述之立足點，可分之爲「第一人稱觀點」（或稱「有限觀點」）、「第三人稱觀點」（或稱「全能觀點」），以及「有限之第三人稱觀點」（有限之全能觀點）三種。按照亞里士多德之分法，第一種表現方式相當於「第一人稱敘述觀點」；第二種表現方式相當舫「全能敘述觀點」；第三種則較不易歸納。姚一葦氏云：

> 柏拉圖《理想國》三九二至三九四指出：詩之形式按理論之順序劃分可別為三種，一、純敘述的，如酒神頌；第二、戲劇的，

---

9 《詩學》第二章。亞里士多德曾舉學例說明，如：波里格羅達斯所描畫之人物較吾人爲善；保遜所描畫之人物較吾人爲惡；戴盎尼西亞則正與吾人相同。

10 詳見姚一葦《詩學箋註》第二章，頁 43，及《藝術的奧秘》第四章「論模擬」、第八章「論完整」。

如悲劇與喜劇；第三、敘述與戲劇的混合形式，即時而敘
述的，時而戲劇的，如敘事詩。[11]

據此可知，亞氏關於敘述觀點之論述，乃承襲柏拉圖之分類。據
柏拉圖與亞里士多德之說，「敘事詩」爲敘述與戲劇之混合形式，
故論戲劇或即等同討論敘事詩也。由於藝術乃築基在人類模擬之天
性，模擬者之「性格」爲異，則其所創作藝術之類型即有所不同；
易言之，藝術之類型乃是決定於模擬者之「性格」也。《詩學》第
四章云：

> 由於詩人本身性格的差別，不久詩分爲兩大類型。比較起來，
> 嚴肅的一類表現爲高貴的動作與高貴的人物；而瑣屑的一類表
> 現卑賤的人的行爲。後者產生了諷刺詩，正如前者產生了讚歌
> 與頌詞。

此乃作品產生之最初形態。然而迨其續爲發展，則是：

> 一經悲劇與喜劇出現，使寫諷刺詩者變成寫喜劇；同時使寫敘
> 事詩者變成寫悲劇。

按：由作者之性格決定藝術之類型，並判定其品格之優劣高下，
乃源於亞里士多德肯定從事模擬活動中可以獲取快感；而快感則有
高下之別。姚一葦先生論之云：

> 在不同之藝術中，快感亦是有區別的，其間有高低之分，一種
> 爲消遣的快感便屬低下，蓋消遣之目的乃使忙碌之人恢復疲
> 勞，便含有『快感』以外之目的。故他認爲悲劇之快感高於喜
> 劇，滑稽一般低於嚴肅（見＜倫理學＞一一七七ａ）。[12]

類同於此，用作家道德之高下決定其作品之優劣，中國傳統詩論中

---

11 見《詩學箋註》，頁 48。本篇關於「敘述觀點」之歸類，參考幼獅文化事業公司出
　　版，徐進夫譯《文賞欣賞與批評》（A Handbook of Critical Approaches to Literature）
　　頁 258。
12 姚一葦《詩學箋註》，頁 55。

亦有相同之觀念。如鄭玄〈詩譜序〉云：

> 文、武之德，光熙前緒，以集大命於厥身，遂為天下父母，使
> 民有政有居，其時《詩風》有〈周南〉、〈召南〉；〈雅〉有
> 〈鹿鳴〉、〈文王〉之屬。及成王、周公致太平，制禮作樂，
> 而有〈頌〉聲興焉，盛之至也。本之由此〈風〉、〈雅〉而來，
> 故皆錄之，謂之詩之「正經」。後王稍更陵遲，懿王始受譖，
> 亨齊哀公，夷身失禮；之後，邢不尊賢。……故孔子錄懿王、
> 夷王時詩，訖於陳靈公淫亂之事，謂之「變風」、「變雅」。
> 以為勤民恤功，昭事上帝，則受頌聲，弘福如彼；若違而弗用，
> 則被劫殺，大禍如此。吉凶之所由，憂娛之萌漸，昭昭在斯，
> 足作後王之鑒，於是止矣。[13]

鄭玄「風雅正變」之理論，乃是依據作者所處之時代道德之高低為
決定者。南宋朱熹繼承此種詩論，則判分詩之成品有「詩之作」與
「詩之教」兩端。以為：「詩者，人心之感物而形於言之餘也。心
之所感有邪正，故言之所形有是非。惟聖人在上，則其所感者無不
正，而其言皆足以為教。」用以說明詩有風雅正變之不同類型，並
判別正變作品其間之優劣，與亞氏之論頗為類似。[14]凡此，皆就詩之
內在品格以評騭詩之品格之高下者也。又者，吾人若就「文學類型」
之觀點討論「敘事詩」，則首先須揭其與「抒情詩」之區別，其區
別在於：一般「抒情詩」並不具備「情節」，而「敘事詩」則必須
有完整之「情節」結構。姚一葦先生以為：

> 亞氏指出藝術所模擬的對象有三，即人物、情緒與動作。所謂
> 藝術品的統一性或完整性係指：人物的統一，情緒的統一與動

---

13 鄭玄《詩譜·序》，頁6，《毛詩正義》，東昇出版事業公司。
14 朱熹《詩集傳·序》，蘭臺書局。

作的統一。而亞氏尤強調「動作的統一」的重要。[15]

　　蓋亞里士多德曾指出：「悲劇爲對一個動作之模擬，此一動作其本身係屬完整，完整中且具某種長度；蓋有種完整係缺乏長度者。所謂完整乃指有開始、中間和結束。」[16]關於「動作」所指爲何？亞氏並無單獨之說明，然《詩學》第六章，則云：

> 再者，悲劇爲表現一個動作，動作必包含『動作之人』；而『動作之人』當具有性格與思想之特殊品質，由此特殊品質乃造成動作之各種特殊性。衡諸常理，人之動作有思想與性格兩因素，此二因素爲造成人們的成敗的緣由。今者戲劇中所完成之「動作」係通過故事或情節來具現。吾人於此間所指之情節，簡而言之，即事件之安排或故事中所發生之事件。

所謂「戲劇中所完成之『動作』係通過故事或情節來具現」，輒見「情節」在模擬動作中爲其核心。當然者，「動作之人」所具有之「性格」與「思想」之特殊品質，亦爲完成「動作」之要素；「情節」、「性格」、「思想」乃是敘事詩之核心部份也。[17]

　　亞氏論悲劇之六大要素，尙有言及「場面」一項。所謂「場面」者，係指演員在戲劇中之舞臺表現，在論敘事詩時則乃是可以省略者也。是以吾人可言者，敘事詩乃表現「聲音」之藝術類型，在完成其模擬之行動中，應包含五項要項。此五要項分別爲：屬於「模擬媒介物」之「語法」、「旋律」與屬於「模擬對象」之「情節」、「性格」、「思想」等。因中、西語言與音樂之不同，「語法」、「旋律」之表現方式自然有差異；然皆爲構成敘事詩之必要條件，

15　見《藝術的奧秘》，頁 223。

16　見《詩學箋註》，第七章。

17　巴氏譯本，「戲劇中所完成之動作係通過故事或情節來具現。」譯爲：「情節爲對於動入之模擬。」（Plot is the imitation of action.）姚一葦先生認爲如此譯文更明白。見《詩學箋註》頁 75。

自不待言。由於中國敘事詩作品之份量不多，因此無系統之理論以討論關於敘事詩之「情節」、「性格」、「思想」等問題。職是故也，在考察《詩經》中之敘事詩之際，對於亞氏之理論實有藉資之必要。

第三節　《詩經》中之一般敘事詩

　　根據前節所述，亞氏說明悲劇之故事或其適當構造，以為在討論悲劇之諸般性質，如語法、韻律、情節、性格、思想等等要求，則在敘事詩中亦需完全具備也。《詩學》第二十三章云：

> 關於詩，即僅以韻文為媒介物之模擬，而不供表演者，有數點
> 與悲劇相同，當可確信。敘事詩的故事結構必須和戲劇一樣；
> 它們必須建立在一個單一的動作上，它必有其自身之完整，有
> 開始、中間和結束，恰如一個生物的有機的統一體，足以產生
> 其自身所獨有之快感。

除此之外，敘事詩篇較之抒情詩須具有較長之「長度」，《詩學》第七章云：「悲劇為對一個動作之模擬，此一動作其本身係屬完整，完整中且具某種長度；蓋有某種完整係缺乏長度者。」此對於敘事詩而言，乃一體適用者也。

　　關於亞氏論悲劇之完整性與其長度問題，吾人可舉《詩經·國風》中普遍視為「棄婦詩」之〈邶風·谷風〉、〈衛風·氓〉、〈王風·中谷有蓷〉三篇為例進行解析。此三篇作品皆是具備「以韻文為媒介物之模擬」之完整藝術作品，而其中之〈谷風〉、〈氓〉二篇屬「完整中且具有某種長度」者，其故事情節更具備有敘事詩「有開始、中間和結束」之完整統一性。但〈中谷有蓷〉則不具備「長度」之條件。〈中谷有蓷〉一詩云：

> 中谷有蓷，暵其乾矣。有女仳離，慨其嘆矣。慨其嘆矣，遇人
> 之艱難矣。
>
> 中谷有蓷，暵其修矣。有女仳離，條其嘯矣。條其嘯矣，遇人
> 之不淑矣。
>
> 中谷有蓷，暵其濕矣。有女仳離，啜其泣矣。啜其泣矣，何嗟
> 及矣。

此詩計三章，三章中除了少數字不同外，三章之疊詠，實已具備《詩
經》「複沓結構」之完整藝術形態。唯此詩並不具備「長度」，故
僅屬於抒情詩之類型，並不符合敘事詩之要求也。亞氏曾論及抒情
詩與敘事詩之不同者，在於抒情詩乃是「蓋有某種完整係缺乏長度
者」。抒情詩雖然具備藝術品之完整性，但因其缺乏相當長度，以
致無法鋪排完整情節。〈谷風〉詩與〈中谷有蓷〉之題材相同，而
〈谷風〉對於棄婦受到丈夫之棄絕，其中種種緣由之敘述，則具備
「有開始、中間和結束」之結構，則是屬於敘事詩也。雖然二詩皆
能充份使用敘事詩常用之「倒敘」[18]方式敘述焉。〈谷風〉詩云：

> 習習谷風，以陰以雨。黽勉同心，不宜有怒。采葑采菲，無以
> 下體。德音莫違，及爾同死。
>
> 行道遲遲，中心有違。不遠伊邇，薄送我畿。誰謂荼苦？其甘
> 如薺。宴爾新昏，如兄如弟。
>
> 涇以渭濁，湜湜其沚。宴爾新昏，不我屑以。毋逝我梁，毋發
> 我笱。我躬不閱，遑恤我後！

---

18 〈中谷有蓷〉為抒情詩。本文在前節已討論及，抒情詩亦必然具有「敘事」之功能。
令人訝異者，〈中谷有蓷〉已使用一般敘事詩經常使用之「倒敘」方式（to narrate an
incident in inverted order chronologically）。此詩藉由蓷草（益母草）受水浸漬，由潤
澤、而抽長、而乾瘁之隱喻，對比棄婦由初受棄時之號咷大哭，繼而嘯如長縷不絕，
終於抽噎歎息而已，完全符合常人驟然遭遇災難時所表現之過程。舊注最先揭出〈中
谷有蓷〉之倒敘現象者為鄭玄。鄭《箋》云：「蓷之傷於水，始則濕，中則脩，久而
乾。有似君子於己之恩，徒用凶年深淺為薄厚。」是也。見《毛詩鄭箋》，新文豐出
版公司。

就其深矣，方之舟之；就其淺矣，泳之游之。何有何亡，黽勉
求之。凡民有喪，匍匐救之。

不我能慉，反以我為讎。既阻我德，賈用不售。昔育恐育鞠，
及爾顛覆。既生既育，比予于毒。

我有旨蓄，亦以御冬。宴爾新昏，以我御窮。有洸有潰，既詒
我肄。不念昔者，伊余來墍。

此詩乃藉由棄婦之回憶以敘述者。在棄婦之回憶中，初婚時，彼即
已體悟夫妻為同體，憂戚與共之崇高意義，因而思夫婦相愛，黽勉
同心，貧病相扶持，而彼此立下「德音莫違，及爾同死」之誓言，
其中情景，猶歷歷在目前耳。今則被棄，離家之時，又正是陰雨連
綿時日，山風寒涼，灌進頸項，襲擊全身，此等悲凄之景象，令人
難堪之甚也。棄婦則回想起離家時，彼無情寡恩之丈夫僅僅送至家
門口，連更送一步亦嫌其多餘；而自身乃依依難捨，步履艱難。詩
人此時用比喻云：孰云荼荼為苦乎？比諸我棄婦心中之苦，則荼荼
竟如薺菜之甘甜也！此比喻與婦人平日對於菜蔬之稔熟之生活經驗
完全貼切，可謂添增作品之真實而呈現其現實意義，令人對於詩人
之巧思讚佩不置耳。不特此也，棄婦此時除依戀不捨之外，心中亦
陡然萌生妒恨交加之情緒，「宴爾新昏，如兄如弟」二句，即自然
道出詩中人物心中真實之情境，除形象鮮明外，復添幾分活潑之意
趣。棄婦之怨怒，乃是甚為深切而強烈者。彼則思及，如同彼涇水，
乃與渭水合流而混濁矣－自身原本幸福美滿之家庭生活，豈非亦因
第三者之加入而生勃谿時起、以致衝突而決裂乎？乃彼無情之丈
夫，反不能顧念舊情，則逼迫自身離去；此時在悲憤交加之餘，不
禁即欲亢聲呼求曰：「勿行近我所堆疊之石梁乎！勿開啟我擺置之
魚笱，以取走當屬於我之魚乎！」旋又轉念思及－自身既已不見容
於丈夫，而受迫離去矣！則將如何顧及去後新人如何經營此一家道

乎？深念所之，悲憤之餘復且萬分絕望矣！回憶輒使人墜入無以自拔之深淵，詩人寫作之際，即是順此棄婦回憶之思緒之流轉，以進行此詩敘述之歷程也。棄婦則回想自身一向對家道無盡之經營，對周遭人群付出無私之顧念－此中之一切，皆是爲圓成自身之幸福，故以治家爲其生活之核心，而不爲其他耳；今則被棄而去家，其情何以堪乎！然則，此亦棄婦莫大之隱痛也！「不我能慉，反以我爲讎。既阻我德，賈用不售。」自身一切之努力，不能獲取自私無情之丈夫之眷愛則亦已矣；最難堪者，莫過於丈夫竟視自身爲讎敵，完全無視於自身爲愛情之努力，與爲家庭而經營之用心；此如同店商置貨以鬻，方當貨品未能售出時，其心情之鬱怏一般。此處詩人以極生活化之語言，道出棄婦心中之鬱悒，已博取千古以下相同遭遇，或感同身受之讀者之同情，此等意象之經營，無疑最爲成功者也。至於「既生既育，比予于毒。」二句，則道出人生之荒謬感，頗有反諷之藝術效果。然而，如此一切之回憶，幽幽之隱痛，在返回現實世界時，所得者乃是完全之無助－深切之無力感，棄婦此時終能體悟，自身僅是丈夫之工具而已也。「我有旨蓄，亦以御冬；宴爾新昏，以我御窮。」乃是棄婦最終之了悟，於焉面對丈夫無盡之暴力相向，無邊之語言刺激，終致陷落至心殫力竭之境地矣。棄婦雖則亦道其心中最深摯之渴望，冀望丈夫之回轉心意，能回想初婚時美好之種種；然此則終成爲奢望，已屬必然之結局矣。詩人即在此棄婦無助之呼喚餘音中，驟然結束此詩，留給讀者無盡沈思，所謂言有盡而意無窮也。

由此言之，本篇作品乃是完全符合亞里斯多德對於敘事詩之品格要求，包括「須建立在單一的動作上」「有自身的完整性」「有開始、中間和結束」「具備一定的長度」等等，因此足以產生其獨特之快感。是則，其誰曰《詩經》中無敘事詩乎？人將不之信也。

更且令吾人能復誦〈氓〉此一相同主題之詩也。本詩亦具備敘事詩諸如「語法」、「韻律」、「情節」、「性格」、「思想」、「長度」等諸般性質。其詩云：

> 氓之蚩蚩，抱布貿絲。匪來貿絲，來即我謀。送子涉淇，至于頓丘。匪我愆期，子無良媒。將子無怒，秋以為期。
>
> 乘彼垝垣，以望復關。不見復關，泣涕漣漣。既見復關，載笑載言。爾卜爾筮，體無咎言。以爾車來，以我賄遷。
>
> 桑之未落，其葉沃若。于嗟鳩兮！無食桑葚。于嗟女兮！無與士耽。士之耽兮，猶可說也；女之耽兮，不可說也。
>
> 桑之落矣，其黃而隕。自我徂爾，三歲食貧。淇水湯湯，漸車帷裳。女也不爽，士貳其行。士也罔極，二三其德。
>
> 三歲為婦，靡室勞矣。夙興夜寐，靡有朝矣。言既遂矣，至于暴矣。兄弟不知，咥其笑矣。靜言思之，躬自悼矣。
>
> 及爾偕老，老使我怨。淇則有岸，隰則有泮。總角之宴，言笑晏晏。信誓旦旦，不思其反；反是不思，亦已焉哉！

本篇棄婦詩語言優美，音韻和諧。內容乃敘述一熱情之少女，不勝男子之追求，致動其真情，不顧一切隨從男子而私奔矣；其終在竭心盡力，協助此男子復興家道之後，遭致無情之拋棄，回思往事，有無限之感慨，然又極端之無可奈何！本詩情節完整，敘述過程詳盡。由首章男子始進行追求，而女子之回應之言，即已顯現「匪我愆期，子無良媒」乃二人交往過程中最大之矛盾；縱使如此，但「將子無怒，秋以為期」，女子終究亦妥協而答應之矣；且妥協如是之溫婉也。在次章中，一純情少女之形象，甚為鮮明呈現於吾人之眼前；此少女由等待男子回應期間之「泣涕漣漣」，以至於既見之下之「載笑載言」，詩人藉由主角之情緒動作，十足引動讀者之心情。在私奔之有限條件下，二人之結合乃逃避繁瑣之「婚姻六禮」，難

免顯得因陋就簡。此二人之婚配是否經過卜筮之過程乎？或僅在男子粉飾之言辭下推託掩覆乎？此時即非如此重要矣。女子乃迫不及待提出要求，「以爾車來，以我賄遷」，既配合男子之意願，同時稱呼亦由較爲生疏之「子」，改爲較親暱之「爾」，完全透露主角內在之心理變化。然而，在此之際亦爲主角人物往後之悲劇埋下其主因－「私奔」終究爲女主角在生活中不能言說之遺憾與隱痛也。最奇特者乃是，本詩與〈谷風〉一般，乃是以第一人稱之「有限觀點」敘述者，但在第三章，詩篇之作者眼見女子即將陷落之危機，乃不禁其情切跳出，而言：「桑之未落，其葉沃若。吁嗟鳩兮。無食桑葚；吁嗟女兮，無與士耽。」一類勸誡之話語，此不僅增加此一事件之緊迫性，且強化之本身之張力，[19]比諸〈谷風〉一詩棄婦在離開夫家之前一份不甘、不捨哀婉之感情，本詩更是憑添幾分活潑之趣味。關於詩人跳脫作品中人物之有限觀點，而以全能觀點之敘述方式，姚一葦先生在箋註《詩學》時云：

> 就以語言爲媒介之藝術言，亞氏分爲敘述的與表演的兩大類；
> 而敘述的類復因敘述者的口吻的改變，有以作者口吻敘述到底
> 者，亦有三者口吻出之者，故又別爲不同的類，合爲三種
> 模擬之樣式。

由此觀之，《詩經》作者已經能應用此三種不同之觀點進行敘述，達乎不露痕跡之境界矣。透過詩人對於作品之細心經營，〈氓〉詩中之女主角再也無以逃避其自身所織就之網罟，而陷落在悲傷與自憐之命運中。在本詩之第四章，作者借由女主角之口吻，敘述三年期間之婚姻生活，竟使得一原本青春活潑之熱情少女，歷經一切滄

---

19 張力（Tension），在作品中，乃相反勢力之牽引。「以文學批評的意義而言，係結合種種不同的要素，使詩歌、戲劇或小說產生一種內在生命的相反特質。如此，我們可以指出某一作品主題與形式之間的張力。」說見徐進夫譯《文學欣賞與批評》一書附錄四，「術語略釋」，頁261。

桑而老去矣－此乃是心靈無止境陷落之結局也！「淇水湯湯，漸車帷裳」兩句，乃用象徵性之語言，描述主角人物在婚姻生涯中不可為人道之艱辛；而此間之苦痛，則完全來自男子之用情不專，「女也不爽，士貳其行。士也罔極，二三其德。」女子在德行方面並無偏差，其錯謬者在男方之三心二意，此點在雙方始為交往之際，女方於熱情之餘無法識透，乃極其自然也。終於，女子乃有深沈之幽怨矣；此一幽怨又伴隨現實生活之勞頓而來，雙方之衝突由此展開，「言既遂矣，至於暴矣」二句，即道盡女子處於婚姻暴力之下，心靈之苦楚；而「兄弟不知，咥其笑矣」二句，尤其說明此等痛楚乃是不足為旁人道者，即使親如兄弟亦然。其中之主因，殆即當初之結合方式－私奔，不為他人所諒解故也。在此一無奈之情勢下，主角僅能藉由回憶以忘卻現實之苦楚－而此一苦楚偏又無邊無涯，「淇則有岸，隰則有泮」，浩大之淇水尚有涯岸，沼澤亦有其邊畔，然則此身之痛楚終無休止之時也。在詩篇結束之第六章，主角人物乃藉初婚時之歡愉以撫慰自身受創之心靈；感慨之餘，與〈谷風〉詩相同者，主角人物皆是陷在無可奈何之心緒裡，絲毫無超脫之餘地，令讀者在誦讀之餘，不禁同情其處境，而社會人心之澆漓，更是歷歷如繪，本詩之中確實煥發以現實主義之色彩也。

　　《詩經》中一般性之敘事詩篇，當然不止上述兩篇。有敘事詩之顯著性質者，如〈豳風〉之〈七月〉、〈東山〉、〈小雅〉之〈采薇〉、〈出車〉、〈節南山〉等皆是也。然若單就敘述事件之單一性，與情節之連貫完整性，則諸篇皆不如以上所舉兩篇，可作為《詩經》中敘事詩文學類型之代表作品也。例如〈采薇〉一詩，作者乃透過「薇亦作止」、「薇亦柔止」、「薇亦剛止」等字句，藉由薇菜之初生，以至於柔嫩而剛勁，以表述時光之遞遭，似乎亦具備敘事詩敘事之程序；然卻缺乏敘事詩所須具有之「統一性」。亞里士

多德曾指出，藝術所模擬之對象有三，即：人物、情緒與動作。因此，所謂藝術之完整性，此中包含：「人物之統一」、「情緒之統一」與「動作之統一」三者；而且亞氏尤其強調「動作統一」之必要性。其言曰：

> 悲劇（或指敘事詩）為對一個動作的模擬。此一動作其本身係屬完整，完整中且具某種長度；蓋有種完整係缺乏長度者。所謂完整，乃指有開始、中間和結束。

從中可知，敘事詩中所謂之「動作」，乃不能為枝節、片斷，或不相連貫者；而僅能為一有組織、不可分割之動作。由此觀之，〈采薇〉一詩即不能切合於敘事詩之標準，而較傾向於抒情詩之作品也。至於〈東山〉、〈出車〉、〈節南山〉等篇之情形與〈采薇〉類同。又如〈七月〉一詩，內容乃敘述一年農作之次第，在全篇八章之中，對於十二月間農作流程之敘述，則是「交錯之」、「反覆之」，而非呈現「開始」、「中間」與「結束」之敘事結構。是故以上諸詩皆僅屬「敘事」之詩，然迥非「敘事詩」之詩篇。敘事詩與非敘事詩間之分辨，在技術上應不致困難也。

第四節　《詩經》中之敘事史詩

　　吾人若衡以西方敘事詩以擔負敘述歷史事件功能之標準，則在《詩經》中最能合乎「敘事詩」要求者，莫過於〈大雅〉中之〈生民〉、〈公劉〉、〈緜緜瓜瓞〉、〈皇矣〉、〈大明〉等五篇。以上五篇敘事詩分別敘述各代周民族英雄之事跡，例如敘寫后稷事跡之〈生民〉、敘公劉之〈公劉〉、寫古公亶父之〈緜緜瓜瓞〉、寫文王之〈皇矣〉、以至於敘寫武王之〈大明〉等諸先公先王開國之**偉大事跡，實**可以代替周史以講述者，乃屬於「敘事史詩」之文學

類型；其有別於前述兩篇以敘述社會、民生、人情、故實之一般性敘事詩文學型態也。

在此五篇「敘事史詩」中，〈公劉〉以下四篇皆就諸英雄之事跡作平實之敘述，足可爲歷史家撰寫歷史之依據。其中唯〈生民〉一詩敘述后稷之始生以「無父感生」發端，則充滿神話傳說之意味，頗有討論之餘地也。此詩云：

> 厥初生民，時維姜嫄。生民如何？克禋克祀，以弗無子。履帝武敏歆，攸介攸止。載震載夙、載生載育，時維后稷。
>
> 誕彌厥月，先生如達。不坼不副，無菑無害，以赫厥靈。上帝不寧，不康禋祀，居然生子。
>
> 誕寘之隘巷，牛羊腓字之。誕寘之平林，會伐平林。誕寘之寒冰，鳥覆翼之。鳥乃去矣，后稷呱矣。實覃實訏，厥聲載路。
>
> 誕實匍匐，克岐克嶷，以就口食。蓺之荏菽，荏菽旆旆。禾役穟穟，麻麥幪幪，瓜瓞唪唪。
>
> 誕后稷之穡，有相之道。茀厥豐草，種之黃茂。實方實苞，實種實褎，實發實秀，實堅實好，實穎實栗，即有邰家室。
>
> 誕降嘉種，維秬維秠，維穈維芑。恆之秬秠，是穫是畝；恆之穈芑，是任是負，以歸肇祀。
>
> 誕我祀如何？或舂或揄，或簸或蹂；釋之叟叟，烝之浮浮。載謀載惟，取蕭祭脂，取羝以軷，載燔載烈，以興嗣歲。
>
> 卬盛于豆，于豆于登，其香始升。上帝居歆，胡臭亶時。后稷肇祀，庶無罪悔，以迄于今。

本首敘事史詩，乃周人爲祭祀其始祖后稷而作者。詩篇由后稷始生之靈異說起，由第一章至第三章，敘述姜嫄由於無夫產子故棄之，而有天祐之以顯其靈異，后稷終得以成長；第四、五章寫后稷善於種植作物；第六章則寫天爲助之，賜以嘉種，后稷得以收穫而歸祭

祀；第七、八章寫後人祭祀祈福之情景。全詩是以作者「我」之口氣敘述到底者，其間不雜其他敘述之觀點，故得到統一諧和的境界，是成熟之敘事詩手法也。

　　然而，〈生民〉此一敘事史詩，因其乃素樸之口傳文學，於敘述后稷生平時，特別強調其靈異事跡；其中最怪誕者，莫過於「無父感生」之神話。「無父感生」神話乃周人爲強調其始祖之神聖性，應無可置疑；然其所以出現此一神話，其爲保留原始神話乎？抑或後人著文時之增飾乎？則頗有可說者也。關於此點，德國史學家伯倫漢（Ernst Bernheim）曾云：

> 在口傳方面，吾人尤須分別其間之作僞與錯誤。真正的口傳，係關於歷史上某種事故之傳說；唯傳之既久，則其間自可發生以誤傳誤之處，但無所謂作僞也。故如吾人不加考證，而將此項口傳用作爲史料，則其咎在於吾人自己，謂爲吾人之錯誤，但不得謂之作僞。又如吾人將古來之神話，視爲史料而徵引之，則其錯誤亦類是。然真正之口傳與造作之口傳間，自不難加以區別；蓋後者全無歷史事實爲其根據，而前者則不然也。20

　　按：司馬遷著《史記‧周本紀》時，即據〈生民〉以敘述周民族之起源，此詩爲真正之口傳，爲歷史家所普遍承認者，殆無可疑也。而與司馬遷同時之漢代經學家，[21]對於后稷之生，即有「感生說」與「人倫說」之分別；蓋前者爲今文經說，後者則爲古文家說也。許

20　德國史學家（Ernest Berheim），史學方法論之鼻祖。此引自其所著《史學方法論》，陳韜譯，臺灣商務印書館。
21　《漢書‧儒林傳》：「孔氏有古文《尚書》，孔安國以今文字讀之，因以起其家，逸《書》得十餘篇，蓋《尚書》滋多於是矣。……安國爲諫大夫，授都尉朝，而司馬遷亦從安國問故。遷書載〈堯典〉、〈禹貢〉、〈洪範〉、〈微子〉、〈金縢〉諸篇，多古文說。」又云：「申公，魯人也。……弟子爲博士十餘人，孔安國至臨淮太守。」知司馬遷從孔安國受學，爲古文《尚書》、魯《詩》之學者也。

慎《五經異義》云：

> 《詩》魯、齊、韓、《春秋公羊》說，聖人皆無父，感天而生；《左氏》說，聖人皆有父。謹案〈堯典〉：「以親九族。」；即堯母慶都感赤龍而生堯，堯安得九族而親之？《禮讖》云：「唐五廟。」，知不感天而生。22

又《史記‧三代世表》云：

> 張夫子問褚先生曰：「《詩》言契、后稷皆無父而生。今案諸傳記，咸言有父，父皆黃帝子也，得無與《詩》謬乎？」褚先生曰：「不然。《詩》言契生於卵、后稷人跡者，欲見其有天命精誠之意耳。鬼神不能自成，須人而生，奈何無父而生乎！一言有父，一言無父，信以傳信，疑以傳疑，故兩言之。

案：漢代今文《詩經》有魯、齊、韓三家；魯詩則有「張、唐、褚氏之學」。《史記‧三代世表》所錄張夫子與褚先生之對話，張夫子爲張長安，褚先生即褚少孫，皆魯詩學者王式之弟子，二人之言，即魯詩之說也。據許慎《五經異義》所錄，今文家皆主張「無父感生」之說；主張「聖人皆有父」之說者，乃古文學家。若就人類生殖之事實而言，古文學家之說似乎較合乎實際。但據社會學家或文化人類學者之研究，人類社會之演進，在父系社會成立之先，曾實施母系社會制度，當時之人僅能知其母而不知其父。由此觀之，〈生民〉詩中「無父感生」之神話，乃是反映當時社會之真實現象，亦可由此證明此詩之可靠也。古文學家則以契、稷分別爲帝嚳之元妃、次妃所產，其說雖符合於人類生殖之事實，乃謬於歷史之真實也。故「無父感生」之說，非獨無荒誕之色彩，亦且合乎人類社會演進之實情也。

---

22 見《漢魏遺書鈔》引《毛詩正義》〈生民〉疏。

第五節　《詩經》以後敘事詩之發展

　　繼《詩經》之後，敘事詩之文學有更進一步之發展。相較於《詩經》之寫實性格，《楚辭》則呈現特殊之浪漫氣質，而表現爲一種自傳式之敘事詩型態。蓋《楚辭》之作品中普遍籠罩濃厚之宗教氣氛，作者往往馳騁其想像，鋪張以華麗之辭采，大量引用神話傳說。若言《詩經》之敘述乃質樸直率之表達，《楚辭》則提供一樣既真實且華美之敘事形態。如〈離騷〉一篇，乃作者屈原之自傳。[23]在本篇自傳式之敘事詩中，作者不僅明確交代其身世，且在作品中敘述其全部之思想、情感、人格、想像與願望。劉大杰《中國文學發展史》云：

> 〈離騷〉是屈原在流放中的作品，也是他一生中最偉大的詩
> 篇。全詩三百七十三句，共二千四百九十個字，成為中國古代
> 最雄偉的長詩。在〈離騷〉裏，屈原將他的思想、感情、想像、
> 人格融合為一，通過綺麗絢爛的文采和高度的藝術，傾吐出自
> 己的歷史、理想，表達出對於昏庸王室和腐敗貴族的憤恨，而
> 流露出愛國家、愛人民的深厚的情感。在這一篇詩裡，使我們
> 體會到一個苦悶的靈魂追求真理光明而感到幻滅的悲劇。

　　就敘事詩之文學類型言，〈離騷〉抒情式之敘述手法，令吾人認識敘事詩之另一種形式－敘事詩亦可爲抒情之形態；敘述事件、說明真象，並非爲敘事詩唯一之功能。設若敘事詩僅能使用於敘述事件，則散文殆爲更有效之工具，而不須以詩之形式表現矣。茲舉〈離騷〉之首段爲例說明之：

---

23 劉知幾《史通・序傳》第三十二，云：「蓋作者自敘，其流出於中古乎？案屈原〈離騷〉，其首章上陳氏族，下列祖考；先述厥生，次顯名字。自敘發跡，實基於此。」，里仁書局。

> 帝高陽之苗裔兮，朕皇考曰伯庸。攝提貞于孟陬兮，惟庚寅吾
> 以降。皇覽揆余初度兮，肇錫余以嘉名。名余曰正則兮，字余
> 曰靈均。紛吾既有此內美兮，又重之以修能。扈江離與辟芷兮，
> 紉秋蘭以為佩。汨余若將不及兮，恐年歲之不吾與。朝搴阰之
> 木蘭兮，夕攬洲之宿莽。日月忽其不淹兮，春與秋其代序。惟
> 草木之零落兮，恐美人之遲暮。不撫壯而棄穢兮，何不改此
> 度。……

在〈離騷〉首段中，作者交待其出身與父母命名之用意後，即傾
力以華美之文辭敘述其思想，凡此華辭麗句皆以象徵之手法表現
之。如以「江離」、「辟芷」、「秋蘭」等以象徵其「內美」、「修
能」；又以「朝夕」、「春秋」等時光之嬗遞，表達其對時光蹉跎
之感慨。讀者在閱讀之時，若非以其自身之心靈與作者相契，則將
嫌此象徵表述為晦澀也。亞里士多德在論悲劇（或敘事詩）之六項
要素時，關於「語法」方面，曾云：

> 在文學的要素中，第四為人物的語法；如前所述，乃用言詞以
> 表露他們的意向，用韻文或用散文實際相同。[24]

故〈離騷〉之「語法」雖為特殊，然僅是區域文學之表現，[25]在
屈〈騷〉中，受吾人注意者，乃其「情節」方面之驚奇布排、作者
強烈之「性格」與其「思想」，最能引發讀者之共鳴；凡此，皆為
完成一首敘事詩之多方面要素。〈離騷〉與屈原其他之作品，如〈橘
頌〉、〈涉江〉、〈哀郢〉、〈懷沙〉等篇，皆表現既為抒情而又
敘事之自傳式之敘事詩文學類型。此等敘述之方式成為後代文學家

---

24 見《詩學》第六章。
25 宋黃伯思〈離騷序〉云：「屈、宋諸騷，皆書楚語，作楚聲，紀楚地，名楚物，故謂
   之《楚辭》。若些、只、羌、誶、蹇、紛、佗傺者，楚語也。悲壯頓挫者、或韻或否
   者，楚聲也。沅、湘、澧、修門、夏首者，楚地也。蘭、茝、荃、藥、若、芷、蘅者，
   楚物也。」見陳振孫《直齋書錄解題》引。

大量模倣，故成就漢代之代表性文體，此即「賦體」之文學是也。雖然漢代並不曾發展爲雄偉遼闊之敍事詩體，如西方之史詩結構之作品，然而賦體文學亦是已體盡發揮其敍事之功能者也。

結　語

敍事詩之文學類型早已完成於《詩經》、《楚辭》之時代，成爲中國詩歌文學之傳統，後世作家在此方面之繼承，成績實斐然而可觀。由前文關於敍事詩之文學類型所作之理論闡述，與實際對《詩經》與《楚辭》作品進行實地之分析考察，則吾人可以言者：胡適之先生認爲中國之故事詩出現甚遲，[26]顯然是對於上述作品之刻意忽略，因而其結論亦難免武斷也。

又就漢代之敍事詩而言，此乃胡先生所重視者；然胡先生論漢代之敍事詩，則由蔡琰之〈悲憤詩〉說起。今據《漢書‧禮樂志》，謂武帝時「乃立樂府，採詩夜誦，有趙、代、秦、楚之謳。」其時所採作品觀之，如〈孤兒行〉、〈上山採蘼蕪〉、〈日出東南隅行〉等各篇，尚完全保留著民間作品質樸之特色。若據「敍事詩之文學類型」有關「語法」、「情節」、「性格」、「思想」、「長度」等各方面之衡量，以上各篇皆已符合敍事詩必須具備之條件；其作品產生之時代且早於東漢，則蔡琰之〈悲憤詩〉，其實已爲文人之倣作矣，胡先生乃以之爲中國敍事詩之開端，的確有所不宜也。以至其後如〈孔雀東南飛〉之受推許爲中國敍事詩中最偉大之作品，敍事詩已不再有篇幅短小、事件簡略之缺陷，敍事詩體至是乃臻於成熟之境地也。

此後敍事詩體受到佛經變文之影響，乃轉變爲「唱」、「唸」交

---

26 見本篇第一節所引述。

替之形式，成爲劇曲之先聲，此可稱之爲「變文形式之敘事詩」，或「劇曲式之敘事詩」之文學型態，其繁美富麗，較諸純語言表現之敘事詩，則有進一步之發展也。誠如亞氏所云：

> 一經悲劇與喜劇出現，使寫諷刺詩者變成寫喜劇；同時使寫敘事詩者變成寫悲劇。由於這兩種新形式之藝術較敘事詩與諷刺詩更偉大與更有價值。27

雖然中西文學之內容與形式不同，不宜作同類之比附。但以文體發展過程而言，吾人可以申言者，後起之彈詞（如董解元《弦索西廂》）、戲劇（如宋元南戲、元代雜劇、明清傳奇）等，乃是較上述之敘事詩體更高之藝術表現，此乃敘事詩文學類型完整化、深廣化之另一種藝術型態也。

---

27 見《詩學》第四章。

第八章　周南漢廣篇之經義
發展與文藝述論

前　言

　　本章擬就《詩經》擇《國風‧周南》中之〈漢廣〉篇進行闡述，藉以考見《詩經》學術研究之發展與歸趨焉。胡樸安氏嘗言，「詩經學」一名詞在學術上並不能成立。蓋在學術上祇有詩學，屬於文章學類之範圍，而無所謂「詩經學」也。然而，《詩》三百篇因在漢代立爲經學之一，歷代學者之治此經者眾多，故其範圍日愈廣大，已非文章學門所能涵括；且其研究成果之豐碩，分類可自成統系，而成一門學術，故一向存有此「詩經學」之名耳。[1]根據胡先生所述「詩經學」之內容，首爲命名、釋義，次述《詩經》學術之發展史，以至擴大及於《詩經》之「文字學」、「文章學」、「禮教學」、「史地學」、「博物學」等。胡氏乃以歷代學者之專著，爲此學術門類之分化也。然則，此書之既名爲《詩經》者，於傳統學術則屬於「經學」，所謂之「文字」、「文章」、「禮教」、「史地」、「博物」之學，並不能外於此「經學」之範圍；又此三百篇之本質，是文學作品，其所有「經義」之內容，乃附麗此作品而衍生，故本章擇此二端以進行論述之。

---

1 胡樸安氏之說，見其所著《詩經學‧緒論》，頁1，臺灣商務印書館。

第一節 〈漢廣〉古經傳釋義

〈周南〉十一首詩，標題為地名者，計〈漢廣〉與〈汝墳〉二首。漢為漢水，汝為汝水。以〈漢廣〉論，漢水源出陝西寧羌嶓冢山，中經漢中、鄖陽、襄陽，至漢口而入江。[2]此詩云：「江之永矣。」古於長江之外，無單稱為江者，則此江當指長江。古稱「江漢之地」，其地略在今湖北省境內長江、漢水會合之區域，則〈漢廣〉為出於周南近楚之詩也。[3]〈毛詩序〉云：

> 〈漢廣〉，德廣所及也。文王之道被于南國，美化行乎江、漢之域，無思犯禮，求而不可得也。

此釋詩題云：「德廣所及也。」實則〈漢廣〉之詩題，乃取每章「漢之廣矣」三章之「漢廣」二字，以為標題識別，於此標題之中並不含有德廣之義；至於「文王之道被于南國，美化行乎江漢之域」云云，當亦為引申旁義。鄭《箋》云：「紂時淫風徧於天下，維江漢之域，先受文王之教化。」則是申《毛詩》之意也。鄭玄《毛詩譜》〈周南、召南譜〉云：

> 周之先公，曰大王者，避狄難，自豳始遷焉，而脩德建王業；商王帝乙之初，命其子王季為西伯；至紂又命文王典治南國江漢汝旁之諸侯。於時天下三分有其二，以服事殷。故雍、梁、荊、豫、徐、揚之人，咸被其德而從之。

據鄭《箋》，則是〈周、召譜〉約括之言也。因此，《毛詩》與《鄭

---

2 朱右曾《詩地理徵》卷一，云：「東漢水，《山海經》謂出鮒鰅山，《地形志》謂之嶓冢山，在今漢中府沔縣西百二十里，東經府境，又經湖北、鄖陽、襄陽、安陸三府，至漢陽府漢陽縣入江。」頁4738，《皇清經解續編》。

3 《困學紀聞》卷三，「二南為江漢地」條，翁元圻引《通志・昆蟲草木略序》云：「周為河、洛；召為雍、岐。河、洛之南瀕江，雍、岐之南瀕漢。江、漢之間，二〈南〉之地，《詩》之所起在於此。」

箋》之意見爲一致，皆以爲〈漢廣〉一詩爲文王之化行於南國之證，所謂「無思犯禮，求而不可得。」是也。若據詩文言之，則是「漢有游女，不可求思」八字，爲此篇之精義，其他字句皆爲釋此八字也。茲分別引各家說，釋之如下：

一、毛、鄭詩說

（一）「南有喬木，不可休息。」句：

　　毛《傳》云：「興也。南方之木美。喬，上竦也。」

　　《箋》云：「不可者，本有可道也。木以高其枝葉之故，故人不得就而止息也。」

　　鄭《箋》所申之語，乃補毛《傳》之隱略者。[4]

（二）「漢有游女，不可求思。」句：

　　毛《傳》云：「思，辭也。漢上游女，無求思者。」

　　鄭《箋》云：「興者，喻賢女雖出游流水之上，人無欲求犯禮者，亦由貞絜使之然。」

　　按：毛《傳》云：「思，辭也。」則「思」即《楚辭》「些」、「思」、「兮」之類語末助詞；下言「無求思者」，即「無求者」也。鄭《箋》云：「人無欲求犯禮者。」「思」亦作語末助詞。若證以《韓詩外傳》卷一云：「南有喬木，不可休思。」「息」字作「思」，爲語辭。則前句鄭《箋》云：「人不得就而止息」，以「息」字作實字解，即誤矣。故孔穎達《正義》云：

　　　以「泳思」、「方思」之等，皆不取「思」爲義，故爲辭也。
　　　經「求思」之文，在游女之下，《傳》解「喬木」之下，先言
　　　「思，辭」；然後始言漢上，疑經「休息」二字作「休思」也。

---

4 鄭玄《六藝論》：「註《詩》宗毛爲主，毛義若隱略，則更表明；如有不同，即下己意，使可識別。」頁3816，《增訂漢魏叢書》。

何則？詩之大體，韻在辭上，疑「休」、「求」二字為韻，二
字俱作「思」，但未見如此之本，不敢輒改耳。

由此，知孔氏並未據《韓詩外傳》，而作此推定，則不誤也。此
句應爲「漢有游女，不可求思。」思爲語辭。而〈毛詩序〉云：「無
思犯禮，求而不可得也。」則與《傳》相違。蓋《傳》以「思」爲
語辭，則〈序〉之「無思」爲無據矣；且《傳》既以「無求」爲義，
而〈序〉則謂「求而不可得」，亦與《傳》不同。故姚際恆云：

〈大序〉謂「求而不可得」有語病。歐陽氏駁之，謂「化行于
男，不行于女。」是也。大抵謂男女皆守以正爲得；而其發情
止性之意，屬乎詩人之諷詠，可思而不必義也。

姚氏之論，即是鄭《箋》所謂：「人無欲求犯禮者，亦由貞潔使之
然。」之意。故由上疏釋，見〈序〉、《傳》並不一致，殆非一人
之作也。

（三）「漢之廣矣，不可泳思。江之永矣，不可方思。」句：

毛《傳》云：「潛行爲泳。永，長。方，泭也。」

鄭《箋》云：「漢也，江也，其欲渡之者，必有潛行乘泭之道。
今以廣長之故，故不可也。又喻女之貞潔，犯禮而往，將不至也。」

按：以下三章「漢之廣矣」四句複出，不改一字，乃《詩經》複
疊詠唱之作法。姚氏云：「三章不換一字，此方謂之一唱三歎。」
是矣。「江之永矣。」句，《說文》「水部」云：「永，水長也。」
《韓詩》則作：「江之漾矣。」薛君《章句》云：「漾，長也。」
又《說文》云：「漾，水長也。《詩》云：江之漾矣。」由此可見，
《毛詩》用本字，《韓詩》用後起字也。「不可方思」句，《說文》
云：「方，併船也。象兩舟省，總頭形。」按後起字有「舫」字，
「方」即「舫」之本字。《爾雅》云：「舫，泭也。」《箋》「乘
泭」之泭即「方」、「舫」，或本於三家也。而《正義》引《論語》

云：「乘桴浮於海。」謂「泭」即「桴」，此又爲一說。

　　鄭《箋》以江、漢廣長之故，不可潛泳乘泭，喻女貞潔，犯禮而往，將不至。《正義》云：「言女雖出游漢水之上者，對不出游者言。無求犯禮者，謂男子無思犯禮，由女貞絜使之然也。所以女先貞而男始息者，以姦淫之事，皆男唱而女和，由禁嚴於女，法緩於男，故男見女不可求，方始息其邪意。〈召南〉之篇，女既貞信，尙有強暴之男是也。」可見此四句並非徒詠之辭，乃與「漢有游女，不可求思。」相關，蓋前者爲興句，後者爲應句，就詩義之完整性言，《箋》所以補足《傳》意也。

（四）「翹翹錯薪，言刈其楚。之子于歸，言秣其馬。」句：

　　毛《傳》云：「翹翹，薪貌。錯，雜也。」、「秣，養也。六尺以上曰馬。」

　　鄭《箋》云：「楚，雜薪之中尤翹翹者，我欲刈取之；以喻眾女皆貞絜，我又欲取其尤高絜者。」

　　又云：「之子，是子也。謙不敢斥其適已，於是子之嫁，我願秣其馬，致禮餼，示有意焉。」

　　按：陳奐《詩毛氏傳疏》云：「〈綢繆〉，《傳》云：『男女待禮而成，若薪芻待人事而後束也。』彼詩以束薪喻嫁取之禮，正與此同。」《傳》於此無注，乃後詳而前略；鄭《箋》則取以足《傳》意也。文中出現二「言」字，鄭《箋》例以「我」釋之，謂「我刈其楚」、「我秣其駒」。王引之《經傳釋詞》，以「言」爲語詞，云：「言，云也。話言之『言』，謂『云』；語詞之『云』，亦謂之『言』。」又云：「毛、鄭釋詩，悉用《爾雅》『言，我也』之訓，或解爲言語之言，揆之文義，多所未安，則施之亦不得其當。」

胡適之〈詩三百篇言字解〉[5]一文，則以為：

> （甲）言字是一種契合詞（嚴譯），又名連字（馬建忠所定名），其用與「而」字相似。
>
> （乙）言字又作「乃」字解。
>
> （丙）言字有時亦作代名之「之」字。

此處若以「言」字作「而」，當連詞用，則為「而刈其楚」、「而秣其駒」，為實地之描寫，與「謙不敢斥其適」之想像之情不符；若作「乃」字解，則表行為之結果，亦不切當；作「之」字解，更無可能。鄭《箋》用《爾雅》「言，我」之訓，其體會理解，與詩境最為適切耳。

（五）「翹翹錯薪，言刈其蔞。之子于歸，言秣其駒。」句：

> 毛《傳》云：「蔞，草中之翹翹然。」鄭無箋，蓋以為變文屬辭而已。故陳奐云：「翹翹，薪兒。楚木為翹翹之薪，則蔞草亦翹翹之薪，互詞見義也。」是矣。

以上為毛、鄭詩二家之說。漢代說《詩》諸家，毛詩為古文，而魯、齊、韓三家為今文。今文家說詩取義與毛詩不同，若取而比觀之，三家之說類同，然絕非毛詩「文王之化」之義也。

二、魯詩說

劉向《列仙傳》云：

> 江妃二女者，不知何所人也。出遊於江、漢之湄，逢鄭交甫。見而悅之，不知其神人也。謂其僕曰：「我欲下請其佩。」僕曰：「此間之人皆習於辭，不得，恐罹悔焉。」交甫不聽，遂下與之言曰：「二女勞矣。」二女曰：「客子有勞。妾何勞之有？」交甫曰：「橘是柚也。我盛之以笥，令附漢水，將流而

下，我遵其傍，采其芝而茹之，以知吾為不遜也。願請二子之
佩。」二女曰：「橘是柚也。我盛之以筥，令附漢水，順流而
下，我遵其傍，采其芝而茹之。」遂手解佩與交甫，交甫悅而
受之懷中，當心。趨去數十步，視佩，空懷無佩；顧二女，忽
然不見。《詩》曰：「漢有遊女，不可求思。」此之謂也。

又《列女傳》卷六〈辯通傳〉云：

> 阿谷處女者，阿谷之隧浣者也。孔子南遊，過阿谷之隧，見處
> 子佩瑱而浣。孔子謂子貢曰：「彼浣者，其可與言乎？」抽觴
> 以授子貢，曰：「為之辭，以觀其志。」子貢曰：「我北鄙之
> 人也。自北往南，將欲之楚。逢天之暑，我心譚譚[6]，願乞一
> 飲，以伏我心。」處子曰：「阿谷之隧，隱曲之地。其水一清
> 一濁，流入於海。欲飲則飲，何問乎婢子？」授[7]子貢觴，迎
> 流而挹之，投而棄之；從流而挹之，滿而溢之。跪置沙上，曰：
> 「禮不親授。」子貢還報其辭。孔子曰：「丘已知之矣。」抽
> 琴去其軫，以授子貢，曰：「為之辭。」子貢往，曰：「嚮者
> 聞子之言，穆如清風，不拂不寤，私復我心。有琴無軫，願借
> 子調其音。」處子曰：「我鄙野之人也。陋固無心，五音不知，
> 安能調琴？」子貢以報孔子。孔子曰：「丘已知之矣。過賢則
> 賓。」抽絺紿五兩，以授子貢，曰：「為之辭。」子貢往，曰：
> 「吾北鄙之人也。自北徂南，將欲之楚。有絺紿五兩，非敢以
> 當子之身也，願注之水旁。」處子曰：「行客之人，嗟然永久。
> 分其資財，棄於野鄙。妾年甚少，何敢受子！子不早命，竊有
> 狂夫之名者矣。」子貢以告孔子。孔子曰：「丘已知之矣。斯

6　郝懿行曰：「譚譚，蓋燂燂之借音耳。《說文》：『燂，火熱也。』作燂為是。」見
　　陳喬樅《魯說遺說考》卷一，頁 4133，漢京文化事業公司。
7　王安人《補注》曰：「授乃受字之誤。」見同前注。

婦人達於人情而知禮。」《詩》云:「南有喬木,不可休息。漢有遊女,不可求思。」此之謂也。

見此,知是以《列仙傳》故事更加推衍者,唯其中人物由鄭交甫轉變爲孔子也。《韓詩外傳》卷一所載,與此同。

三、齊詩說

焦氏《易林》〈萃〉之〈漸〉云:

橋木無息,漢女難得。橘柚請佩,反手難悔。[8]

《註》[9]云:「橋當作喬。《詩·漢廣》:『南有喬木,不可休息。漢有游女,不可求思。』言文王之化被於南國,有以變其淫亂之俗,女子以端莊自守,故詩人美之。」此是以〈毛詩序〉註齊詩,非本齊詩之說也。又〈噬嗑〉之〈困〉云:

二女寶珠,誤鄭大夫。君父無禮,自為作笑。

〈頤〉之〈既濟〉云:

漢有游女,人不可得。

陳喬樅云:

鄭交甫逢二女於江漢之湄,請其佩珠。事見劉向《列仙傳》。
此言「二女寶珠,誤鄭大夫。」又言「橘柚請佩,反手離汝。」
是三家義並同。

陳氏之說是也。〈漢廣〉一詩,三家蓋皆以爲鄭交甫遇漢上游女事也。

四、韓詩說

《昭明文選》曹子建〈七啓〉:「諷〈漢廣〉之所詠,覿游女於水濱」,李善《注》引〈韓詩序〉曰:「〈漢廣〉,悅人也。」又

---

8 陳喬樅《齊詩遺說考》「反手難悔」作「反手離汝」,頁4362,漢京文化事業公司。
9 見《易林》卷十二,臺灣中華書局「四部備要」,據士禮居校宋本校刊。

引薛君《章句》曰：「游女，謂漢神也。」[10]嵇康〈琴賦〉云：「舞
鸑鷟於庭階，游女飄焉而來萃。」李善《注》亦引薛君《章句》云：

> 游女，漢神也。言漢神時見，不可得而求之。

而《說文》「鬼部」引《韓詩內傳》：「妖服作魅服。」《太平
御覽》「珍寶部」一引《韓詩內傳》：「漢女所弄珠，如荊雞卵。」
與《文選》郭璞〈江賦〉「感交甫之喪珮」句[11]，李善《注》引《韓
詩內傳》云：

> 鄭交甫遵彼漢皋臺下，遇二女，與言曰：「願請子之珮。」二
> 女與交甫。交甫受而懷之，超然而去，十步，循探之，即亡矣；
> 迴顧二女，亦即亡矣。

張衡〈南都賦〉《注》所引同[12]，皆出於《韓詩內傳》文也。由
此觀之，三家詩皆以漢廣之游女為漢水之神也。就漢代之說經演傳
言，此乃前漢〈漢廣〉之通說，不僅故事性質強烈，且有神話之意
味。南方文學之富有神話色彩，三家〈漢廣〉詩之遺說即是保留此
特色也。故徐璈云：

> 游女之為漢神，猶《楚辭》之有湘君、湘夫人也。鄭交甫事未
> 審係何時代，亦以證漢神之實有耳。詩以漢水之神不可犯，興
> 之子；非謂游女即之子也。

是以，三家所遺傳說，亦為古經傳之屬，不可獨遺也。

第二節　變古經論時期〈漢廣〉之異說

唐太宗貞觀年間，將自漢以來之經說彙整，擇精由文學之臣作《五

---

10 見《昭明文選》卷三十四，頁 487，華正書局。
11 見《昭明文選》卷十二，頁 189-90，華正書局。
12 見張衡〈南都賦〉「游女弄珠於漢皋之曲」句注，頁 69，華正書局。

經正義》，經學乃進入統一之時期。《毛詩正義》是取毛《傳》、鄭《箋》、孔穎達《疏》為正本。然自中唐時期，亦有脫離《正義》之約束，獨立以解詩者，如成伯瑜《毛詩指說》[13]即是其例也。迄北宋慶曆年間，歐陽修《毛詩本義》出，已不確守毛、鄭，開宋人以己意說詩之始；蘇轍則作《詩集傳》以廣《本義》之說。自是之後，宋人說《詩》，乃頻加新義，而幾廢舊說；就學術言，則是創新開發，著意擺脫傳統之約束也。宋人之詩經說，可大分為：（一）廢〈小序〉派、（二）存〈小序〉派、（三）名物訓詁派。廢〈小序〉說者，始於歐陽修評駁毛、鄭為始。歐公《詩本義·詩譜補亡後序》云：

> 毛、鄭於《詩》，其學亦已博矣。予嘗依其《箋》、《傳》，考之於《經》而證以〈序〉、〈譜〉，惜其不合者頗多。蓋《詩》述商、周，自〈生民〉、〈玄鳥〉，上陳稷、契，下迄陳靈公，千五六百歲之間；旁及列國君臣世次、國地山川、封域圖牒、鳥獸、草木、蟲魚之名，與其風俗善惡、方言訓詁、盛衰治亂、美刺之由，無所不載。然則，孰能無失於其閒哉？[14]

歐陽修雖已懷疑毛、鄭之失，然不敢輕為改易毛、鄭之說。云：

> 夫毛、鄭之失，患於自信其學，而曲遂其說也。若余又將自信，則是笑奔車之覆，而疾驅以追之也。然見其失，不可以不辨；辨而不敢必，使余之說得與毛、鄭之說並立於世，以待夫明者而擇焉可也。[15]

---

13 納蘭成德跋《毛詩指說》：「《毛詩指說》四卷，一興述，二解說，三傳說，四文體，合為一卷，唐成伯瑜撰。唐以詩取士，而三百篇，詩之源也，宜一代論說之多；乃見於〈藝文志〉者，自《毛詩正義》而外，惟成氏二書及許叔牙《纂義》而已。成氏《斷章》二卷、許氏《纂義》十卷，今皆無存，惟是編在耳，不可不廣其傳也。」頁9208，《通志堂經解》，漢京文化事業公司。
14 《通志堂經解》，頁9313，漢京文化事業公司。
15 《詩本義》卷十四，〈時世論〉，頁9296，《通志堂經解》，漢京文化事業公司。

是故學術雖以代陳而出新，但必須對古典之闡釋於理窒而不通時用之；若完全拋棄舊說而純任己意，則是自失立場，難獲信任也。至於南宋鄭樵作《詩辨妄》，王質作《詩總聞》[16]，則處於批判之立場，盡廢毛、鄭之義，獨樹己說。如鄭樵云：

> 毛詩自鄭氏既箋之後，學者篤信康成，故此書專行，三家遂廢。今學者只憑毛氏，且以〈序〉為子夏所作，更不敢擬議。蓋事無兩造之辭，則獄有偏聽之惑。今作《詩辨妄》六卷，可以見其得失。[17]

原鄭氏之意，是為三家抱不平之鳴，思為之平反；然而三家失傳既久，而王應麟《詩考》未出，三家之說無處可尋，若欲為徵實之學，鄭氏實力所未能及也。於是專攻《傳》、《箋》之失，削去〈小序〉，而說以己意，幾掃前說而空之矣。故是，鄭樵、王質之說不足以代表此變古經論時期《詩經》之學，蓋持純粹反對之立場，而未能重建體系以代替舊說，不能謂為持平之論也。朱子之《詩經》說，曾經歷兩階段。其初朱子仍遵守毛、鄭，呂祖謙《呂氏家塾讀詩記》所採錄，即朱子早年詩說也[18]。明顧起元嘗校朱子與呂氏二家

---

16 《四庫全書總目・提要》云：「南宋之初，廢〈詩序〉者三家，鄭樵、朱子及質也。鄭、朱之說最著，亦最與當代相辨難。質說不字字詆〈小序〉，故攻之者亦稀；然其毅然自用，別出新裁，堅銳之氣，乃視二家為加倍。自稱覃精研思，幾三十年始成是書。……質廢〈序〉與朱子同，而其為說則各異。黃震《日鈔》曰：『雪山王質、夾漈鄭樵始皆去〈序〉言詩，與諸家之說不同。晦菴先生因鄭公之說，盡去美刺，探求古始，其說頗驚俗，雖東萊先生不能無疑。』云云，言因鄭而不言因王，知其趣有不同矣。然其冥思研索，務造幽深，穿鑿者固多，懸解者亦復不少。故雖不可訓，而終不可廢焉。」頁 92，漢京文化事業公司。錢儀吉〈詩總聞識後〉云：「雪山登第，稍後於朱子；著書亦稍後。故如〈魯頌・閟宮〉、〈商頌〉、『苞有三蘖』，皆引朱子之說。」據是則朱子從鄭不從王也。
17 見鄭樵《通考・自序略》。
18 朱子序呂氏書云：「雖然，此書所謂朱氏者，實熹少時淺陋之說，而伯恭父誤有取焉。其後歷時既久，自知其說有所未安，如雅鄭邪正之云者，或不免有所更定，則伯恭父反不能不置疑於其間，熹竊惑之；方將相與反復其說，以求真是之歸，而伯恭父已下世矣。」，見《呂氏家塾讀詩記・序》，新文豐出版公司。按：此〈序〉署於淳熙壬寅九月辛卯，乃南宋孝宗淳熙九年（西元 1182 年），是年朱子五十三歲；其去年（1181）七月二十九日，呂祖謙卒，八月訃至，嘗為位哭之。見王懋竑撰《朱子年譜》卷之二

之說，云：

> 東萊先生呂成公《讀詩記》，……余閒嘗反覆研味，參諸往志，
> 得其說與文公異者，凡有四焉：文公取夾漈鄭氏詆諆〈小序〉
> 之說，多斥毛、鄭，而以己意為之序；成公則專用〈小序〉，
> 且謂《毛詩》率與經傳合，為獨得其真，其異一也。文公醳「思
> 無邪」，謂勸善懲惡，究乃歸正，非作詩之人皆無邪；成公則
> 直謂詩人以無邪之思作之云耳，其異二也。文公以〈桑中〉、
> 〈溱洧〉即是鄭、衛，二〈雅〉乃名為「雅」；成公則謂二詩
> 並是雅聲，彼桑間、濮上，聖人固已放之，其異三也。文公以
> 二〈南〉房中之樂，正大、小〈雅〉朝廷之樂，〈商頌〉、〈周
> 頌〉宗廟之樂，〈桑中〉、〈溱洧〉之倫不可以薦鬼神、御賓
> 客；成公則謂凡詩皆雅樂也，祭祀、朝聘皆用之，唯桑濮、鄭
> 衛之音，乃世俗所用，元不列于三百篇數，其異四也。……蓋
> 考宋儒方回、馬端臨輩所論著，錯以古今諸賢之言，二書異同，
> 較若指掌，而成公之說，其理有不可廢者。[19]

　　及其後，朱子因受鄭樵影響，始力攻〈小序〉。[20]《集傳》之出
[21]，當時人即有不以為然者，如朱子之友陳傅良是其一也。葉紹翁《四

　　下，頁 102，世界書局。與束景南《朱熹年譜長編》卷上，頁 706，華東師範大學出
　　版社。
19 見顧起元《呂氏家塾讀詩記・序》，新文豐出版公司。
20 王應麟《困學紀聞》卷三，「朱子詩序辨說條」云：「朱子〈詩序辨說〉多取鄭漁仲
　　《詩辨妄》。」臺灣中華書局。陳振孫《直齋書錄解題》卷二，《夾漈詩傳》二十卷、
　　《辨妄》六卷，云：「鄭樵撰《辨妄》者，專指毛、鄭之妄。謂〈小序〉非子夏所作
　　可也。盡削去之，而以己意為之序，可乎？樵之學雖自成一家，而其師心自是，殆孔
　　子所謂不知而作者也。」《朱子語類》卷八十，錄云：「〈詩序〉實不足信。向見鄭
　　漁仲有《詩辨妄》力詆〈詩序〉，其間言語太甚，以為皆是村野妄人所作，始亦疑之。
　　後來子細看一兩篇，因質之《史記》、《國語》，然後知〈詩序〉之果不足信。因是
　　看〈行葦〉、〈賓之初筵〉、〈抑〉數篇，〈序〉與詩全不相似；以此看其他〈詩序〉，
　　其不足信者煞多。以此知人不可亂說話，便都被人看破了。」頁 825，葉賀孫所記條，
　　漢京文化事業公司。
21 王懋竑《朱子年譜》卷之二上：「淳熙四年，四十八歲，《詩集傳》成。」頁 69，
　　世界書局。束景南《朱熹年譜長編》云：「朱熹《詩集解》於隆興元年草成之後，先

朝聞見錄》云：

> 考亭先生晚註《毛詩》，盡去〈序〉文，以彤管為淫奔之具，
> 以城闕為偷期之所。止齋（按：永嘉陳傅良。）得其說而病之，
> 謂：「以千七百年女史之彤管與三代之學校，以為淫奔之具、
> 偷期之所，私竊有所未安。」猶藏其說，不與考亭先生辨。考
> 亭微知其然，嘗移書求其《詩說》；止齋答以：「公近與陸子
> 靜門辨無極，又與陳同父爭論王霸矣。且某未嘗註《詩》，所
> 以說《詩》者，不過與門人學子講義[22]，今皆毀棄之矣。」蓋
> 不欲佐陸、陳之辨也。今止齋《詩傳》方行於世云。[23]

然則〈小序〉既廢，《詩》義轉而多晦，朱子於是採調和折衷之道，
雜採毛、鄭之說，自爲之序意也。朱子而後，宋、元、明三代多以
《集傳》爲詩說之宗，一切古注疏，罷而弗肄矣。如輔廣《詩童子
問》、王鑑《詩遺說》等是也；而王柏《詩疑》，則以推衍師說太
過，卒有刪詩之舉；胡廣《詩經大全》，既頒爲有明國家之功令，
學者終不敢置疑，此朱子《詩集傳》所以足以代表變古經論時期之

後修訂凡三次：首次修改於乾道三年，……二次修改於乾道九年，……三次修改於淳
熙四年，是爲《詩集解》定本。」又云：「按朱熹始疑〈毛序〉在淳熙二年，淳熙三
年三衢之會上，朱、呂遂就〈毛序〉說展開當面論辯。淳熙四年修訂《詩集解》，雖
已疑〈毛序〉說，然尚在摸索中，僅屬『略修舊說』，即仍本〈毛序〉，而僅間爲說
破而已。《朱子語類》卷八十，朱自敘生平解《詩》經緯云：『熹向作《詩解》文字，
初用〈小序〉，至解不行處，亦曲爲之說；後來覺得不安，第二次解者，雖存〈小序〉
間爲說破，然終是不見詩人本意；後來方知只盡去〈小序〉，便自可通，於是盡滌蕩
舊說，詩意方活。』其淳熙四年序定之《詩集解》，即是『第二次解者，雖存〈小序〉，
間爲說破，然終是不見詩人本意』。呂祖謙作《呂氏家塾讀記》所引『朱氏說』，即
引朱熹主〈毛序〉之《詩集解》，朱熹《呂氏家塾讀詩記·後序》云『此書所謂"朱
氏"者，實熹少時淺陋之說，而伯恭父誤有取焉。』頁593，華東師範大學出版社。
按：束景南之說是也。今本《詩經傳序》題「淳熙四年丁酉多十月戊子」，朱熹之孫
朱鑑編《詩傳遺說》卷二於此序下注云：「《詩傳》舊序，此乃先生丁酉歲用〈小序〉
解經時所作。」《詩傳遺說》中凡引此序，下亦注「舊序」，可見此序乃是朱子早年
所作主〈毛序〉《詩集解》之序，而非其後來黜〈毛序〉之《詩集傳》之序。朱子乃
是於淳熙四年序定《詩集解》之後，始著手寫作《詩集傳》也。
22 「與門人學子講義」，一作「與門人爲舉子講義」。
23 見《四朝聞見錄·甲集》，頁15，中華書局。

《詩經》學之故也。

朱子《集傳》釋〈漢廣〉云:

> 文王之化,自近而遠,先及於江、漢之間,而有以變其淫亂之
> 俗。故其出游之女,人望見之而知其端莊靜一,非復前日之可
> 求矣。因以喬木起興,江、漢為比,而反復詠歎之也。

以《集傳》與《傳》、《箋》相較,《集傳》固有取古經說與自
為意說之處:如以文王之化為〈漢廣〉之效應,即是本《傳》、《箋》
之意;但其出游之女端莊靜一,非復前日之可求,卻是謂以前為可
求而今則不然,此實《傳》、《箋》之所無也。《傳》、《箋》並
不曾以為受文王之化前,漢上游女為可求,此乃朱子推衍之說也。
且毛《傳》以「南有喬木」四句標明為「興」,而朱《集傳》則標
「興而比」,可見朱子認為詩中之興並非獨立之存在,乃與興句後
之應句相結始能成義,故謂之「興而比」也。

按:《詩》之「六義」,〈詩大序〉與《周禮·春官》「大師職」
次第相同[24],孔穎達《毛詩正義》云:

> 「六義」次第如此者,以《詩》之「四始」,以〈風〉為先,
> 故曰風。〈風〉之所用,以賦、比、興為之辭,故於〈風〉之
> 下即次賦、比、興,然後次以〈雅〉、〈頌〉。〈雅〉、〈頌〉
> 亦以賦、比、興為之,既見賦、比、興於〈風〉之下,明〈雅〉、
> 〈頌〉亦同之。鄭以賦之言:「鋪也,鋪陳善惡」,則詩文直
> 陳其事,不譬喻者,皆賦辭也。鄭司農云:「比者,比方於物」,
> 諸言「如」者,皆比辭也。司農又云:「興者,託事於物」,
> 則興者,起也。取譬引類,起發己心,詩文諸舉草木鳥獸以見
> 意者,皆興辭也。賦、比、興如此次者,言事之道,直陳為正,

---

24 《周禮疏》卷二十三,〈春官·大師職〉:「大師……教六詩:曰風,曰賦,曰比,
曰興,曰雅,曰頌。」頁356,東昇出版事業公司。

故《詩經》多賦在比、興之先；比之與興，雖同是附託外物，比顯而興隱，當先顯後隱，故比居興先也。……《毛傳》特言興也，為其理隱故也。然則〈風〉、〈雅〉、〈頌〉者，詩篇之異體；賦、比、興者，詩文之異辭耳。大小不同，而得並為「六義」者，賦、比、興是詩之所用，〈風〉、〈雅〉、〈頌〉是詩之成形。用彼三事，成此三事，是故同稱為「義」，非別有篇卷也。

孔《疏》謂「賦」、「比」、「興」為《詩》之異體，以為「詩文直陳其事，不譬喻者，皆賦辭也」、「諸言『如』者，皆比辭也」「詩文諸舉草木鳥獸以見意者，皆興辭也」，三者即在三百篇之中，非別有篇卷也；而《毛傳》特標興體者，為其理隱故也。故賦比興之於詩篇，皆獨立使用，未有如《集傳》「興而比」合用為義也。裴普賢先生云：

> 綜觀朱子所論之興有二：一為兼比以取義之興，如〈關雎〉、〈麟趾〉，乃語義相應者；一為不兼比不取義單純之興，如〈小星〉、〈兔罝〉、〈山有樞〉、〈殷其雷〉，僅語相應而已。[25]

按：朱子「兼比以取義之興」乃承《毛傳》、《鄭箋》之說者，如〈關雎〉：「生而有定偶而不相亂，偶常並遊而不相狎，故《毛傳》以為摯而有別。……後凡言興者，其文意皆放此。」是也。其「不兼比不取義單純之興」之說，蓋受鄭樵《六經奧論》之影響[26]，

---

25 見裴普賢〈詩經興義的歷史發展〉，頁 214，《詩經研讀指導》，東大圖書公司。
26 鄭樵《通志・昆蟲草木略・序》云：「夫詩之本在聲，而聲之本在興；鳥獸草木乃發興之本。漢儒之言詩者既不論聲，又不知興，故鳥獸草木之學廢矣。」又《六經奧論》卷首〈讀詩、易法〉云：「凡興者，所見在此，所得在彼；不可以事類推，不可以義理求也。興在鴛鴦，則『鴛鴦在梁』，可以美后妃也；興在鳲鳩，則『鳲鳩在桑』，可以美后妃也。興在黃鳥、在桑扈，則『綿蠻黃鳥』、『交交桑扈』，皆可以美后妃也。如必曰關雎，然後可以美后妃，他無預焉，不可以語詩也。」頁 23129，《通志堂經解》，漢京文化事業公司。

乃源自鄭司農：「興者，託事於物」也。[27]

以下即逐章檢視其與舊說之異同焉。

（一）「南有喬木」第一章句：

《集傳》云：

> 上竦無枝曰喬。思，語辭也，篇內同。漢水出興元府嶓冢山，
> 至漢陽軍大別山入江。江、漢之俗，其女好游，漢、魏以後猶
> 然，如大堤之曲可見也。

按：「喬」為高之意，孟子曰：「出於幽谷，遷於喬木。」[28]毛
《傳》解為「上竦」；鄭《箋》云：「木以高其枝葉之故，故人不
得就而止息。」是併「息」字解為「止息」也。《集傳》引吳氏曰：
「息，韓詩作思。」[29]此孔穎達實發其先聲也。《正義》云：

> 以「泳思」、「方思」之等，皆不取「思」為義，故為辭也。
> 《經》「求思」之文在「游女」之下，《傳》解「喬木」之下，
> 先言「思，辭」，然後始言「漢上」。疑經「休息」之字作「休
> 思」也。何則？《詩》之大體，韻在辭上。疑「休」、「求」
> 字為韻，二字俱作「思」。但未見如此之本，不敢輕改耳。[30]

《集傳》據吳氏說改「息」為「思」，固有孔《疏》為本，而主
《毛詩》者則不然也。如陳啟源云：

> 「休息」作「休思」，《釋文》非之；而《正義》以為然，據
> 《傳》先釋「思，詞」，後言「漢上」為證。其說良是。但陸
> 云：「古本皆作『休息』，或作『思』，以意改耳。」[31]孔云：

---

27 《周禮疏》卷二十三，頁356，東昇出版事業公司。
28 《孟子·滕文公上》頁76，東昇出版事業公司。
29 見汪雨盦先生《詩經集傳附斠補》，頁6。汪師云：「首四句一韻。息亦為語辭，休、
求是韻。」是也。頁5，蘭臺書局。
30 《毛詩注疏》卷一之三，頁42，東昇出版事業公司。
31 陸德明《經典釋文》云：「並如字，古本皆爾。本或作『休思』，此以意改耳。」頁
55，臺灣商務印書館。

「未見有本作『思』者，故不敢改。」獨《集傳》以為韓詩作「思」，豈據《外傳》之文乎？唐初，《韓詩內、外傳》及《章句》俱在，陸、孔所見本較多，何反無作「思」者？今《外傳》之作「思」，當亦後人以意改耳。[32]

　　然若據鄭康成之習《韓詩》[33]，猶作「止息」解者，或鄭箋毛不從韓，或古本作「息」，乃如陳啓源氏之說也。

　　然《集傳》以「上竦無枝曰喬。」又恐附會太過，無怪乎姚際恆之批評為「謬」、為「固」也。姚氏云：

　　　　「喬」，高也。借言喬木可休而不可休，以況游女可求而不可求；不必實泥謂喬木不可休也。《毛傳》訓「喬」為「上竦」，未免作俑。鄭氏為之說曰「高其枝葉之故」，夫高其枝葉，何不可休？《集傳》又附會為「上竦無枝」，益謬。然則孟子「喬木故國」「遷于喬木」之說，皆上竦無枝者耶？如此說《詩》，則又非特「固哉」而已矣。[34]

　　朱子以為江漢之俗，其女好游云云，引「大堤之曲」為證。「大堤之曲」者，謂西曲也。西曲〈襄陽樂〉云：

　　　　朝發襄陽城，暮至大堤宿。大堤諸女兒，花豔驚郎目。

　　其曲謂大堤縣煙花女兒，為商旅所留戀也。唐施肩吾亦有倣作之〈襄陽樂〉云：

　　　　大堤女兒郎莫尋，三三五五結同心。

　　　　清晨對鏡冶容色，意欲取郎千萬金。

　　按：西曲〈襄陽樂〉之起於襄陽之民，乃歌頌晉安侯劉道產之善

---

32 陳啓源《毛詩稽古編》卷一，頁4378，《皇清經解》卷六十，漢京文化事業公司。
33 《後漢書》卷二十五，〈鄭玄傳〉：「又從東郡張恭祖受《周官》、《禮記》、《左氏春秋》、《韓詩》、《古文尚書》。」頁323，鼎文書局。
34 《詩經通論》卷一，頁 37，《姚際恆著作集》第一冊，林慶彰主編，中央研究院中國文哲研究所。

政者。裴子野《宋略》云：

> 劉道產為襄陽太守，有善政，百姓樂產，人戶豐贍，蠻夷順服，
> 悉緣沔而居，由此歌之，號〈襄陽樂〉。[35]

又《古今樂錄》云：

> 〈襄陽樂〉者，宋隨王誕之所作也。誕始為襄陽郡，元嘉二十
> 六年，仍為雍州刺史，夜聞諸女歌謠，因而作之，所以歌和中
> 有「襄陽來夜樂」之語也。……又有〈大堤曲〉亦出於此。簡
> 文帝〈雍州〉十曲，有〈大堤〉、〈南湖〉、〈北渚〉等曲。
> [36]

　　朱子謂〈漢廣〉為江漢地區受文王之化，歌樂文王善政也。此與
「凡《詩》之所謂〈風〉者，多出於里巷歌謠之作，所謂男女相與
詠歌，各言其情者也。」[37]之說為一致也。唯主毛詩教化觀之學者，
則感此說之不愜，而反對之。如陳啓源云：

> 孔《疏》釋「游女」之義云：「〈內則〉：女子居內，深宮固
> 門，閽寺守之。此貴家之女也。庶人之女，執筐行饁，不得在
> 室，故有出游之事。」此解甚平正。《集傳》則云：「江漢之
> 俗，其女好游，漢魏以後猶然，如〈大隄曲〉可見。」噫！誤
> 矣。女子無故出游，不過冶容誨淫耳，非美俗也。被文王之化
> 者，尚有此乎？〈大隄曲〉作於劉宋時，六朝綺靡之習，豈成
> 周盛時所宜見？風俗隨時而變，自周迄宋千五六百年，安得相
> 同。況《大隄》所詠，乃狹邪倡女。引彼證此，尤為不類。[38]

　　蓋朱子以〈漢廣〉為江漢地區風謠，以實踐其〈國風〉為里巷歌

---

35 詳見王運熙《樂府詩述論》，〈吳聲西曲雜考〉第十一節「襄陽樂考」，頁84，上
　　海古籍出版社。
36 轉引自羅根澤《樂府文學史》第四章〈南北朝樂府〉，頁125，文史哲出版社。
37 見〈詩經傳序〉，群玉堂出版公司。
38 《毛詩稽古編》卷一，《皇清經解》卷六十，漢京文化事業公司。

謠之說，甚能啓發後人研究之眼目。就此一端言，朱子之新說，較《傳》、《箋》可謂創獲爲多也。

（二）「翹翹錯薪」第二章句：

《集傳》云：

> 興而比也。……以錯薪起興，而欲秣其馬，則悅之至；以江漢爲比，而歎其終不可求，則敬之深。

按：《集傳》「興而比」之說，此得其例以證。朱子之解〈毛詩大序〉，釋「六義」之次第，云：

> 〈風〉、〈雅〉、〈頌〉者，聲樂部分之名也。……賦、比、興，則所以製作〈風〉、〈雅〉、〈頌〉之體也。……故太師之教國子，必使之以是六者，三經而三緯之。則凡詩人節奏指歸，皆將不待講說，而直可吟詠以得之矣。六者之序，以其篇次，〈風〉固爲先，而〈風〉則有賦、比、興矣，故三者次之；而〈雅〉、〈頌〉又次之。蓋以是三者爲之也。然比、興之中，〈螽斯〉專於比，而〈綠衣〉兼於興；〈兔罝〉專於興，而〈關雎〉兼於比。此例中又自有不同者，學者亦不可不知也。

朱子之釋「六義」，乃本於孔《疏》「因彼三事，成此三事」，而其比興之區別則彼此不同；蓋孔《疏》不破《傳》、《箋》，主「賦」、「比」、「興」爲獨用；而《集傳》則分興爲「比兼興」、「興兼比」與不兼之二種[39]。如此詩三章，朱子皆標「興而比也」，《朱子語類》云：

> 問比、興。曰：說出那物事來，是興；不說出那物事，是比。如〈南有喬木〉只是說箇「漢有游女」；「奕奕寢廟，君子作之」，只說箇「他人有心，予忖度之」；〈關雎〉亦然，皆是

---

39 說詳見裴普賢先生〈詩經興義的歷史發展〉一文，頁212，《詩經研讀指導》，東大圖書公司。

興體。比底只是從頭比下來，不說破。興、比相近，卻不同。

《周禮》說「以六詩教國」，其實只是這賦、比、興三箇物事。
又云：

> 問：《詩》中說興處多近比。曰：然。如〈關雎〉、〈麟趾〉
> 相似，皆是興而兼比；然雖近比，其體卻只是興。且如「關關
> 雎鳩」，本是興起，到得下面說「窈窕淑女」，此方是入題說
> 那實事。蓋興是以一箇物事貼一箇物事說，上文興而起，下文
> 便接說實事。如「麟之趾」，下文便接「振振公子」，一箇對
> 一箇說。……及比，則卻不入題了。如比那一物說，便是說實
> 事。如「螽斯羽，詵詵兮。宜爾子孫，振振兮。」「螽斯羽」
> 一句，便是說那人了，下面「宜爾子孫」，依舊是就「螽斯羽」
> 上說，更不用說實事，此所以謂之比。大率詩中比、興皆類此。
> 40

朱子「興兼比」之說，對於其後說《詩》之家多有影響，不可不
辨。41蓋就「興」言，興有兼比，有不兼比者；而就「比」言，則為
純粹比體也。裴普賢先生云：

> 綜觀朱子所論之興有二：一為兼比以取義之興，如〈關雎〉、
> 〈麟趾〉，乃語義相應者；一為不兼比不取義單純之興，如〈小
> 星〉、〈兔罝〉、〈山有樞〉、〈殷其雷〉，僅語相應而已。
> 至於比、興之區別，在興體有「興句」與「應句」分兩截，朱
> 子所謂興於下文方入題，而比體則一開頭便入題，說所比之事
> 物，就是說被比之事物，通常不分兩截。又，興體興起之方式

---

40 《朱子語類》卷八十，頁 822，漢京文化事業公司。
41 朱子「興而兼比」說影響最著者為嚴粲《詩緝》，筆者曾指導李莉褻完成《嚴粲詩緝
之研究》一篇，云：「粲於《詩緝》中，其標示賦、比、興之用法凡四：（一）賦也。
（二）比也。（三）興也。（四）興之不兼比者也。」嚴粲之獨立「不兼比之興」於
賦、比、興三體之外，誠為異解，而其來有自也。見李莉褻《嚴粲詩緝之研究》，頁
56，國立中興大學中國文學系碩士論文，1998 年 5 月。

不一：有借眼前事說起者；有別將一物說起，其詞非必有感有
見於此物者；有將物之所無，興起自家之所有者，有將物之所
有，興起自家之所無者。因其有義相應與語相應之別，故不專
主鄭樵聲本的興義；因其興詞非必有感有見於此物者，故不專
主蘇轍觸動之說。[42]

由裴先生之分析，《集傳》「以錯薪起興」、「以江漢爲比」之
說乃得以瞭然也。蓋朱子乃是以「翹翹錯薪，言刈其楚」爲興句，
「漢之廣矣，不可泳思」四句爲應句也。其言游女終不可求者，即
歐陽修《詩本義》所謂「既知不可得，乃云之子既出遊而歸，我則
願秣其馬。此悅慕之辭，猶古人言『雖爲執鞭，猶忻慕焉』者是也。」
[43]之意也；此意則鄭《箋》實先發之。[44]陳啓源《毛詩稽古編》云：

「之子于歸，言秣其馬。」《箋》、《疏》解此，本謂：「於
是子出嫁之時，我願秣其馬，乘之以致禮饋，示欲其適己。」
文似迂，意則正也。永叔解之曰：「之子出游而歸，我願秣其
馬，猶古人言『雖為執鞭所忻慕焉者。』是也。朱《傳》說之
「深意」亦同，歐文較順而意稍媟焉。唐人〈香奩詩〉曰：「自
憐輸廄吏，餘煖在香韉。」此即歐、朱意也。孰謂〈周南〉正
風，乃豔情之濫觴哉！嚴坦叔[45]釋此云：「此女出嫁，人將有
秣馬以禮親迎之者，豈可以非禮犯！」意本《箋》，然青出
於藍矣。[46]

方玉潤則云：

---

42 〈詩經興義的歷史發展〉，頁 215，《詩經研讀指導》，漢京文化事業公司。

43 《詩本義》卷一，頁 9212，《通志堂經解》，漢京文化事業公司。

44 《箋》云：「之子，是子也。謙不敢斥其適己，於是子之嫁，我願秣其馬、致禮饋，
示有意焉。」

45 嚴粲，字坦叔，號華谷，南宋閩地人，爲嚴羽之族弟。說見《詩緝》卷一，頁 33，
廣文書局。按：《詩緝》云：「或謂秣馬如所謂雖爲執鞭猶忻慕焉。如此，則敢請子
珮，已有狎暱之想矣。」乃駁歐陽修《本義》者，而陳啓源則謂之「青出於藍」也。

46 《毛詩稽古編》卷一，頁 4379，《皇清經解》卷六十，漢京文化事業公司。

唯歐陽氏說，雖為執鞭所欣慕之意，差為近之。然刈楚、刈蔞，亦無詞以為之說。殊知此詩即為刈楚、刈蔞而作，所謂樵唱是也。近世楚、粵、滇、黔間，樵子入山，多唱山謳，響應林谷，蓋勞者善歌，所以忘勞耳。其詞大抵男女相贈答，私心愛慕之情，有近乎淫者，亦有以禮自持者，文在雅俗之間，而音節則自然天籟也。[47]

孟子曰：「故說詩者不以文害辭，不以辭害志；以意逆志，是為得之。」[48]故見說者其時代雖在後，而所見詩意則益明切。朱子處於理學極盛之時代，「大堤之曲」之說，雖以後起之風俗規率先世，而能不掩詩之真意，不可謂其非豪傑也。

（三）「翹翹錯薪，言刈其蔞。」第三章句：

《集傳》於此詩三章皆注「興而比也」，意取三章作法一致。就作法言，乃是先虛言「興句」，而後實詠「比句」，故曰「興而比」；其先後次序所以如此者，其重點乃在比句之「不可泳思，不可方思」也。故《集傳》與《傳》、《箋》之意略有不同。《傳》、《箋》是說「不可求」，而《集傳》則說是「求而不可得」；亦必如此，是以忻慕愛欲之意，乃能躍出，令人讀之流連不已也。

綜以上所見，則朱子在還原〈漢廣〉詩為文學之本質，實有鉅大之貢獻與期許也。唯其不能全盡而發揮者，以《詩經》為經學，而朱子為理學家，故猶為折衷經義，以推求天理故也。《詩經傳·序》云：「此《詩》之為經，所以人事浹於下，天道備於上，而無一理不具也。」者是矣。

由此可見，朱子作《集傳》，原是以理學為根據。理無不善，而情有善惡，聖人之教，所以求人情周浹而合於天道。故朱子除二〈南〉

---

47 《詩經原始》卷一，頁194，藝文印書館。
48 《孟子·萬章上》第四章。

以外，於〈鄭風〉、〈衛風〉男女贈答之詩，皆斥之以爲「淫詩」者，則是其解《詩》之限制之處也。

第三節　由文字、聲韻形式看〈漢廣〉詩

《文心雕龍·章句篇》云：「夫人之立言，因字而生句，積句而成章，積章而成篇。」字句爲篇章之本，字句辨而後篇章之義明。以《毛詩》，多記古文，或假借、或引申，故有考徵其文字之必要也。《詩》三百篇本爲諷誦，不獨在竹帛。邦則異音，字有異讀，故漢傳《詩》者四家，或毛與三家異，或三家亦互異。〈漢廣〉一詩雖文字寡少然亦有考徵整必要也。今據《毛詩》之本文，並採擷異文，以討論之。

一、「南有喬木」：

《毛傳》：「喬，上竦。」，〈小雅·伐木〉《傳》云：「喬，高。」《箋》云：「今移處高木。」則「喬」爲「高」之同韻假借也。又〈周頌·時邁〉：「喬獄」，《傳》云：「喬，高；岳，岱宗。」故知〈漢廣〉之《傳》「上竦」即「高也」。《淮南子》高誘《注》引此《詩》云：「上竦少陰之木。」《爾雅·釋木》云：「上句曰喬，句如羽喬。」《說文》云：「高而曲也。」段《注》云：「按：喬不專謂木，淺人以說木則作『橋』，如〈鄭風〉：『山有橋松。』是也；以說山則作『嶠』，〈釋山〉：『銳而高，嶠』是也。」在字源上，「高、喬、橋、嶠」爲一，皆「高」也。《毛傳》「上竦」與《爾雅》「上句」之意同，即《說文》：「高而曲也」；木高所以少蔭，不可借蔭以休息也。

二、「不可休息」：

「息」字或本作「思」，爲語詞，今本《韓詩外傳》所引可以爲據；而陸德明《經典釋文》云：「『休息』並如字，古本皆爾。本或作『休思』，此以意改耳。」乃鄭《箋》作：「故人不得就而止息也。」則鄭氏所見《毛傳》當作「休息」，陳啓源《稽古編》之辨是也。「休」，《說文》云：「息止也。從人依木。」又有「庥」字者，云：「休，或從广。」休、庥爲同義異體字也。[49]

三、「不可泳思」：

《毛傳》云：「潛行爲泳。」《爾雅‧釋水》云：「泳，游也。」《說文》云：「泳，潛行水中也。」又：「潛，涉水也。」段《注》云：「上文云『潛行水中』，對下文『浮行水上』言之。」〈邶風〉，《傳》云：「由膝以上爲涉。然則言潛者，自其膝以下沒於水言之，所謂泳也。《左傳》哀十七年：『越子以三軍潛涉。』又按：潛、汓等字，後人不甚分明。若《水經注‧江水》篇云：『有潛客泳而視之，見水下有兩石牛。』此則謂潛，全沒水中矣。」此與解〈谷風〉：「泳之游之」句，「泳」與「游」對舉爲不同。陳奐引《左傳》哀九年傳云：「是如川之滿，不可游矣。」「不可游」與〈漢廣〉：「不可泳」同意，渾言之則不別矣。

四、「江之永矣」：

《毛傳》：「永，長。」《說文》「永部」云：「永，水長也。象水巠理之長永也。《詩》曰：江之永矣。」又云：「羕，水長也。从水，羊聲。《詩》曰：江之羕矣。」《說文》兩引《詩》，字異

---

49 《說文》段《注》云：「〈釋詁〉又曰：『庇，庥，廕也。』，此可證休、庥同字。」頁272，廣文書局。

而義同。《韓詩》云：「江之漾矣。」[50]段《注》云：「〈漢廣〉文，《毛詩》作『永』，《韓詩》作『羕』，古音同也。《文選·登樓賦》：『川既漾而濟深。』李《注》引韓詩：『江之漾矣』，薛君曰：『漾，長也。』漾乃羕之訛字。」《爾雅》云：「羕，長也。」而金文〈鄯子妝簠〉：「羕保用。」[51]即「永保用。」可見「永」、「羕」二字爲通用異體字。

五、「不可方思」：

《毛傳》：「方，泭也。」《爾雅·釋言》云：「舫，舟也。」〈釋水〉則云：「大夫方舟。」證以《說文》云：「方，併船也。象兩舟省，總頭形。」則「方」、「舫」爲古今字。陸德明《經典釋文》云：「《方言》云：『泭，謂之篺；篺謂之筏，秦晉通語也。』孫炎注《爾雅》云：『方木置水爲柎，栜也。』，郭璞云：『水中篺筏也。』又云：『木曰篺，竹曰筏，小筏曰泭。』」陳奐云：「方舟謂之篺。說家皆以方爲併船，泭爲併木，二者不同。〈邶風·谷風〉，《傳》云：『舟，船也。』方舟與泳游析爲四事，舟爲船，方爲泭，其義互見。蓋方舟，大夫之體制，非泛言渡水。《詩》之方當是併木，不是併船，故《傳》用《爾雅》：『舫，泭。』之訓，不用『舫，舟。』之訓；〈邶〉《箋》亦云：『方，泭也。』」綜以上諸說，方即舫，即篺、即筏，是併木渡水者。蓋江水之長，不可以簡易之木筏渡之，故有是言也。

六、「翹翹錯薪」：

《毛傳》云：「翹翹，薪貌。」其三章《傳》云：「蔞，草中之翹翹然。」〈豳風·鴟鴞〉云：「予室翹翹，風雨所漂搖。」《傳》

50　《昭明文選》〈登樓賦〉《注》引。
51　見高本漢引《奇觚室吉金文述》5：26。

云:「翹翹,危也。」危即高,故《箋》云:「欲取其尤高絜者」[52]。朱《集傳》云:「翹翹,秀起之貌。」亦以「翹翹」為「高起」之意。「錯」,《說文》云:「金涂也。」段《注》云:「謂以金措其上也,或借為措字。」則是以「錯」為「措」之假借字。據《說文》:「措,置也。」段《注》云:「立之為置,捨之亦為置。」此當取「雜立」之意,故《毛傳》云:「錯,雜也。」《箋》亦云:「雜薪之中尤翹翹者。」《箋》乃所以申《傳》意者也。

七、「言刈其蔞」:

按:「蔞」字,《傳》、《箋》皆無訓;《經典釋文》云:「蔞,蒿也。」馬瑞辰云:「胡承珙引王夫之《詩稗疏》云:『蔞蒿,水草,生於洲渚,既不翹然於錯薪中,亦與楚為黃荊,莖幹可薪者異。《管子》曰:葦下于萑,萑下于蔞。則蔞為萑葦之屬,翹然高出而可薪者,蓋蘆類也。』今按:蔞與蘆雙聲,同在來母,蔞當即蘆字之假借。王說近之,然但以為蘆類,而不知蔞即蘆也。」[53]此句,王逸《楚辭注》引《魯詩》作:「言采其蔞。」若比照「言刈其楚」句,與馬瑞辰說,則作「刈」字為佳。蓋采為手採,而蔞為薪草,手採為不易也。「言」字,胡適之先生〈詩三百篇言字解〉謂有「而」、「乃」、「之」三義,漢儒用《爾雅》「言,我」之訓,於義並無不當也。

八、「言秣其駒」:

《毛傳》云:「五尺以上曰駒。」陳奐云:「駒當作驕。《說文》:『馬高六尺為驕;《詩》曰:我馬維驕。』〈株林〉《箋》:『六

尺以下爲驕。」此《傳》云:『五尺以上』,即此六尺以下也。」[54]

　　據以上字句之辨,則〈漢廣〉之詩意乃明。至於其押韻,爲「一起即隔句用韻」之法[55],每章變韻,分作兩截,其轉韻則三章皆同(「漢之廣矣」四句),可謂能錯綜而變化矣。如:

　　第一章:「休」、「求」同爲《廣韻》十一尤,段氏古韻三尤,黃季剛先生十六蕭,陳師伯元二十一幽本韻;「廣」、「方」分屬《廣韻》二十一養、七陽,段氏古韻十陽;下截二、三章同。

　　第二章:「楚」、「馬」分屬《廣韻》八語、三十五馬,段氏十七歌,季剛先生七歌戈,陳師伯元一歌古韻。

　　第三章:「蔞」、「駒」同屬《廣韻》十虞,段氏古韻五魚,季剛先生十二模,陳師伯元十三魚同部相押。

　　論其音節之和諧,方玉潤云:「〈漢廣〉三章疊詠,一字不易,所謂『一唱三歎』,有遺音矣。」[56]方氏與姚際恆之說同,蓋皆賞其用韻之美也。

第四節　以文學、藝術觀點解〈漢廣〉詩

　　自北宋歐陽修以其卓著之文學造詣,對《詩》三百篇回歸文學旨趣首發其趣,蘇轍亦以文學作者身份踵繼此事業。然因理學之興起與載道文學觀念之提倡,故朱子於〈詩集傳序〉論詩之發生源起,不無卓越之見地;而作《集傳》時,又不能自免於以理學論《詩》,以致有「淫詩」之說。然而,以《詩經》還原其文學本質,則是潮流之所趨。宋、元、明三代理學皆盛行,《集傳》且頒在國家功令,

---

54　《詩毛氏傳疏》卷一,頁38,學生書局。
55　見顧炎武《日知錄》卷二十二,〈古詩用韻之法〉,頁598,臺灣明倫書局。
56　《詩經原始》卷一,頁194,藝文印書館。

故以文學論《詩》之潮流則尙未發展及其至也。

迄於清代，理學已成弁髦，而徵實之學興起。由考證而疑古之風氣漸開，《詩》之文學價值亦由之受矚目。崔述《讀風偶識》首倡由讀十五〈國風〉以涵泳體會文本爲讀《詩》之要領；姚際恆《詩經通論》亦必藉涵詠篇章以尋繹文義，以存詩之原貌也。至於方玉潤《詩經原始》，更不藉人以爲依歸矣。潮流之趨勢至此，則還歸《詩》三百篇爲文學之意向，可謂已完成也。

今就清代主文學以論《詩經》之崔、姚、方三家而論，姚際恆之見識爲最高。姚氏云：

> 惟《詩》也旁流而為騷、為賦；直接之者漢、魏、六朝，為四言、五言、七言；唐為律，以致復旁流為么麼之詞、曲，雖同支異派，無非本諸大海，其中於人心，流為風俗，與天地而無窮，未有若斯之甚者也。[57]

姚氏之貢獻，在將《詩》三百篇抽離經學之統系，而直接繫於文學之源流，此乃姚氏之膽識，爲他人所不能及也。雖然姚氏有此過人之見識，然其詮釋三百篇詩辭，則以圈評方式解《詩》，如古文家孫月峰、歸熙甫之輩，猶不免落爲「秀才評點」之譏，則未見其確實高明也。三家之中，方玉潤之成就又較高。雖則《詩經原始》亦不脫秀才說《詩》之習氣，然大有可觀矣。方氏新標〈漢廣〉之序云：「〈漢廣〉，江干樵唱，驗德化之廣被也。」乃視〈漢廣〉爲江漢之樵唱，其說較《集傳》「大堤之曲」切近，亦庶幾可免於《稽古編》「豔情」之譏也[58]。王靜芝先生嘗評論方氏之說，云：

> 茲據其喬木錯薪之言，若非樵人，恐難聯想。然亦不僅平日之

---

57 見《詩經通論·自序》，頁 14，《姚際恆著作集》第一冊，中央研究院中國文哲研究所。
58 見上第三節「變古經論時期漢廣之異說」。

唱而已，察其所言，當為樵人戀歌。[59]

所以然者，文學創作必須根據生活之經驗；若無此生活經驗，則其所作詩必為不類也。此詩與〈汝墳〉相近，皆為樵人之謳，經採詩而潤飾之辭。方氏之所以得創為此說者，固為涵泳《詩》中文字所得，亦其居地生活經驗使然也。[60]《詩經原始》眉批分析〈漢廣〉各章，云：

> 首章：從喬木興起，為下刈薪張本。「漢有游女」二句言情；「漢之廣矣」四句則為寫景。中間插入游女，末忽揚開，極離合縹緲之致。後二章：刈楚、刈蔞，為此詩正事主意。乃正面描寫，仍帶定游女，妙在有意無意之間。而「言秣其馬」句，則進一步言情，實歐陽修「雖為執鞭，所忻慕。」之意；「漢之廣矣」句，再詠江景。三章：「漢之廣矣」四句，三詠江景，有篇終接混茫意；「一唱三歎」，章法尤奇。

藉此方氏之分析，〈漢廣〉為江漢水岸樵謳，文情則甚吻合。即後世，荊、郢、樊、鄧所產之《西曲》，亦充滿山林水邊情調，故朱熹云：「江漢之俗，其女好游，漢、魏以後猶然，如〈大堤之曲〉可見也。」徐璈亦云：「游女之為漢神，猶《楚辭》之有湘君、湘夫人也。」今觀南方楚文學常用「些」字作助詞，〈漢廣〉詩中八「思」字亦語助詞，「些」字即「思」字也。故就文學觀點言，方氏之體會，實較先儒為卓越。

---

59 見《詩經通釋》，頁 50，輔仁大學校文學院叢書。屈萬里先生《詩經釋義》云：「此詩當是愛慕游女而不能得者所作。」亦以此詩為「戀歌」。
60 方玉潤，字文石，雲南石屏人。清仁宗嘉慶十六年生，德宗光緒九年卒（西元 1811-1883年）。

第五節　從社會、文化方面論〈漢廣〉詩

　　〈毛詩大序〉云:「詩者,志之所之也。在心爲志,發言爲詩。」
《文心雕龍‧明詩》篇亦云:「人稟七情,應物斯感,感物吟志,
莫非自然。」皆說明詩原是應人情而生也。然詩雖爲個人情感之抒
發,亦有攸關於社會文化之整體也,故〈毛詩大序〉云:

> 故正得失、動天地、感鬼神,莫近於詩;先王以是經夫婦、成
> 孝敬、厚人倫、美教化、移風俗。

　　此乃朱子論《詩》時,必分「詩之所以作」,與「詩之所以爲教」,
作兩方面觀察者也。蓋「詩之所以作」者,乃詩之發生原理,爲詩
之文學創作,呈現其美學價值之一面;至於「詩之所以爲教」者,
則是屬於詩之教化理論,乃是關繫於整體社會文化之倫理價值層面
也。孔子以《詩》三百篇爲教之後,儒家實用之文學觀念因之而起,
詩之理論以崇尙詩教,對於詩之發生理論則鮮少置喙,故詩之文藝
價值向來不彰,此則歷史發展因素使然也。此節所論詩之社會文化
層面,不擬由倫理教化一端著墨,而擬由詩之於社會文化發生層面
論述,蓋教化理論乃著眼於詩之影響,本節則論其發生淵源也。近
世民族學、文化人類學興起,學者頗多就各民族之初民文藝推原文
藝理論者。於此,吾人實推崇日人白川靜氏治《詩經》之貢獻也。
白川靜以一外邦之人士治中國《詩經》,乃能獨開生面,以民俗學
觀點立論,而不至淪於臆說橫決,游談無據者,亦足以啓發吾人讀
《詩》之視野也。

　　白川靜氏之論〈漢廣〉,首則以「山川歌謠」爲定位而討論之,

是其整體研究六章之一；[61]其書第四章「社會與生活」，旨在論述歌謠與社會民生之關係。〈漢廣〉詩既非結婚喜慶之頌唱，亦非民生流離之詩，故白川靜氏不置於其中進行討論，而置於「山川歌謠」作討論。

在白川靜氏之論點中，首先則對古經傳「文王之化行於南國」之前題並不認同，故《傳》、《箋》「德化論」之說，已爲其所不取。白川靜氏之論〈漢廣〉，乃是取三家詩鄭交甫遇漢水二神女事爲基點之討論。如此之論點並非無據，在漢代四家詩說中，即有三家述故此說，蓋此說實深著民間神話之情味，而淡化「教化」理論之色彩也。白川靜氏以爲〈漢廣〉乃祭祀漢水神之祭歌，其對日人目加田誠氏所主張之「樵歌說」亦予捨棄。白川靜氏云：

> 目加田誠氏論這首詩，亦觸及漢水神之傳聞，他說：「這段有名的傳說不知不覺與〈漢廣〉詩結合起……唯以此釋詩理由尚未完足。這首詩該是樵歌。」（岩波新書『詩經』二三頁）。
> 樵歌是新解釋，但古老的韓詩說猶難斷然捨棄或忽視也。[62]

其結論則是：

> 〈漢廣〉是具有神婚儀式的祭禮詩歌，因此第二章以下取結婚歌謠的形式。「翹翹錯薪」，將嫩果當柴奉獻神靈，載著束薪，人們遠送女神出發成婚，秣馬秣駒，祝福她的神婚快樂。人神終難接近，唯有懷抱終生之憾，咨嗟詠歎，與女神依依作別。

白川靜氏之論證過程中，引〈秦風・蒹葭〉、《楚辭・九歌》〈湘君〉、〈湘夫人〉，〈小雅・白駒〉、〈周頌・有客〉、〈振鷺〉等類似祭神之詩，以證漢水之神爲實有，而以〈漢廣〉爲祭祀漢水

---

61 見白川靜《詩經研究》第二章〈山川歌謠〉，杜正勝譯，幼獅文化事業公司。同書新版《詩經的世界》，東大圖書公司。
62 《詩經研究》，頁 56-7，幼獅文化事業公司。

女神之詩[63]驟視之，似言之成理。

按：〈周頌〉爲祭祖之詩，並不誤；〈九歌〉之〈湘君〉、〈湘夫人〉爲祀水神之詩，亦學者所共識也。然而，〈小雅・白駒〉舊說皆以爲傷歎賢人避世隱去之詩，〈秦風・蒹葭〉則近人有解爲戀詩者。白川靜乃就上述詩篇牽合，而與〈漢廣〉歸爲一類，認定皆是祭祀水神之詩。然此種論述並無實證，且其論述過程甚粗率，令人頗難置信也。且白川靜氏以曹植恍惚混沌間會見洛水女神，因而作〈洛神賦〉，據此以爲鄭交甫邂逅漢水女神爲〈漢廣〉詩創作之背景，而不能領悟曹植之作〈洛神賦〉，乃是受《楚辭》啓發而非〈漢廣〉也。蓋〈洛神賦〉曹植序云：

> 黃初三年，余朝京師，還濟洛川。古人有言：斯水之神，名曰宓妃。感宋玉對楚王神女之事，遂作斯賦。

此證據爲確鑿，白川靜竟不能見，乃爲此讕言乎？故是異邦之間文化相互隔閡，論述常不能中其肯綮，有如是者也。雖然，白川靜之論點不切於實際，而其能取三家詩鄭交甫遇二神女事以論〈漢廣〉詩，則是頗具有啓發性。蓋〈漢廣〉篇在三家詩說中所保留之神話趣味，就社會文化觀點而言，乃是最接近楚文化之詩篇；而此種以神話解《詩》之方式，則完全保留於古經傳時期之三家詩說中，此則對於吾人今後之治《詩經》之學，甚有啓發之意義也。

---

63 白川靜云：「〈漢廣〉詩要這樣解釋，各章末的意味纔可以理解。當人們詠歌『漢之廣矣，不可泳思。江之永矣，不可方思。』之時，女神沿流而逝，越去越遠，人們在慕戀女神的氣氛下，發出了這麼意味雋永，餘韻繞梁的樂歌。」頁 66，幼獅文化事業公司。

結　語

　　綜以上所論，就五層面之探究《詩經・周南・漢廣》一篇，古經傳之詩說，其歸趨在發揚倫理價值之「善」，此乃「經學」之義意也。在變古經論之時期，一則既遵循古經傳時期崇尚倫理之價值，一則漸而追求文學藝術「美」之價值，當時考證訓詁之成就雖不如前期，而美學價值之追尋亦尚未竟其全功。此後歷經清儒之努力，在考據訓詁方面，以求「真」為目標者，則已有高度之成就矣。今猶感其有所不盡者，則以《詩》三百篇為文學作品，則尚未有完全可信賴之說，故若欲竟其「美」學追尋之成就，則有待努力耳。

第九章　結　論

　　《詩》三百篇由經義至文學之發展歷程，實迢遠而緜長。自是書之始編著，已受貴族大夫之取爲言論資據，故逢有大事，君子輒據此三百篇之文辭以立論；而諸侯賢士大夫，當盟會、燕饗之時，折衝於樽俎之間，則常賦《詩》以道志，所見記載於《國語》、《左傳》者多矣。故孔子曰：「不學《詩》，無以言。」是也。且自孔子用《詩》爲教，而附著以義理，經學乃漸積形成。戰國以還，又經宿儒之講授；前漢時代《詩》三百篇則立爲經學，師徒之誦習，故詩教爲溥也。當時《詩》有三家，今文魯、齊、韓，說各不同；迨後漢毛、鄭古學之興起，以其詩義精好，故能統理眾言，而瓜代三家之地位，學者咸宗於毛、鄭矣。乃魏、晉以下，質文代變，雖守質者猶能恪遵經義；而屬文者則貴妍而尙辭，故文藝之學彬然稱盛，此乃啓發宋人獨抒胸臆，以己意說詩之風氣，所由來亦爲遠矣。元、明之後，清儒因董理舊學，故綜集群言，經義微言，復盛於一時；然而其間二、三倜儻不群之士，則思恢廓《詩經》爲文藝之學，其人雖不免仍折衷於經、傳之舊言，而成績則斐然爲可觀。近代以來，文藝理論蓬勃而蜂出，故說《詩》之家咸有所造；而異域好古之士，更參以其國之民情風俗，亦頻有新穎之論。是以檢視《詩》三百篇之發展情勢，與古今之著作而有可論者矣。

　　綜以本編各章節之所見，首章緒論以爲價值之畛域可分爲三：一則考據以求「真」者，則漢儒之訓詁，與清儒之徵實，爲其所善也。二則以倫理道德規範在求「善」者，則漢儒以政教善惡說《詩》如

毛、鄭；宋儒以性理之學論者如程、朱，爲所專長。而文學藝術所追求者是「美」，《詩》三百篇爲文學作品，則以美之追尋而治此學術，殆爲無可疑之趨勢也。然說《詩》者實不當唯求「美」而已，蓋亦應不棄「真」之與「善」之目標也。何者？《禮記‧經解》篇，孔子曰：「其爲人也，溫柔敦厚，《詩》之教也。」又曰：「溫柔敦厚而不愚，則深於《詩》者也。」是故治《詩》者，必用敦厚之意，而以義節之，乃不至陷於愚，以深達於《詩》之義理。能如是，則不唯可美其身，而善其心，且能不愚其爲用者，此乃治《詩》之極致也。

第二章爲《詩經》雅俗之辨。夫自民俗歌謠之說出，《詩》經義理之學則漸而微已。然據本章之所考，《詩》三百篇並未經歷由民俗歌謠而雅化之過程。其獻詩者，皆公卿以至於列士之倫，並非出於里巷歌謠之作也。倘若吾人不此之信，則當說《詩》之際，於此文本中出現大量之「公侯」、「公子」、「公孫」、「君」、「君子」、「士」等稱謂，皆當作「庶民」爲解乎？而徵諸周代之社會，則殊無此事實也。何況以此民俗歌謠之作品，能爭騰而出於貴族階層之眾口者，古今中外則尚無此例。故《詩》三百篇爲典雅之文學，而不爲民俗之歌謠，爲確然不疑也。

第三章則對《詩經》「六義」進行源流之考察，而見此「六義」之說乃出於經學流傳之後歸納之結果。蓋《詩》有「六義」之名，若自然而天成者，此由於文藝體裁之分別，與作文之文理所致也。乃此「六義」之歸納，則爲《詩經》學術不可易之定理。故毛《傳》、鄭《箋》藉此說政教之善惡；而鄭司農之注《周禮‧大師》，則是孤明先發，而啓魏、晉以下迄於宋代文藝理論之昌明也。

第四章述漢代《詩經》齊詩翼氏一支之學，藉以考見在經學風氣之下，學者通經致用之一端。蓋漢儒之通習於六經之學者，皆爲致

用也。故如王式以三百篇爲諫書，匡衡持之以論人倫，而毛、鄭則綱維之以政教者，皆此時代風氣之所至也。至於翼奉則以陰陽五行組織其《詩》學，欲藉天意爲君臣之交儆，以爲通經致用之術也。此「三基」、「四始」、「五際」、「六情」之說，皆非常異義之論，翼奉自言其唯君主所宜獨用，難與二人所共也者，乃王者之祕道，即當時人之所難知，而況於後學者乎？故其學久已失傳。幸有清儒之蒐羅，衍墜緒於茫茫，本章稍能論此二千餘年湮沒無傳之絕學者，亦賴清儒之爲功也。

　　第五章分析鄭玄《毛詩譜》之內涵，並略論其得失之情。鄭氏居於漢儒之殿軍，故能旁羅而遠紹，學而通於四家之說，故集漢學之大成。而《毛詩譜》者，則其《詩經》學術集結之作也。故綱舉而目張，既爲康成作此《詩譜》之原理；而後人之欲治鄭學者，亦捨此塗徑而莫由矣。

　　第六章爲《詩經・小雅》詩篇之析論。本編所以爲此章之論者，乃因宋代爲變古之時期，說《詩》者迭出以新義，而朱子之《集傳》則爲其代表也。朱子在中年受鄭樵之影響，而改變早年之詩說，其既廢《詩序》於不用，對於「六義」更創以新定義，是其《詩經》學術之顯著而尤大者也。乃其「六義」之新定義是否周延細密，則關繫其是否成立之關鍵。本章故是擇就〈小雅〉燕饗之詩篇進行實地之分析討論，則見朱子以「正〈小雅〉皆燕饗之樂」，其實並未能完盡涵括正〈小雅〉詩篇之事實，而況其變〈小雅〉者乎？且其言正〈小雅〉爲「燕饗之樂」，不如言「燕饗之詩」能得〈小雅〉之事實也。故「以樂章論詩」，固是朱子所受於鄭樵之新義；而其詩說之偏弊，亦在於此。

　　第七章是以文學批評之觀點，討論存在於《詩經》中之敘事詩文學類型，並觀察其藝術成就。《詩經》本是周代詩歌文學之總集，

其中包含詩歌之各種「類型」。本章所以選擇敘事詩體作論者，乃因以「形式」論「類型」爲最便捷方式。倘若以「內容」進行「類型」之論述，則三百篇之文義既未能皆明，歷代說詩之家之言論迄今猶爲歧異而紛紜，故不可一概而論；且以西方文學一向以敘事詩與戲劇取勝，其中已有嚴密之理論可資爲討論憑藉故也。由本章之討論，則見《詩經》之敘事詩實已臻於完全成熟之境地，且不必齎糧於漢、魏樂府也。

第八章是擇《周南・漢廣》一篇進行細密之討論，而論《詩經》學術可從事研究之方向。誠以《詩》三百篇之作品，皆精美而絕倫，故能提供歷代作家創作之取資，蓋「稟經以製式，酌雅以富言，是仰山而鑄銅，煮海而爲鹽」[1]，源泉之無窮也；若更論其影響，則亦是「太山徧雨，河潤千里」[2]者矣。乃若欲盡三百篇而皆論之，其事豈易爲力哉！故擇其一而從事討論，如此雖不能不貽以蠡測海之譏，而倘能窺霧豹於一斑，則亦爲足已。本章乃分就〈漢廣〉篇之「古經傳釋義」、「變古經論時期之異說」、「文字、聲韻」、「文學觀點」、「社會文化觀點」等五層面進行討論，並且述其中「真」、「善」、「美」之造詣者，正見《詩經》學術之研究，當以此爲終極之歸趨也。

---

1 劉勰《文心雕龍・宗經》篇，頁 21，維明書局。
2 同上註。

參考書目及期刊

一、專　著

《毛詩正義》　漢・毛萇撰　鄭玄箋　孔穎達疏　東昇出版事業公司

《毛詩本義附鄭氏詩譜》　宋・歐陽修撰　漢京文化事業公司　通志堂經解本

《詩集傳》　宋・蘇轍撰　續修四庫全書據宋淳熙七年蘇詡筠州公使庫刻本影印

《詩辨妄》附錄四種　宋・鄭樵撰　顧頡剛輯點　續修四庫全書　據復旦大學圖書館藏民國二十二年樸社鉛印本影印

《詩總聞》　宋・王質撰　新文豐出版公司

《詩經集註》　宋・朱熹撰　群玉堂出版公司

《詩序辨說》　宋・朱熹撰　藝文印書館

《呂氏家塾讀詩記》　宋・呂祖謙撰　新文豐出版公司

《詩緝》　宋・嚴粲撰　廣文書局

《續呂氏家塾讀詩記外五種》　宋・戴溪等撰　新文豐出版公司

《毛詩要義》　宋・魏了翁撰　張壽鏞輯　續修四庫全書　據日本天理大學附屬圖館藏宋淳祐十二年徽州刻本影印

《放齋詩說》　宋・曹粹中撰　續修四庫全書　據復旦大學圖館藏民國三十三年鉛印本影印

《詩集傳名物鈔》　元・許謙撰　新文豐出版公司

《詩辨說》元・趙德撰　新文豐出版公司

《詩經說約》（一～五）　明・顧夢麟著　蔣秋華導言　中央研究院文哲研究所

《詩經通論》　清・姚際恆撰　姚際恆著作集　林慶彰主編　中央研究院文哲研究所

《詩經通論》　清・姚際恆撰　育民出版社

《讀風偶識》　清・崔述撰　學海出版社

《毛詩傳箋通釋》（上、中、下）　清・馬瑞辰撰　中華書局

《詩毛氏傳疏》（一、二）　清・陳奐撰　學生書局

《詩經原始》　清・方玉潤撰　藝文印書館

《詩毛氏學》（上、下）　馬其昶撰　廣文書局

《毛詩會箋》（一～五）　日本・竹添光鴻撰　臺灣大通書局

《毛詩訓詁新詮》　陳應棠著　臺灣中華書局

《詩言志辨》　朱自清著　漢京文化事業公司

《澤螺居詩經新證》　于省吾著　木鐸出版社

《詩義會通》　吳闓生著　中華書局

《經釋釋義》　屈萬里著　文化大學出版部

《詩經詮釋》　屈萬里著　聯經文化事業公司

《詩經集傳附斠補》　汪師中斠注　蘭台書局

《詩經通釋》　王靜芝著　輔仁大學文學院叢書

《詩經學》　胡樸安著　臺灣商務印書館

《詩經毛傳譯解》（上、下）　傅隸樸著　臺灣商務印書館

《詩經學纂要》　徐英撰　廣文書局

《詩經評釋》（上、下）　朱守亮著　學生書局

《詩經研究》　黃振民著　正中書局

《詩經研究》　日本・白川靜著　杜正勝譯　幼獅文化事業公司

《詩經的世界》　日本・白川靜著　杜正勝譯　東大圖書公司

《高本漢詩經注釋》　瑞典・高本漢撰　董同龢譯　國立編譯館

《詩經學論叢》　江磯編　廣文書局

《詩經研究論集》　熊公哲等著　黎明文化事業公司

《詩經研究論集》（一、二）　林慶彰編　學生書局

《詩經地理考》　任遵時著　三民書局

《詩經繹評》　胡鈍俞著　臺灣中華書局

《詩經今釋》　黃錦堂編註　大夏出版社

《詩經研讀指導》　裴普賢著　東大圖書公司

《詩經相同句及其影響》　裴普賢著　三民書局

《詩經欣賞與研究》（一、二、三、四）裴普賢、糜文開合著　三民書局

《詩經今註今譯》　馬持盈註譯　臺灣商務印書館

《詩經鑑賞》（上、下）　周嘯天主編　五南圖書出版公司

《歐陽修詩本義研究》　裴普賢著　東大圖書公司

《詩本義析論》　車行健著　里仁書局

《朱子詩經學新探》　黃忠慎著　五南圖書出版公司

《詩經雜俎》　蘇雪林著　臺灣商務印書館

《詩經研究》　黃振民著　正中書局

《詩經名著評介》（一、二）　趙制陽著　五南圖書出版公司

《諸經名著評介》（三）　趙制陽著　萬卷樓圖書公司

《詩樂論》　羅倬漢著　正中書局

《詩經中的音樂文學》　白惇仁著　弘道文化事業公司

《詩經吟誦與解說》　魏子雲著　萬卷樓圖書公司

《詩經毛傳鄭箋辨異》　文幸福著　文史哲出版社

《詩經古義新證》　季旭昇著　文史哲出版社

《詩經今注》　高亨撰　里仁書局

《詩經今注》　高亨撰　漢京文化事業公司

《詩三百篇探故》　朱東潤撰　漢京文化事業公司

《讀詩四論》　朱東潤著　東昇出版事業公司

《詩經今論》　何定生著　臺灣商務印書館

《詩經研究》　謝无量著　臺灣商務印書館

《詩經研究》　胡子威著　綜合出版社

《詩經研究》　李辰冬著　水牛出版社

《毛詩傳箋通釋》　清・馬瑞辰撰　中華書局

《毛詩傳箋通釋析論》　洪文婷撰　文津出版社

《毛詩草木鳥獸蟲魚疏》　晉・陸璣撰　中華書局

《毛詩草木鳥獸蟲魚疏廣要》　明・毛晉撰　中華書局

《毛詩品物圖考》　日本・岡元鳳纂輯　王承略點校、解說　山東
　　畫報出版社

《詩經中的經濟植物》　耿煊著　臺灣商務印書館

《詩經特定名物應用系列新編》　李湘著　萬卷樓圖書公司

《詩草木今釋》　陸文郁編著　長安出版社

《詩經與周代社會研究》　孫作雲著　中華書局

《詩經蠡測》　郭晉稀著　甘肅人民出版社

《詩經民俗文化論》　周蒙著　黑龍江教育出版社

《詩經研究史概要》　夏傳才著　萬卷樓圖書公司

《詩經研究史論稿》　張啓成著　貴州人民出版社

《詩經語言藝術》　夏傳才著　雲龍出版社

《思無邪齋詩經論稿》　夏傳才著　南開大學出版社

《詩經語文論集》　向熹著　四川民族出版社

《商頌研究》　張松如著　南開大學出版社

《詩經勝境及其文化品格》　許志剛著　文津出版社

《詩經新解與古史新論》　駱賓基著　山西人民出版社

《詩經漫談》　陳節著　頂淵文化事業公司

《詩經辨義》　蘇東天著　浙江古籍出版社

《詩經通假字集釋》　黃國良著　唐山教育學院編輯部

《古巫醫與「六詩」考》　周策縱著　聯經文化事業公司

《三百篇演論》　蔣善國著　臺灣商務印書館

《三家詩遺說考》　清・陳喬樅撰　皇清經解續編本

《詩三家義集疏》　清・王先謙撰　世界書局

《詩三家義集疏》　清・王先謙撰　明文書局

《四家詩恉會歸》　王師禮卿著　青蓮出版社

《齊詩翼氏學》　清・迮鶴壽撰　皇清經解續編本

《齊詩翼氏學疏證》　清・陳喬樅撰　皇清經解續編本

《韓詩外傳今註今譯》　賴炎元註譯　臺灣商務印書館

《中國歷代詩經學》　林葉連著　學生書局

《詩經學史》（上、下）　洪湛侯著　中華書局

《西漢三家詩學研究》　林耀潾著　文津出版社

《詩經論文》　林葉連著　學生書局

《詩賦論集》　趙逵夫主編　甘肅人民出版社

《新序、說苑、列女傳》　漢・劉向撰　臺灣商務印書館

《鄭志疏證》　皮錫瑞撰　世界書局

《左傳引詩賦詩之詩教研究》　曾勤良著　文津出版社

《兩漢經學今古文平議》　錢穆著　東大圖書公司

《十三經古注》　新文豐出版公司

《經典釋文》（上、下）　唐・陸德明著　臺灣商務印書館

《直齋書錄解題》（上、中、下）　宋・陳振孫撰　臺灣商務印書館

《通志堂經解》　清・納蘭成德編撰　漢京文化事業公司

《通志堂目錄外四種》　清・翁方綱等著　新文豐出版公司

《皇清經解》　清・阮元編刊　漢京文化事業公司

《皇清經解續編》　清・王先謙編刊　漢京文化事業公司

《皇清經正續編書題索引》　陳柱治、謝慧暹編　文史哲出版社

《點校補正經義考》　清・朱彝尊原著　許維萍、馮曉庭、江永川
　　校　中央研究院中國文哲研究所

《玉函山房輯佚書》　清・馬國翰輯　中文出版社

《增訂漢魏叢書》（附遺書鈔）　清・王謨輯　大化書局

《經學通論》　皮錫瑞著　臺灣商務印書館
《經學抉原》　蒙文通著　臺灣商務印書館

《經學卮言》　清・孔廣森撰　皇清經解本

《經學歷史》　皮錫瑞著　藝文印書館

《經學史》　日・安井小太郎等著　連清吉、林慶彰合譯　萬卷樓
　　圖書公司

《經學大要》　錢穆著　蘭臺出版社

《經學源流考》　甘鵬雲撰　廣文書局

《經學通論》　劉百閔著　國防研究院

《經學史論集》　湯志鈞著　大安出版社

《經今古文學問題新論》　黃彰健撰　中央研究院歷史語言研究所

《經傳釋詞》　清・王引之撰　臺灣商務印書館

《經義述聞》　清・王引之撰　臺灣商務印書館

《今古文經學新論》　王葆玹著　中國社會科學出版社

《西漢經學源流》　王葆玹著　東大圖書公司

《中國經學史》　馬宗霍著　臺灣商務印書館

《中國學術思想變遷之大勢》　梁啓超著　臺灣中華書局

《中國哲學思想探源》　蒙文通著　臺灣古籍出版社

《中國經學史的基礎》　徐復觀著　學生書局

《中國經學史》　日本・本田成之著　古亭書屋

《中國經學發展史論》　李威熊著　文史哲出版社

《中國經學史論文選集》（上、下）　林慶彰編　文史哲出版社

《經學五變記》　廖平著　長安出版社

《明代經學研究論集》　林慶彰著　文史哲出版社

《宋代經學發展述論》　馮曉庭著　萬卷樓圖書公司

《鄒衍遺說考》　王夢鷗著　臺灣商務印書館

《鄭玄之讖緯學》　呂凱撰　臺灣商務印書館

《緯書集成》　日・安居香山、中村璋八輯　河北人民出版社

《讖緯考述》　鄭均著　文史哲出版社

《讖緯論略》　鍾肇鵬著　洪葉文化事業公司

《易緯是類謀》外四種　漢・鄭康成注　新文豐出版公司

《易緯通卦驗》外二種　漢・鄭康成注　新文豐出版公司

《易林》　漢・焦贛撰　臺灣中華書局

《易緯導讀》　林忠軍著　齊魯書社

《東漢讖緯學新探》　黃復山著　學生書局

《五行大義》　隋・蕭吉撰　新文豐出版公司

《白虎通》　漢・班固撰　廣文書局

《白虎通義疏證》　清・陳立撰　中華書局

《先秦兩漢陰陽五行說的政治思想》　孫廣德著　臺灣商務印書館

《先秦兩漢之陰陽五行學說》　李漢三撰　維新書局

《陰陽五行及其體系》　鄺芷人撰　文津出版社

《秦漢的方士與儒生》　顧頡剛著　里仁書局

《漢代學術史略》　顧頡剛著　天山出版社

《漢代公羊學災異理論研究》　黃肇基撰　文津出版社

《漢武帝之用儒及漢儒之說詩》　劉光義著　臺灣商務印書館

《尚書釋義》　屈萬里著　華岡書城

《墨子閒話》　清‧孫詒讓撰　世界書局

《墨辯發微》　譚戒甫著　中華書局

《莊子集釋》　郭慶藩撰　華正書局

《荀子集解》　周‧荀況撰　藝文印書館

《山海經箋疏》　晉‧郭璞傳　清‧郝懿行箋疏　臺灣中華書局

《淮南子注》　漢‧高誘注　世界書局

《法言、太玄經》　漢‧揚雄撰　臺灣中華書局

《春秋繁露》　漢‧董仲舒撰　臺灣中華書局

《論語集解》　魏‧何晏撰　國立故宮博物院景印元覆宋世綵堂本

《四書集註》　宋‧朱熹撰　啓明書局

《論語正義》　清‧劉寶楠撰　世界書局

《朱子文集》　宋‧朱熹撰　德富古籍叢刊

《朱子語類》　宋‧朱熹撰　漢京文化事業公司

《朱子年譜》（附考異四卷）　清‧王懋竑撰　世界書局

《朱子年譜長編》　束景南著　華東師範大學出版社

《葉適集》（水心文集、別集）　宋‧葉適撰　河洛圖書公司

《習學記言》　宋‧葉適撰　上海古籍出版社

《翁注困學紀聞》（上、中、下）　宋‧王應麟撰　清‧翁元圻輯　世界書局

《困學紀聞》（一、二、三、四）　宋‧王應麟撰　臺灣中華書局

《文獻通考－經籍考》　元‧馬端臨撰　新文豐出版公司

《日知錄》　清‧顧炎武著　臺灣明倫出版社

《洙泗考信錄》　清‧崔述撰　啓聖圖書公司

《陔餘叢考》　清‧趙翼撰　世界書局

《揅經室集》　清‧阮元撰　臺灣商務印書館

《書目答問》　清·張之洞主編　新文豐出版公司

《觀堂集林》　王國維撰　世界書局

《許廎學林》　胡玉縉撰　世界書局

《古史辨》　顧頡剛等撰　明倫出版社

《聞一多全集》　朱自清等編　里仁書局

《書傭論學集》　屈萬里著　臺灣開明書店

《先秦說詩的風尙和漢儒以詩教說詩的迂曲》　屈萬里著　中華學
　　術與現代叢書

《管錐篇》　錢鍾書著　蘭馨室書齋

《梅園論學集》　戴君仁著　臺灣開明書局

《梅園論學續集》　戴君仁著　藝文印書館

《梅園論學三集》　戴君仁著　學生書局

《姚際恆研究論集》（上、中、下）　林慶彰、蔣秋華編　中央研究院
　　中國文哲研究所

《中國文化之精神價值》　唐君毅著　正中書局

《中國知識階層史論》（古代篇）　余英時著　聯經文化事業公司

《正史全文標校讀本》　楊家駱主編　鼎文書局

《前漢紀》　漢·荀悅撰　臺灣商務印書館

《國語》　周·左丘明撰　宏業書局

《史學方法論》　德·伯倫漢著　陳韜譯　臺灣商務印書館

《史通通釋》　唐·劉知幾撰　浦起龍釋　里仁書局

《四朝聞見錄》　宋·葉紹翁撰　中華書局

《文心雕龍》　梁·劉勰原著　維明書局

《文心雕龍札記》　黃侃著　文史哲出版社

《文心雕龍通解》　王師禮卿著　黎明文化事業公司

《文心雕龍要義申說》　華師仲䴸著　學生書局

《文心雕龍研究》　王師更生著　文史哲出版社

《文心雕龍釋義》　彭慶環注述　華星出版社

《昭明文選》　梁‧蕭統編　華正書局

《詩品》　梁‧鍾嶸撰　臺灣開明書店

《楚辭章句》　漢‧王逸注　黎明文化事業公司

《楚辭補注》　宋‧洪興祖撰　藝文印書館

《楚辭集註》　宋‧朱熹撰　弘道文化事業公司

《屈原賦校注》　姜亮夫校注　華正書局

《古詩源》　清‧沈德潛著　臺灣時代書局

《全上古三代秦漢三國六朝文》　世界書局

《中國文學發展史》　劉大杰著　華正書局

《中國文學論集》　徐復觀著　學生書局

《文學理論》　Rene & Wellek 著　梁伯傑譯　大林出版社

Literary Theory　Terry Eagleton　Blackwell Publishers

Practising Theory & Reading Literature Raman Selden　Harvester
　　　Wheatsheaf

Merriam Webster' Reader's Handbook

《中國文學理論》　劉若愚著　聯經文化事業公司

《中國詩學》　劉若愚著　杜國清譯　幼獅期刊叢書

《白話文學史》　胡適著　東海出版社

《胡適文存》　胡適著　遠東圖書公司

《文學概論》　王夢鷗著　藝文印書館

《文學欣賞與批評》　徐進夫譯　幼獅譯叢

《文學欣賞手冊》　傅東華主編　三福書報社

《藝術的奧秘》　姚一葦著　臺灣開明書局

《修辭學》　黃慶萱著　三民書局

《詩學箋註》　希臘·亞里士多德著　姚一葦箋註　臺灣中華書局

《詩學》　希臘·亞里士多德著　陳中梅譯注　北京商務印書館

《敘述學》（敘事理論導論）　荷蘭·米克·巴爾著　譚君強譯　中國社
　　會科學出版社

《講故事－對敘事虛構作品的理論分析》　史蒂文·科恩、琳達·
　　夏爾斯著　張方譯　駱駝出版社

《柏拉圖美育思想研究》　楊深坑著　水牛出版社

《文藝心理學》　朱光潛著　臺灣開明書局

《悲劇心理學》　朱光潛著　安徽教育出版社

《樂府文學史》　羅根澤著　文史哲出版社

《樂府詩述論》　王運熙著　上海古籍出版社

《兩漢南北朝樂府鑑賞》　陳友冰著　五南圖書出版公司

二、期刊及研討會論文

〈齊詩學的五際六情〉　糜文開撰　文壇月刊八十九期

〈齊詩學之三期四始五際六情說探微〉　林金泉撰　成功大學學報
　　第二十卷

〈兩漢經術獨尊與經學諸問題的探討〉　李威熊撰　孔孟學報第四
　　十二期

《元代經學國際研討會論文集》　林慶彰主編　中央研究院中國文
　　哲研究所

《明代經學國際研討會論文集》　林慶彰、蔣秋華主編　中央研究
　　院中國文哲研究所

《清代經學國際研討會論文集》　林慶彰、蔣秋華主編　中央研究
　　院中國文哲研究所

《第一屆經學學術討論會論文集》　臺灣師範大學國文學系主辦
《1993第一屆詩經國際學術研討會論文集》　河北大學出版社
《1995第二屆詩經國際學術研討會論文集》　語文出版社
《經學研究論叢》　林慶彰主編　中央研究院中國文哲研究所
《詩經研究叢刊》　中國詩經學會編　學苑出版社

三、學位論文

《西漢三家詩學研究》　林耀潾撰　高雄師範大學國文研究所博士
　　論文
《緯書與兩漢經學關係之研究》　洪春音撰　東海大學中國文學系
　　博士論文
《先秦儒家詩教研究》　林耀潾撰　高雄師範學院國文研究所碩士
　　論文
《朱熹與呂祖謙詩說異同考》　洪春音撰　東海大學中國文學研究
　　所碩士論文
《孔穎達毛詩正義解經探論》　康秀姿撰　中興大學中國文學系碩
　　士論文
《嚴粲詩緝之研究》　李莉褒撰　中興大學中國文學系碩士論文
《高亨詩經今注研究》　蔡敏琳撰　彰化師範大學國文研究所碩士
　　論文

四、工具書目

《劍橋哲學辭典》　英文版主編　羅伯特‧奧迪　　Robert Audi
　　中文版審訂召集人　林正弘　貓頭鷹出版社
《中國文學大辭典》　錢仲聯等主編　建宏出版社

《經學辭典》　黃開國主編　四川人民出版社

《詩經辭典》　向熹編　四川人民出版社

《詩經分類詮釋》　王宗石編著　湖南教育出版社

《詩經植物圖鑑》　潘富俊著　貓頭鷹出版社

《詩經圖注》　劉毓慶編著　麗文文化公司

《中華草木蟲魚文化》　童勉之著、童丹圖　文津出版社

《藥用植物拾趣》　洪心容、黃世勳著　國立自然科學博物館

《經學研究論著目錄》　林慶彰主編　漢學研究中心

《二十世紀詩經研究目錄》　寇淑慧編　學苑出版社

《乾嘉學術研究論著目錄》　林慶彰主編　中央研究院中國文哲研
　　究所

《日本研究經學論著目錄》　林慶彰主編　中央研究院中國文哲研
　　究所

《四庫全書總目》　清・乾隆敕撰　漢京文化事業公司

《四庫全書總目提要補正》　胡玉縉撰　漢京文化事業公司

《四庫全書簡明目錄》（上、下）　清・紀昀等撰　世界書局

《四庫未收書目提要》　清・阮元撰　世界書局

《崇文總目》　宋・王堯臣撰　臺灣商務印書館

《藝文類聚》　唐・歐陽詢編撰　新興書局

《國史年表四種》　世界書局

《淵鑑類函》　清・康熙敕纂　新興書局

《中國大事年表》　華世出版社

《中國歷史紀年表》　華世出版社

《歷代職官表》　黃本驥著　洪氏出版社

《讀史方輿紀要》（歷代州域形勢）清・顧祖禹著　樂天出版社

《二十四史紀傳人名索引》　宏業書局

《諸子通考》　蔣伯潛著　正中書局

《先秦諸子繫年》　錢穆著　東大圖書公司

《歷代人物年里碑傳綜表》　姜亮夫纂定　文史哲出版社

《歷代人物年里通譜》　世界書局